LA PASIÓN ESCLAVA

PSRL   volume 71

LA PASIÓN ESCLAVA

Alianzas masoquistas en *La Regenta*

Nuria Godón

Purdue University Press
West Lafayette, Indiana

∞ The paper used in this book meets the minimum requirements of
American National Standard for Information Sciences—Permanence of
Paper for Printed Library Materials, ANSI Z39.48-1992.

Printed in the United States of America
Interior template design by Anita Noble;
Cover template design by Heidi Branham;
Cover image: The image appeared on the cover of *Los Madriles,* no. 42, July
20, 1889.

Library of Congress Cataloging-in-Publication Data

Names: Godón, Nuria, author.
Title: La pasión esclava : alianzas masoquistas en La regenta / Nuria Godón.
Description: West Lafayette, Indiana : Purdue University Press, 2018. |
    Series: Purdue studies in Romance literatures ; 71 | Includes
    bibliographical references and index.
Identifiers: LCCN 2017031443| ISBN 9781557537942 (pbk. : alk. paper) |
    ISBN 9781612495170 (epdf) | ISBN 9781612495187 (epub)
Subjects: LCSH: Alas, Leopoldo, 1852-1901. Regenta. | Masochism in
    literature.
Classification: LCC PQ6503.A4 R33447 2018 | DDC 863/.5--dc23 LC
record available at https://lccn.loc.gov/2017031443

A mis padres, por abrirme la puerta
a todos los caminos

Índice

Agradecimientos

La educación es la mejor herencia que los padres pueden dejar a sus hijos. Esta gran lección me la enseñaron Marisa Martínez y Ángel Godón, cuyo sostén emocional junto al ofrecido por mi querida hermana Sandra Godón, Rafael Ferreño, Martín y Lidia fue crucial en la publicación de este libro. A ellos agradezco eternamente las horas, días y años cedidos en mi empeño por publicar estas páginas. A lo largo de este proceso de escritura se unieron al incesante apoyo de mi familia otros muchos consejeros y amigos. Para empezar, mis profesores de la Universidad de Colorado en Boulder, a quienes sigo teniendo muy presentes. Brindo especial afecto a Ricardo Landeira, que depositó en mí toda su confianza cuando le expuse mi intención de centrar mi tesis en una obra canónica como *La Regenta* para abordar nada más y nada menos que el carácter perverso del masoquismo.

Este libro dista ya mucho de aquel inicial acercamiento crítico pero las bases expuestas allí posibilitaron el salto a la presentación de la agencia y el carácter subversivo del masoquismo en *La Regenta* que mantengo ahora. Gran parte de mi confianza en este proyecto se lo debo al empuje intelectual de Lou Charnon-Deutsch quien me animó a continuar con firmeza este estudio. Le quedo sumamente agradecida por el envío de las copias de sus artículos, de las referencias bibliográficas sobre *La Regenta* y por sus recomendaciones de lecturas sobre el masoquismo, sin las cuales me hubiera resultado mucho más difícil matizar los distintos sentidos que adopta el masoquismo en la literatura moderna hasta exponer el del carácter transgresor. Las fructíferas conversaciones con muchos otros colegas han ayudado también a conformar este libro. Entre ellas merecen particular mención las entabladas con Akiko Tsuchiya cuya perfecta combinación de rigor y entusiasmo se hizo patente en sus brillantes comentarios críticos tras la cuidadosa lectura de la introducción; con Javier Moscoso, con quien quedo en deuda ante la generosidad de enviarme en primicia la introducción de su nuevo libro *Promesas incumplidas* y así la oportunidad de seguir dialogando sobre el dolor y las pasiones; con Denise DuPont, de amplia mirada crítica y a quien agradezco en el alma su apoyo en mis ponencias sobre el masoquismo; y con José Colmeiro de cuya exquisita minuciosidad, valiosas sugerencias y constante ánimo se ha beneficiado indudablemente este libro.

Dos de mis publicaciones anteriores, "La singular prostitución de la Regenta" y "Fourier, Masoch y Clarín ante la institución del matrimonio y los pactos del dolor" desarrollan algunos puntos que menciono en *La pasión esclava*. Ambos ensayos anticipan en parte mi línea de investigación en este libro. Agradezco a *Hispania* y a Edit. Verdelís el permiso de reproducción parcial cedido.

No podría haber llegado hasta aquí tampoco sin los meticulosos y certeros comentarios de los dos lectores seleccionados por los editores de Purdue Studies in Romance Literatures, a ellos y a todo el equipo editorial mi más sincera gratitud. Gracias también por el estímulo profesional que me ofrecieron todos mis colegas, estudiantes y amigos del departamento de Lenguas, lingüística y literatura comparada de Florida Atlantic University. En especial, a aquellos que se mostraron abiertos a leer, escuchar, editar, comentar y sugerir conexiones, Carla Calargé, Betsaida Casanova, Nora Erro-Peralta, Yolanda Gamboa, Michael Horswell, Cristina Martínez Istillarte y Nancy Poulson. Por último y con gran cariño conservaré la entusiasta ilusión de mis estudiantes del seminario del 2014 en el que por primera vez enseñé *La Regenta*. Su invitación a la cena de los Marqueses de Vegallana quedará en el recuerdo como la más divertida recreación teatral de los distintos personajes de esta magnífica obra. Con particular devoción atesoro el personaje de la imaginación romántica que encarnó mi pequeña Luna. A ella, por su fantástica creatividad, encantador desparpajo y tremenda vitalidad, dedico también este libro.

Introducción

> *[E]l dolor cuando no se convierte*
> *en verdugo, es un gran maestro.*
>
> Concepción Arenal, *El visitador del preso*

La utilidad del dolor parte de un proceso de enseñanza y aprendizaje significativo en la problemática que a lo largo de este libro sobre *La Regenta* (1884–85) me propongo examinar en relación al ámbito masoquista. A su provecho se refiere Concepción Arenal en el capítulo XVIII de *El visitador del preso* dedicado exclusivamente a las mujeres encarceladas, algunas de ellas tras cometer adulterio.[1] La autora, que había ejercido como visitadora de prisiones de mujeres entre los años 1863 y 1865, responsabiliza a la sociedad de inducir a la mujer al mal, hacerla víctima de sus desórdenes y luego castigarla con la prisión.[2] Contra la supuesta debilidad de la resistencia femenina ante la pasión amorosa, aconseja el tónico de la religión y deposita en él la esperanza de regeneración. Arenal se sirve del discurso de domesticidad femenina y de la idea acerca de la alta capacidad de sufrimiento de la mujer para sugerir la utilidad del dolor. En lugar de aceptarlo con pasiva resignación, llama a combatir el sentimiento de culpa cuando es atizado por el cinismo de una sociedad que teme al empoderamiento femenino. La activista social se apoya así en el discurso hegemónico y en el bagaje cultural en el que se sostiene para reclamar soslayadamente la conducta activa de la mujer, capaz de enfrentar la aceptación a ciegas de la pasividad y la resignación ante el padecimiento al que es llevada.[3]

La frase de Arenal remite a los usos culturales del sufrimiento en la tradición cristiana e infiere que el dolor puede manifestarse de dos maneras, como dolor-verdugo o como dolor-maestro. El primero de ellos supone la aniquilación del que se fustiga con la atribución de una culpa. Suele acompañarse de una violencia física y psíquica que atenta contra la vida. Se trata de un dolor de carácter totalmente opresivo que anula cualquier dispositivo de acción y de defensa. El segundo caso, el dolor-maestro, ejerce una función pedagógica, útil y provechosa en el desarrollo personal. Se plantea como un espacio de aprendizaje y elaboración de estrategias liberadoras para formar un nuevo propósito, alejándose de los males sociales y encaminándose hacia la vía espiritual.

La denuncia social realizada por Arenal puede aplicarse a la sociedad vetustense imperante en *La Regenta*, puesto que es Vetusta la que incita al mal a la protagonista, Ana Ozores. Tras lograr su caída sexual, la ciudad entera se regocija en el vacío moral que la caracteriza, condenando a la adúltera; no tanto por cometer adulterio, como por el escándalo que con ello ocasiona. Por su parte, Ana lucha contra las tentaciones mundanas a las que la sociedad la somete constantemente. Antes de caer en los brazos del donjuán vetustense y posteriormente verse consumida por el dolor-verdugo, trata de hacer uso del dolor-maestro, redirigiendo sus pasos, más que hacia la senda divina, hacia la falsa propuesta de pasión espiritual que su nuevo y apuesto confesor, Fermín de Pas, le ofrece.

Frente a lo que Arenal manifiesta cuando alienta a la mujer a decantarse por la vía religiosa para no reincidir en nuevos delitos, Benito Pérez Galdós advierte en su prólogo a *La Regenta* que el problema de su protagonista es precisamente discernir si ha de perderse por lo clerical o por lo laico y cómo Clarín, obligado en el asunto a escoger entre dos males, se decide por el mal seglar, por ser menos odioso que el mal eclesiástico (xvi–xvii). Pero incluso si Ana acaba cometiendo adulterio con Álvaro Mesía, en el desarrollo de la novela la protagonista busca redirigir sus bajas pasiones, tal y como lo indica Arenal, hacia un estado espiritual que la libre de caer en el pecado/delito. El problema es, a mi parecer, que la Regenta pretende saciar erróneamente su sed de espiritualidad bajo la dirección de un confesor ya alejado de los valores de la religión que predica, lo que conduce a ambos personajes a perderse también por lo clerical. En su tránsito por la que deviene una torcida vía eclesiástica, Ana lleva más allá el uso del sufrimiento de tradición cristiana y acaba poniendo en marcha todo un entramado masoquista. Indagar en él da lugar a una nueva interpretación de la novela, en la que la protagonista adquiere un rol como sujeto activo hasta el momento poco considerado.

La pasión esclava: Alianzas masoquistas en "La Regenta" aborda el estudio de la adopción de mecanismos masoquistas en la obra cumbre de Clarín como dinámica defensiva y vehículo de desafío ante la imaginería establecida sobre la concepción de roles genéricos. En mi lectura, sostengo la capacidad subversiva de dominación de la conducta masoquista de la Regenta. Su comportamiento revela los fallos en el contrato matrimonial burgués, haciendo saltar no solo las proclamas eclesiásticas sino también las filosóficas krausistas en torno al compañerismo en el matrimonio, al tiempo que rebate los fundamentos del pensamiento liberal acerca de la agencia y libertad del sujeto moderno. Junto a ello, planteo el desarrollo de la relación entre Ana y Fermín conforme a la teatralización de un ideal espiritual, saturado de erotismo y violencia. La disposición de roles siervo/Señor de tradición cristiana y su reformulación masoquista esclavo/Amo, encarnada en el trato de la protagonista con su director espiritual, se problematizan bajo una sutil maniobra mediante la cual muestro cómo la parte sumisa esgrime su agencia para dominar a quien la domina. Las prendas, los gestos, las diferentes lecturas de las acciones y el acto de escritura resultan también decisivos en la configuración de un ideal masoquista que habilita una vía de liberación de roles genéricos y constituye un espacio de autorestructuración expuesto mediante actos *performativos*. Paradójicamente, este ideal se sustenta en la redacción de una contranormativa amorosa que, envuelta en un halo de modernización, implica un radical autosometimiento del sujeto. Esta contranormativa toma forma en la carta de tres pliegos que Ana le envía a Fermín. Su análisis me lleva, por un lado, a interpretarla como parodia del contrato matrimonial y por otro, como sátira del contrato social *rousseriano*, dando cuenta de una cadena de subyugaciones masoquistas que hacen frente a imposiciones sociales y políticas.

Ahora bien, el ámbito que con mayor fuerza se transfigura en la novela es el religioso, del que se nutre el masoquismo al potenciar la confluencia de componentes como la sensualidad, el placer, el dolor, la culpa y la humillación. En este sentido, cabe considerar las palabras de Joseba Gabilondo dentro del contexto decimonónico español. Para el investigador, la religión puede llegar a servir "as an imaginary culture for the masochist self-immolation of the modernist subject" ("Towards" 264).[4] En efecto, así se vale el masoquismo de la religión. Recordemos si no el discurso en el que Emilia Pardo Bazán anuncia la muerte de varias leyendas, destacando la degeneración religiosa sufrida a finales de siglo en España y trazada ya en *La Regenta*:

> En cuanto a nuestra religiosidad, también engaña la leyenda. Ya no somos un pueblo religioso, ni siquiera un pueblo que practica. Bien mirado, detrás de los restos del fanatismo y del misticismo, de la acción exaltada y la ensoñadora poesía que constituyeron nuestra hermosa fe de antaño, hallaremos en la burguesía más bien la indiferencia, en el pueblo el asentamiento maquinal o la irreverencia inculta ... El catolicismo, con sus dogmas tan humanos, con su misticismo artístico y tierno, con su alto sentido cosmopolita, pudo al contrario dulcificarnos, suavizar nuestro carácter. No fue el catolicismo quien nos echó a perder; fuimos nosotros quienes lo desquiciamos. (Pardo Bazán, *La España* 73–76)

La apropiación y el uso de varios elementos del catolicismo en el masoquismo cabe sin duda dentro de este proceso de desquiciamiento de la religión, desde donde invito reflexionar sobre qué parámetros se vertebra la inmolación de la Regenta dentro de las contradicciones a las que se ve sometido el sujeto moderno. Todo ello requiere ampliar el espacio interpretativo de la crisis ético-religiosa patente en el mundo literario de Alas, en el que las relaciones de poder, vinculadas tanto al control de la sexualidad y a las jerarquías genéricas como al erotismo y a la violencia, se convierten en elementos comunes dentro de la institución eclesiástica vetustense.

En consonancia con la falsa religiosidad, el estudio en torno al género femenino en relación con el tema del adulterio[5] y de la histeria en la novela decimonónica ha suscitado gran interés en la crítica en general, y en la feminista en particular, y sigue siendo extraordinariamente tratado en *La Regenta*.[6] En cambio, la dimensión erótica bajo un punto de vista feminista ha sido menos explorada, y ligada a ella, la masoquista ha pasado casi desapercibida.[7] Posiblemente esta falta de atención se deba a la asociación clínica del término, fuertemente atado al campo de la psicología y al carácter misógino que lo contamina desde que en *Psicopatía Sexualis* (1886) Richard von Krafft-Ebing bautizó con el nombre de masoquismo una psicopatía sexual. En su ansia por reclasificar el mundo bajo parámetros falocéntricos, atribuía al masoquismo un carácter femenino basado en la supuesta docilidad, pasividad y sujeción voluntaria de las mujeres al sexo opuesto (117) y al sadismo un carácter masculino, agresivo y activo (169). Para el sexólogo, la inversión de estos roles genéricos constituía una enfermedad. *A posteriori*, su joven colega Sigmund Freud ayudó a fijar en el imaginario social esta distribución de roles al designar, dentro de su tipología del masoquismo, el masoquismo femenino.[8]

Bajo una aproximación psicoanalista, muchos de los estudios sobre el género sexual y la construcción de la subjetividad femenina en la novela decimonónica han ofrecido sagaces interpretaciones, privilegiando las teorías psicoanalíticas en la explicación de diversas patologías sexuales para exponer cómo la literatura afronta o acoge dichas teorías. El desafío al encierro nosográfico, con el que las investigaciones médicas diagnosticaban prácticas sexuales de carácter no reproductor, se topa sin embargo con la dificultad de salirse de unos parámetros analíticos que lo encadenan a las mismas categorías clínicas que enfrenta. Por esta razón, quiero abrir un espacio de reflexión de la dinámica masoquista en *La Regenta* sirviéndome no solo de la crítica literaria sino también de una aproximación plural que recoge consideraciones de campos tan diversos como el de la historia cultural, la antropología, la filosofía, la sociología y la psicología. Esta diversidad de miradas ayuda a esclarecer cómo se problematizan las propuestas de compañerismo en general, y en la pareja en particular, en relación a la aclamada libertad del sujeto en la sociedad moderna. En mi análisis de la obra me centro especialmente en la seductora atracción que surge entre la Regenta y el Magistral, impulsada tanto por el carácter dominante del clérigo, como por la disposición de la protagonista a acceder a un nuevo ámbito masoquista como alternativa a la prisión de insatisfacción sexual a la que su matrimonio la ha confinado.

Por medio de esta aproximación pluralista, invito, de un lado, a una reconsideración del masoquismo en los estudios peninsulares modernos para hacerlos partícipes del diálogo establecido principalmente en el terreno de estudios anglófonos, francófonos y germánicos sobre la dinámica masoquista y la crisis del sujeto moderno. Y de otro lado, formulo la discursividad del que denomino masoquismo transgresor, sobre la que es posible distanciarse del masoquismo sostenido en el dolor-verdugo y dirigir la mirada hacia el uso del dolor-maestro, abriendo nuevas vías de deliberación sobre el sentido del masoquismo en el contexto peninsular. Mi intención es subrayar la imagen heterogénea de esta conducta con tres propósitos interconectados: (1) descentralizar el entendimiento que el enfoque clínico forja acerca del masoquismo; (2) ofrecer mayor espacio y visibilidad al entrecruzamiento de múltiples discursos en torno al masoquismo, tan diversos como el literario, el antropológico, el filosófico, el histórico-clínico y cultural desde donde se reconfigura; (3) ampliar su base de articulación distinguiendo la importancia de las diversas aproximaciones para poder formularlo dentro de un sentido discursivo literario —y no en base a un concepto.

En mi lectura propongo el masoquismo transgresor como estrategia subversiva de dominación, cuyo desarrollo rebate tanto la concepción clínica que consideraba propia de la mujer la actitud masoquista, como la instigación social a que la mujer acepte ceñirse a conductas masoquistas. Parto del masoquismo en términos de perversión para reubicarlo en el ámbito de las pasiones, plantearlo como herramienta que hace saltar los sutiles mecanismos de sujeción genérica y reconocerlo como acto transgresor en los términos expresados por José Luis Sampedro. En su prólogo a una antología que comprende diecinueve cuentos de Leopold von Sacher-Masoch (1836–95) —autor austriaco de ascendencia española sobre el cual se funda el término de masoquismo— Sampedro concibe el masoquismo como vehículo de desafío que supone un "atreverse a ser diferente para crear. Pues la transgresión no se detiene en negar la prohibición e incumplirla, sino que quiere superarla y completarnos" (29).[9] El masoquismo transgresor supone el autoreconocimiento y el deseo de realización personal. Lleva consigo la agencia, la creatividad e incluso la excesividad necesaria para romper con los límites de la moral social impuesta. Busca renegociar las condiciones del poder establecido y defender el deseo de realización personal del sujeto. Dentro del discurso de domesticidad, implica un rechazo a la aceptación del masoquismo femenino que aboga por la mesura, la pasividad, la sumisión y la abnegación gratuita de la mujer. Después de todo como manifestación transgresora, el masoquismo en *La Regenta* se equipara a otros actos que atentan contra la moral establecida, tales como el adulterio femenino, la disolución del celibato y la histeria.

Otro de los aspectos que me interesa resaltar en este libro es cómo la agencia femenina del mundo masoquista busca alcanzar la salida de un mundo lleno de insatisfacciones. Con este objetivo examino el uso del dolor-maestro en un medio regido por el Catolicismo, centrándome en las particularidades que el masoquismo recoge de la jerarquía de poderes imperante en la religión católica. También distingo una doble inclinación de goce masoquista hacia lo carnal y lo ideal tomando principalmente su articulación en dos novelas de Sacher-Masoch, *La venus de las pieles* (1870) —esto es, la emblemática obra por la que el nombre del autor se vinculará a una patología sexual— y su contrapartida *El amor de Platón* (1870) —a la que no se ha prestado tanta atención y donde el masoquismo potencia el vínculo entre lo místico-espiritual y la abstención sexual provocada por un reprimido pero latente deseo homoerótico. Incido así en una doble mirada a la narrativa literaria masoquista mucho más descriptiva y rica en su búsqueda de goce subjetivo mediante la sublimación del amor, que de sufrimiento e incluso que de goce carnal. Estos motivos resultan primordiales en la ampliación y reconocimiento de las diversas narrativas que adopta el masoquismo y son decisivos para reinterpretarlo en el ámbito literario, cinematográfico, social y cultural español.

Las menciones al masoquismo en *La Regenta* han sido recurrentes y pese a habérsele brindado muy poco espacio, siendo Lou Charnon-Deutsch quien más se ha distendido en el tema en *Gender and Representation* al examinar la entrega de la voz —léase voluntad— de Ana a la del Magistral para ser guiada hacia el *buen redil* (100), han servido para afianzar su carácter pasivo en relación al género femenino. Asimismo, la adscripción del término al terreno de las perversiones o patologías nerviosas desde una aproximación psicoanalítica ha dado lugar a la triada de pasividad-perversión-patología y sobre ella se ha aludido directamente a la mezcla de masoquismo e histeria imperante en Ana (Zamora Juárez 200). Por otro lado, han remitido a él estudios en torno a obras afines a *La Regenta* en el terreno extranjero como la de *Madame Bovary*. Así lo hizo Louise J. Kaplan cuando inscribía el masoquismo de protagonistas como la de Flaubert en el campo de las perversiones. Para la psicoanalista, este tipo de masoquismo suponía un desplazamiento del deseo y una estrategia perniciosa de supervivencia femenina ante el rol social impuesto (213). En el ámbito peninsular y atendiendo a *La Regenta*, Alison Sinclair sigue la línea de Kaplan sobre las perversiones y se decanta por el análisis de la histeria (*Dislocations* 150-78), considerada en el terreno de la neurosis obsesiva la contracara del masoquismo.

Por medio de breves menciones, el masoquismo se ha ligado a la culpa y al arrepentimiento de la Regenta tras el goce de alguna excitación (Préneron Vinche 225) y algunos críticos lo han relacionado con el término de sadomasoquismo (Turner 118; Zubiaurre y Powell xiii–xiv). Indudablemente se han referido también a él para calificar en concreto las conductas que gravitan sobre el deseo de control y sometimiento en la relación entre Ana y el Magistral. Así lo han hecho Charnon-Deutsch, cuando confronta el deseo de sometimiento de Ana al Magistral con la continua rebelión femenina ante la subyugación (*Gender* 100-10); Collin McKinney, al anotar la dedicación masoquista de Ana ante su controlador confesor (60); Javier Moscoso, señalando el deseo de sometimiento como nexo entre masoquismo y ascetismo y apuntando a las escenas de degradación y humilla-ción de Ana como fuente de deleite y reafirmación personal del Magistral (*Historia* 225); y Noël Valis para atender al mal uso y abuso de la espiritualidad proyectados mediante componentes sadomasoquistas (*The Decadent* 79–80; *Sacred* 155). Muchas de estas referencias emplean el término para caracterizar la actitud de la protagonista de acuerdo a un concepto clínico que vela la agencia femenina y no profundizan en la complejidad de las anunciadas consideraciones críticas en *La Regenta*. Las que ahondan en mayor medida en esta actitud, lo hacen mediante un enfoque psicoanalítico que dirige el estudio hacia el desarrollo del masoquismo en su relación con el dolor-verdugo.

La pasión esclava acoge dentro de su aproximación la perspectiva psicoanalista pero incide en su diálogo con otros enfoques como el literario, el antropológico, sociológico y el histórico-cultural para ampliar la visión sobre el masoquismo y defender la existencia de otro tipo de manifestación masoquista, la subversiva. El masoquismo transgresor no se ciñe únicamente a la autoridad clínica falocentrista asentada en el dolor-verdugo, va más allá al servirse de él como una herramienta para esgrimir el uso del dolor-maestro. Este acercamiento permite observar cómo se perfila dentro del contexto peninsular la dialéctica masoquista, dando cuenta de la forma soterrada en la que el masoquista ejerce su resistencia al poder, entendido en términos foucaultianos como fuerza productiva desarrollada estratégicamente dentro de un proceso de creación y transformación (Foucault, "Un diálogo" 97-98).[10]

El apogeo de publicaciones de aproximación psicoanalítica de las últimas décadas del siglo XX generó en torno al cambio del siglo XX al XXI, y principalmente dentro de los estudios anglosajones y francófonos, enriquecedoras investigaciones alrededor de las teorías del masoquismo en su vertiente de conducta subversiva para tratar, entre otras cuestiones, las jerarquías genéricas, sexuales, raciales, nacionales y de clase social. Esta línea de acercamiento ahonda en la vertiente histórica-cultural del masoquismo. En diálogo con ella, propongo una reflexión del masoquismo como conducta subversiva en el campo peninsular para plantear una negociación de fuerzas genéricas en el marco discursivo de la domesticidad femenina y la jerarquía religiosa. La reconceptualización masoquista del Catolicismo dentro del ámbito cultural español comparte algunas características con las realizadas sobre otros credos religiosos —entre los que destaca el protestante—, pero traza grandes diferencias con respecto al ámbito extranjero.

El contexto español participa, junto con el británico y el francés, en el desplazamiento de la glorificación del sufrimiento hacia actitudes masoquistas como arma evangelizadora dentro de los distintos proyectos imperialistas. El discurso de conquista aparece directamente relacionado con la valoración positiva del dolor mediante la promesa de que el pueblo humilde y sumiso alcanzará, como Jesucristo, la gloria divina (Kucich 8, MacKendrick 69, Phillips 198-99). Para ello, el masoquista se dispone a recrear *performativamente* una vía de sufrimiento que le conduzca a una ingeniada gloria celestial en la tierra. Bajo la repercusión del Catolicismo, los parámetros masoquistas desarrollados en el contexto español se alejan por su pujanza religiosa de los franceses y en especial de los protestantes del contexto anglosajón. De hecho, la autoridad y jerarquía sostenidas en la tradición y el dogma dentro del Catolicismo revierten en la adjudicación de los roles masoquistas que se conforman teniendo en cuenta el dispositivo jerárquico reinante en la Iglesia Católica. De ahí que el celibato eclesiástico, el rol de la Virgen —madre que junto a su hijo se concibe como mediadora ante Dios—, y el rendir obras para alcanzar la salvación resulten piezas clave en la reconfiguración masoquista dentro del terreno peninsular y en relación al culto de domesticidad.

Otros dos aspectos a tener muy en cuenta en el masoquismo son el dolor y el placer. Las recientes aportaciones críticas sobre el discurso de domesticidad brindadas desde la óptica literaria y cultural resultan cruciales para alejarse de la concepción que aúna, de manera gratuita, deseo femenino y dolor. En este sentido, el libro de Marianne Noble, *The Masochistic Pleasures of Sentimental Literature*, ha supuesto un punto de partida en la consideración del deseo femenino masoquista vinculado al placer. Noble contempla el uso del dolor desde el ámbito femenino, no como placer en sí, sino como vía de acceso al placer. Más recientemente, las reflexiones de Ruth McPhee expuestas en *Female Masochism in Film* han servido para ampliar el contexto de obras anglófonas, profundizando en las distintas maneras en las que se desarrolla el erotismo latente en el masoquismo. Para ambas críticas los tropos de dominación erotizada suponen un arma de doble filo, es decir, tanto de opresión como de goce y dominio femenino, reconociendo el potencial activo y agencia de las protagonistas. Así lo ve también en los ámbitos francófono y anglófono Amber J. Musser en *Sensational Flesh: Race, Power and Masochism* al aproximarse al discurso de la domesticidad en su nexo con la búsqueda de sensaciones carnales inscritas en parámetros masoquistas. Mientras dentro del terreno de estudios peninsulares y de la obra cumbre de Clarín en particular, Maite Zubiaurre y Eilene Powell ponderan en su edición de *La Regenta* el goce de la protagonista —advertido, entre otros, por críticos como Víctor Fuentes, James Mandrell, Akiko Tsuchiya, Antonio Vilanova y María Tinoré— y destacan lúcidamente la sensualidad y el erotismo como eje en la construcción de la identidad de Ana Ozores (xliii).[11]

La pasión esclava sigue la línea de desplazamiento del deseo de Kaplan pero toma distancia de una aproximación exclusiva al masoquismo en términos de perversión y pasividad para formularlo desde la agencia y la creatividad femenina. Kaplan parte de los efectos que el discurso de normatividad sexual y división de roles genéricos de la segunda mitad del siglo XIX tuvieron en la configuración de la subjetividad femenina e integra dentro de las llamadas perversiones los casos de mujeres anticonformistas que de manera conflictiva se deslizaban hacia los terrenos proscritos del deseo sexual. Sobre esta referencia, Sinclair aúna el carácter transgresor de la histeria al perverso y la considera una estrategia de escape y autodefinición ante la circunstancia social e histórica. Una circunstancia cuyo funcionamiento, según Charnon-Deutsch, Ana no acaba de entender y cuya perversión descansa en el uso de la mirada voyerista que usurpa la subjetividad femenina para satisfacer las fantasías masculinas (*Gender* 104–10).

En *Narratives of Desire*, uno de los mejores estudios acerca del masoquismo en el ámbito literario peninsular del siglo XIX, Charnon-Deutsch establece el vínculo entre la ficción doméstica y la categoría de masoquismo descrita por la clínica positivista y reforzada por sus partidarios. En él revela la incitación masculina a que la mujer acepte su opresión mediante la sublimación del sacrificio y del dolor. La investigadora denomina masoquismo social al que encarnan las protagonistas de las obras que analiza cuando asumen el dolor y el sacrificio de manera gratuita interiorizando el discurso falocéntrico y resignándose a padecer.

En consonancia con estos planteamientos, mi estudio aborda el masoquismo en *La Regenta* de manera similar a la empleada por Sinclair en su análisis de la histeria de Ana, es decir, como estrategia perniciosa de supervivencia. A diferencia del masoquismo social que expone Charnon-Deutsch, explico de qué modo el transgresor se manifiesta como lugar de resistencia y no de asimilación. Además, en su confrontación a los dictámenes sociales, el masoquismo transgresor supera la búsqueda de autodefinición para plasmar una fantasía: la creación del yo que se aspira a ser. Para ello, la protagonista establece una estrategia de renegociación de poder que conduce al dominio bilateral. En este sentido, la aproximación bajo una triple perspectiva histórica-cultural, literaria y clínica me permite alejarme tanto del carácter "social" como del "perverso," sobre el cual se ha normativizado, diagnosticado y criminalizado esta conducta conforme a los distintos roles genéricos, y reubicarla dentro del terreno de las pasiones de donde fue extraída. Creo que desde él resulta posible adquirir las herramientas necesarias para deshacerse del constructo socio-cultural de lo masculino y lo femenino erigido alrededor del masoquismo.[12] Como pasión enfatizo, junto a Noble y McPhee, su capacidad erótica y subrayo la agencia que ejerce el masoquista desde su posición sumisa. Al proponer el masoquismo en el contexto de *La Regenta* como una estrategia subversiva de dominación femenina desde la cual se consigue una redistribución del poder, concurro con muchas de las reflexiones en torno al patriarcado expuestas en los recientes trabajos de Musser y McPhee y con las que Charnon-Deutsch ofrece sobre la rebelión femenina de Ana ante su subyugación.

Mi interpretación aboga por romper con los clichés en torno al masoquismo señalados por Anita Phillips en *Una defensa del masoquismo* y especialmente con el vínculo de los roles masoquistas a cadenas genéricas, ya que las distintas partes integrantes de la relación masoquista pueden ser desempeñadas por ambos sexos.[13] Esta observación provee un cambio en la percepción del rol de la mujer y del hombre, otorgándoles a ambos unas funciones que ya Sacher-Masoch manifiesta en sus escritos.[14] Es más, las implicaciones de esta consideración hacen que me una a la crítica del masoquismo que atiende a la famosa reclama que Carol Siegel expresaba a finales del siglo XX en *Male Masochism: Modern Revisions of the Story of Love* de distanciarse un poco del paradigma psicoanalítico para indagar en la relación de géneros que el masoquismo explota.[15] Este alejamiento me dispone a abrir la puerta a una aproximación pluralista mediante la cual entiendo el masoquismo, en primer lugar, como una vía de renovación y reestructuración del yo; y en segundo lugar, como estrategia de liberación de subyugaciones genéricas, pues quien adopta el papel de masoquista tiene la posibilidad de controlar soterradamente a la figura dominante, consiguiendo de esta manera una redistribución del poder dentro del ansiado compañerismo que dirige al masoquismo transgresor.

Para deshacerme de ataduras genéricas, enfatizo el desarrollo del masoquismo transgresor como conducta pasional y lanzo las siguientes preguntas ¿de qué manera se expresa esta pasión masoquista?, ¿de qué habla?, ¿qué dice?, ¿cómo lo dice?, ¿qué mecanismos emplea para comunicarse? y ¿cómo se pone en marcha? El primer capítulo "Reconsiderando el masoquismo" responde a estas preguntas ofreciendo un marco teórico desde donde leer la capacidad subversiva del masoquismo. En él parto de la génesis del masoquismo como concepto desarrollado, por un lado, sobre las distintas dinámicas de placer y dolor y, por el otro, de actividad que procura la pasividad. Esto último encuentra su sostén histórico y cultural en los excesos pasionales tal y como los concibe Platón y, por consiguiente, dentro del pensado exceso explico cómo la clínica positivista y la escuela freudiana en general lo vinculan a una patología. Mi intención —insisto— no es ofrecer el masoquismo en base a un concepto sino a una narrativa. La aproximación pluralista me permite rebasar el concepto clínico de esta conducta y presentarla en su discursiva. Con este propósito me sirvo de la obra literaria de Sacher-Masoch y de las reflexiones en torno al masoquismo elaboradas principalmente por Simone de Beauvoir, Gilles Deleuze, William Pietz, Theodor Reik y Jean-Paul Sartre. Sus consideraciones acerca del reconocimiento de las almas gemelas en el masoquismo, el contrato masoquista, la relación entre dolor y placer, la teatralidad junto con la puesta en escena del ideal masoquista y el fetichismo resultan fundamentales para explicar cómo estos elementos de la narrativa masoquista se expresan en *La Regenta*.

En el segundo capítulo de *La pasión esclava*, "Yo tu esclava y tú mi amo," vindico la agencia femenina dentro del mecanismo de sumisión y analizo el acto comunicativo inmerso en el narcisismo y el erotismo que despliegan la protagonista y su confesor para transceder los roles impuestos socialmente y reconstituirse como sujetos. Analizo detenidamente la carta de sumisión voluntaria de la protagonista a su director espiritual revelando la redacción de un contrato masoquista, resultado de una torcida dirección espiritual. Las promesas expuestas en esta carta afianzan la alianza consensual masoquista de Amo/esclava conformando una doble parodia del vínculo matrimonial, civil y religioso, y una irónica sátira al contrato social rousseauniano, que Alas ya había criticado en su tesis doctoral.

En el tercer capítulo, "La pasión extraviada," interpreto la puesta en escena del ideal masoquista como desposorio espiritual entre penitente y confesor envuelto en los múltiples componentes teatrales del masoquismo. La sublimación de amor se enloda en cuanto se representa. Su lugar lo ocupa un cúmulo de conductas sexuales periféricas que son estudiadas en relación al masoquismo: sadismo, exhibicionismo, fetichismo, voyerismo, lesbianismo y prostitución. Los abusos de poder se vinculan a la complicidad con la que la mujer nutre la conceptualización masculina preconizada por el discurso hegemónico. Pese al fatídico final con el que se cierra la novela, formulo aquí la incitación a una liberación femenina que emana del texto, no solo en el plano que remite a lo sexual, sino mediante el abandono del ser dominante. La protagonista pierde la fe en su confesor y su acción abre la lectura a la posibilidad del abandono de la figura masculina que asienta su poder sobre la femenina. Este abandono señala entonces la desestabilización de las jerarquías genéricas que Clarín defiende. De ahí que el final de la novela no pueda ser otro que el del regreso de Ana en busca de Fermín.

El cuarto capítulo, "El imperio masoquista en la madre iglesia," ilustra la crisis ético-religiosa dentro del mundo de *La Regenta* mediante la expulsión de la figura de Dios Padre, suplantada de manera soterrada por el poder de la madre *imperatrix* del mundo masoquista, cuyo rol desempeña doña Paula, la madre del Magistral. Frente a la crítica deleuziana del masoquismo que establece una correspondencia entre la mujer de la relación amorosa y la madre (*Presentación* 59-60), planteo la separación entre la figura de la *dominatrix* —perteneciente a la relación de ámbito sentimental—, y la *imperatrix* —presente en la relación filial—, puesto que el éxito de la *imperatrix* la separa radicalmente del fracaso del tirano/a en la relación amorosa. El dominio de la *imperatrix* resulta en la inversión genérica y jerárquica del poder sostenido en un masoquismo filial dentro del mundo anticlerical de Alas. Interpreto el sometimiento de Fermín a su madre como retrato del que impone la institución eclesiástica a sus hijos bajo una sumisión voluntaria, mediante la cual se aceptan los abusos de la que se alza como cuerpo de un organismo familiar disfuncional.

El sentido discursivo del masoquismo en *La Regenta* adquiere a su vez mayor claridad al exponerlo dentro del contexto literario del que participa su autor. Los escritores coetáneos a Clarín, tanto a nivel global como local, se sirven de la dinámica masoquista para establecer un diálogo en torno a la sublimación del amor y las fuerzas pasionales que conducen a la subyugación. Por consiguiente, y a fin de clarificar cómo funciona la dialéctica masoquista en la obra cumbre de Clarín y dentro del ámbito finisecular español conviene exponer primero la configuración del sentido discursivo del masoquismo transgresor en un contexto literario transnacional, indagando posteriormente en la transfiguración de elementos religiosos sobre los que se erige en España. Esto no significa que el sentido subversivo del masoquismo sea el preponderante en la narrativa de fin de siglo en general ni de la española en particular. De hecho, y a diferencia de las obras que sí pueden ser analizadas en esta dirección, se hallan, entre muchas otras, las que Charnon-Deutsch incluye dentro del masoquismo

social, que aquí vinculo al dolor-verdugo. Bajo esta denominación, la investigadora categoriza diversos relatos de ficción
doméstica como *El bálsamo de las penas* (1863) de Ángela Grassi,
Una cristiana (1890) de Emilia Pardo Bazán y *La senda de la gloria*
(1880) de María Pilar Sinués de Marco, por citar solo algunos de
ellos. Es decir, no proclamo aquí un único sentido de la dinámica
masoquista, sino la presencia de otra vía apenas explorada hasta el
momento en el campo literario peninsular.

Hablar del desarrollo de la dinámica del masoquismo transgresor ligada al dolor-verdugo tanto en la literatura peninsular,
como en la europea en general, requiere aludir a la obra de Sacher-
Masoch, quien gozó de gran popularidad en su época.[16] Los
numerosos cumplidos de crítica literaria que recibió de escritores
de la talla de Victor Hugo, Henri Rochefort y Emile Zola,
refuerzan la promoción del autor y contribuyen a que los motivos
masoquistas, que cunden en obras anteriores a la suya, se expandan
por la literatura y las artes plásticas con mayor rapidez. Así lo
refieren Zubiaurre y Powell en su análisis de las postales eróticas
que circulaban en estos años con la imagen de la Venus desnuda
en contacto con la piel de animales salvajes. Las investigadoras
enlazan esta imagen con la de la sensualidad de Ana hundiendo
sus pies en la piel de tigre que preside su habitación (xiii–xiv). Por
su parte, en su comentario sobre la flagelación y el goce erótico al
contacto con los tejidos en *La Regenta*, Valis apunta a las señales
de esta *mentalité* de la que participa Alas desde su atalaya ovetense
(*The Decadent* 79–80).[17] Dado que la inclusión de elementos
masoquistas no se limita únicamente a su aparición en *La Regenta*
ni se ciñe solo al movimiento del realismo/naturalismo al que
se adscribe este autor (los motivos masoquistas no han dejado
de asomar hasta hoy día en la producción cultural española) mi
interés se dirige a su análisis más que como simples piezas aisladas,
en su discursividad dentro del contexto cultural e histórico en el
que se manifiestan.[18]

La resistencia al poder y la cuestión de género, clase social
e identidad nacional, también latentes en el masoquismo del
contexto finisecular europeo, son moduladas en el español, como
ya indiqué, en base a una reformulación de los dogmas de la Iglesia
Católica. Así aparece en algunos relatos recogidos en las *Leyendas*
(1870) de Gustavo Adolfo Bécquer, *Marta y María* (1883) de
Armando Palacio Valdés, *Su único hijo* (1891) de Clarín, *Sonata de*

otoño (1902) de Ramón de Valle Inclán y *Dulce Dueño* (1911) de Emilia Pardo Bazán, por citar algunas obras de las más conocidas. Para explicar la discursividad masoquista en los autores coetáneos a Clarín (y por consiguiente a Sacher-Masoch) quiero detenerme primero en los elementos comunes del masoquismo de la época, sin reducirlos exclusivamente al nombre del autor austriaco. Partiendo de ellos resulta más sencillo entender cómo los discursos de sumisión masoquista ligados a las cuestiones de género, clase e identidad nacional operan bajo la repercusión del Catolicismo en España.

El mundo masoquista hunde sus raíces en el enfrentamiento entre la pasión espiritual y la carnal, y este, a su vez, dentro del discurso de domesticidad femenina se equipara correlativamente a los iconos estéticos del ángel del hogar y de la *femme fatale,* recogidos por el dispositivo burgués decimonónico. El ángel del hogar se caracteriza como ser sufriente, pasivo, casto y epítome de amor espiritual. Su modelo incita a la imaginación masculina a idear una contrapartida, una mujer fatal, inclemente, activa, sexual y en consecuencia asociada con el pecado carnal. La dama despiadada, circunscrita a la tradición del amor cortés del poema medieval de Alain Chartier *La belle dame sans merci* (1424), vuelve así a asomar por el imaginario decimonónico.[19] Tras la reformulación de esta figura en la loable balada de John Keats, *La Belle Dame sans Merci* (1820), la crítica ha mostrado el curso ascendente del motivo de la mujer fatal y su marcada sexualidad hasta el ocaso del Modernismo. Nos hallamos ante una era epistemológica con múltiples y variadas representaciones de la sublimación de la mujer, de su voluptuosa posesión del varón, de su crueldad y, en consecuencia, de su parte activa, tan deseada como temida.

Dentro de esa *mentalité* se adscribe Leopoldo von Sacher-Masoch. Su reelaboración de la bella dama despiadada toma forma en la nueva *dominatrix* de *La Venus de las pieles* (1870).[20] Pese a que esta *dominatrix* tiene más cercanos a los personajes femeninos que someten voluptuosamente al hombre a base de azotes en *Las confesiones* (1782) de Jacques Rousseau, *La prima Bette* (1847) de Honoré de Balzac o en *Une vieille maîtresse* (1851) de Jules Barbey d'Aurevilly, su gran proximidad a la obra de Chartier, carente en estos otros autores, reside en su atención al amor cortés.[21] Así lo han visto también Hinton (81) y Slavoj Žižek (*El acoso* 221–22) en sus reflexiones literarias de la obra de Sacher-Masoch, cuando apuntan al amor sostenido en el ideal y al ser amado visto bajo el emblema de sensualidad, frialdad, rigidez, seducción y, sobre todo, de inaccesibilidad. Mediante la sublimación de la dama, el masoquismo recoge del amor cortés su enfrentamiento al concepto de matrimonio sustentado en la reproducción y en la jerarquía de clase social y genérica. Se propone entonces como alternativa amorosa contrahegemónica apoyada en la sublimación del amor amparado en el ideal, tal y como sostengo que sucede en la relación entre Ana Ozores y su confesor, donde irónicamente el ideal amoroso se funde y confunde con lo espiritual.

Ahora bien, la sublimación de la *femme fatale* vinculada al amor cortés no carece de antecedentes en la literatura peninsular y, ya en ellos, se produce un desplazamiento hacia la dinámica de dominación masoquista. Algunas de estas obras abordan los enfrentamientos nacionales y las creencias religiosas, pero además poseen reminiscencias a antiguos pactos vasalláticos, donde a cambio del favor del soberano, el vasallo le rendía obediencia y lealtad. Para empezar, por ejemplo, la inaccesibilidad de la mujer en leyendas como "El monte de las ánimas" y "La ajorca de oro" de Bécquer pasa por una incitación de corte masoquista al desafío de las creencias religiosas de los hombres en busca del favor de las que se perfilan como soberanas en la relación amorosa.[22] Ambas leyendas promulgan la peligrosidad de la mujer dominante y castigan el servilismo e insuficiente temor religioso del hombre. La mujer enérgica que domina a un hombre que guarda respeto, temor y veneración ante la crueldad femenina, añade a la particularidad del amor cortés, según la cual servir y amar son casi equivalentes, una fuerte carga emocional de acatamiento. La afrenta espiritual se resarce con el castigo al varón, representado con la muerte en "El monte" y la locura en "La ajorca," dada su servil pleitesía a las imposiciones y a los siniestros deseos de la *dominatrix* despiadada.

Curiosamente en estas leyendas no se castiga por igual a las mujeres. Pese a la pretensión de arrebatarle la joya a la imagen de la Virgen, María Antúnez, la toledana de "La ajorca" sale inmune del pecado capital de su avaricia. En cambio las diferentes costumbres de origen francés determinadas por el orgullo femenino y el carácter exótico, misterioso y peligroso de la protagonista de la leyenda soriana, marcan la severidad del castigo que se le impone a Beatriz. "El monte de las ánimas" responde ya al imaginario social en torno a la perversidad asociada a las mujeres francesas que referirá Carlos Ozores en *La Regenta* al advertir el carácter pérfido de las dominatrices galas y los excesos de sacrificio amoroso de sus amantes (I, 262–63). El situar las actitudes de las mujeres foráneas al margen de las que siguen las españolas aproxima la figura de Beatriz a la de Ana.[23] La Regenta, la tachada de orgullosa y la pensada inexpugnable mujer de ascendencia italo-española se distancia también en su manera de actuar de la del resto de las mujeres vetustenses.[24]

Además, la condena de Beatriz implica sutilmente la inversión del dominio de la *femme fatale*. El castigo divino sentencia el espíritu de la joven, penada a velar la tumba del español para rendir servicio eterno al esclavo de la pasión amorosa. Así pues y en consonancia con el imaginario de la época, esta leyenda se propone como una alegoría nacional en la que se sancionan duramente tanto el dominio francés, asociado con el orgullo femenino, como la servidumbre española, tratada en términos masculinos, sin que por ello deje de restituirse el orden a nivel patriarcal y nacional.[25] Contrariamente, en la novela de Alas, la falta de temor al castigo divino por parte del Magistral y de su madre, la avaricia de estos personajes y la imagen de la mujer tentadora se reelaboran de distinto modo dentro del seno de la Iglesia. La idea de castigo divino se reduce más bien a la herramienta con la cual los representantes religiosos abusan del poder conferido mientras comercian con la religión, —recuérdese la tienda de artículos religiosos que dirigen el Magistral y su madre. Esto no impide al anticlericalismo de Alas engrosar la desazón en el lector con un desgarrador final donde el cuerpo desfallecido de Ana, abandonado y violado incluso por los miembros más bajos de la orden eclesiástica, aparece aparte abatido por la mirada superior y vigilante de la *imperatrix*. Es decir, por la madre del Magistral cuya tenebrosidad se asocia, en esta última escena, con la bóveda de la catedral que deja el templo en tinieblas (II, 582).[26] Aún más, la imagen clásica de la ley fundada en el principio superior del Bien que parece apoyar el Obispo Caimorán, se somete al mismo encierro que a este personaje. El Obispo acaba recluido en las cuatro paredes del salón claro sin percatarse hasta qué punto la sombría doña Paula limita el acceso al salón mediante una continua custodia vigilada. Su encierro supone en cierto punto su destitución y una inversión genérica del poder usurpado por una madre que alberga en su seno castigos desprovistos de Dios. Todo ello puede leerse como una reelaboración de la figura materna de las obras de Sacher-Masoch, donde las madres expulsan de su imperio a la figura del padre.[27] Por otro lado, se castiga cruelmente a la víctima que no solo encarna la fuente de tentación para el Magistral y para Vetusta en general, sino que también llega a representar —recordemos— la renuncia al sometimiento del abusivo ser dominante, su hermano mayor del alma.

A la estructura triangular conformada por elementos del feudalismo, del amor cortés y de la dominación masoquista, notables en los relatos mencionados de Bécquer, la relación de Ana y Fermín suma el importante componente de la hermandad. Moscoso advierte en la introducción de su libro *Promesas incumplidas* cómo en la época contemporánea la idea de sustituir el viejo orden feudal por un nuevo amor fraternal acabó percibiéndose como la manía de la libertad e igualdad, que hundía sus raíces en el deseo inmoderado de elevarse por encima del propio origen (10). En parte como resultado de los elementos de continuidad entre el mundo medieval y el mundo moderno, las relaciones de poder se construyeron frecuentemente en este tipo de relaciones fraternales con el marcado patrón feudal que el masoquismo explota de manera sobresaliente. En *La Regenta*, el masoquismo ofrece la sobreimpresión de viejos pactos vasalláticos bajo las actuales propuestas de hermandad que brindan los pactos modernos.[28] Para Clarín y para Sacher-Masoch, en ellas las cartas adquieren un nuevo uso dentro del contexto amoroso: el contrato. Alas se sirve de la habitual correspondencia entre penitente y confesor para subrayar tanto la falta de regulación de la conducta pasional de la penitente, como la prueba de confianza que la Regenta finalmente brinda a su confesor. La carta pierde su sentido religioso. El clérigo la celebra en su deslizamiento hacia la dinámica masoquista, exponiendo la falsa espiritualidad en la que se sustenta su relación con Ana. Ella redacta un pacto de lealtad entre quienes se conciben como seres supravetustenses, o en palabras de Moscoso— en ese "deseo inmoderado de elevarse por encima del propio origen" (*Promesas incumplidas* 10). El juramento que los hermana hace patente la persecución de nuevas propuestas de lealtad basadas, ya no en el interés económico, sino en comunes anhelos y esperanzas. Las nuevas propuestas, sin embargo, peligran y se ponen en tela de juicio cuando se conciertan sobre la obediencia ciega al hermano mayor del alma, pues corren el riesgo de ser abusadas.

La ironía impresa en la carta de Ana responde a su masoquismo transgresor. A través de un escrito saturado de entusiasmo erótico y religioso, la Regenta busca realizarse dentro de su subjetividad como ser supravetustense y alcanzar el utópico compañerismo entre almas hermanas con el Magistral. Esta fraternidad, que conforma todo un culto romántico ligado a los ideales de igualdad y libertad, se somete a un convenio masoquista de obligaciones y deberes acorde al contexto realista. La ironía del pacto radica precisamente en que este arremete contra las muestras exaltadas de amor propio del masoquista y contra los cultos románticos. La carta con las condiciones que han de seguir los miembros de la relación masoquista esclaviza la pasión al decretar el establecimiento de la relación sobre la sumisión de la hermana menor del alma a través de la negación de su voluntad y en pro de las exigencias y deseos del hermano mayor. A lo largo de este libro, analizaré en detalle la carta de tres pliegos que Ana envía a su confesor. En ella, la Regenta le cede su voluntad a Fermín para que él disponga de ella, manifestando muchas de las mismas pautas, derechos y obligaciones del contrato masoquista de *La Venus de las pieles*.

El contrato masoquista enfrenta la narrativa de la estética romántica en torno a la bella dama despiadada y a su posterior desarrollo. El sometimiento del amante en el romanticismo implicaba una suerte de hipnotismo o hechizo amoroso anulador de su voluntad activa, por lo tanto toda la perversidad recaía en la figura femenina. En cambio, Sacher-Masoch presenta su contrato mediante la sumisión consciente y voluntaria del hombre, lo que se percibe como una peligrosa transgresión. El contrato acomete incluso contra la manía amorosa descrita a principios del siglo XIX por Charles Fourier y propuesta como una suerte de sociedad contrahegemónica. En su formulación de un nuevo mundo amoroso, Fourier integra en el espacio de las fantasías lúbricas la posteriormente designada actitud masoquista, advirtiéndola como: "una de las más cómicas, pues a ciertos hombres les gusta verse amenazados, pegados y maltratados horriblemente por su moza en palabras y en acciones" (269). Frente a esto, la temeridad a la que Sacher-Masoch sometió al imaginario burgués fue, a mi juicio, presentar esta conducta sin vincularla ni a la comicidad con la que la trata Fourier ni a los halos de locura romántica. Para Sacher-Masoch, se trataba, por lo contrario, de exponer una fantasía ligada a un contrato que constituía una sobreimpresión del feudalismo en la época contemporánea. Con ello, revelaba la complicidad y el deseo consciente de sumisión voluntaria del hombre dentro de las estructuras de poder, verdadero eje de perversidad en la época en la que se publica *La Venus de las pieles*. Claro que el austriaco resuelve el problema de la pasividad masculina ante los designios de la bella dama despiadada bajo la creación de un protagonista que le adjudica de antemano el rol activo a la mujer. De tal manera, incluso si él es el dominado, no pierde su poder sobre ella pues, bien mirado, no solo establece los roles de siervo o amo por los que se ha de regir la relación, sino que se reserva primero el rol de educar a la mujer para que actúe de manera activa bajo el deseo masculino.

Un claro ejemplo de esta estratagema de control soterrado y ejercido desde la posición masoquista se encuentra en *Sonata de otoño*. Como bien ha anotado la crítica, Valle-Inclán dota de cierto sadismo al Marqués de Bradomín, otorgándole un visible papel dominante a lo largo de la obra. Sin embargo, en la escena del acto sexual entre el Marqués y Concha se produce la más obvia referencia a las prácticas sexuales de la dinámica masoquista. En ella, el rol del Marqués cambia para posicionarse en el papel de víctima masoquista que alecciona a Concha sobre cómo ha de dominarlo dentro de su actuación de carácter sexual. Concha, guiada por el Marqués, azota con su negra melena el cuerpo del que pasa a considerar su "prisionero para toda la vida" (515). La lujuria se proyecta a su vez en un paródico misticismo en el que el Marqués suplica que se ejerza sobre él la violencia de un acto saturado de erotismo. La actuación se convierte en una actitud desafiante. Todo un reto a la condena católica, planteada desde la rebeldía y expuesta en una *performance* religiosa donde el protagonista se asigna el rol de un divino Nazareno. Los azotes son, en palabras del Marqués, la fustigación de Dios (516), que castiga el acto sexual a través del látigo femenino, subvirtiendo el papel de las figuras bíblicas. A diferencia de la madre que sufre por el castigo impuesto al Nazareno, es Concha quien lo inflige a través de una práctica herética dirigida sesgadamente por el Marqués de Bradomín. La escena culmina con la muerte de Concha que, como ente fantasmagórico, queda lívida e inmóvil. En la dinámica masoquista que se conforma en la narrativa de la época, su muerte resarce una vez más el orden falocéntrico que castiga a la que se posiciona como *dominatrix* fustigadora, pese a estar dirigida por el deseo del *divino* aristócrata. En otras palabras, la aparente inversión de papeles genéricos atenta contra el *status quo*, con el agravante que supone para este el incipiente feminismo. Por lo tanto la mujer es castigada, dirigida al *memento mori* donde el peculiar "prisionero"/siervo, hace ostensible la precariedad de una pretendida soberanía femenina.

Nueve años más tarde de la publicación de esta *Sonata*, Pardo Bazán problematiza en *Dulce Dueño* los roles genéricos dentro de la dinámica masoquista del contrato, remunerando a la que ejerce el rol de *dominatrix* e integrándola complemente en el ámbito capitalista. En una escena cargada con fuertes tintes ascetas desviados hacia la locura del arrebato histérico, la autora gallega separa la conducta masoquista transgresora del ámbito heterosexual. La ubica en el ámbito del homoerotismo femenino a través de un acto de prostitución comercial y añade a la dinámica masoquista el componente de jerarquía de clase social. Su adinerada protagonista, Lina, se introduce en la esfera marginal del lumpen como cliente y paga a una prostituta, venal sacerdotisa y protectora, para expiar el sentimiento de culpa que le suscita la muerte de uno de sus pretendientes. Lina le pide a la prostituta que la pisotee con sus tacones, la dirige en su manera de hacerlo: "Fuerte, fuerte he dicho" (267) y le exige la descarga de violencia en las partes que la prostituta no se atreve a dañar: "¡La cara, la cara también!" (267). Tras haber cumplido su servicio, la prostituta no se siente con ánimos para seguir maltratando a la masoquista, que paga con buen dinero y sufrimiento la liberación de una culpa. De esta manera, Pardo Bazán expone abiertamente el control que el masoquista ejerce sobre su *dominatrix*, rompiendo con las cadenas a jerarquías sociales y con la dinámica de las relaciones de poder entre géneros sexuales. En este sentido, el acto masoquista sostiene la idea de Susan Kirkpatrick y Maryellen Bieder acerca de cómo la autora gallega consigue desestabilizar los roles y comportamientos genéricos en esta novela.

También la flagelación mostrada en *Marta y María* de Palacio Valdés se integra, al igual que la mayoría de los actos masoquistas de María, puramente en el ámbito femenino, quebrantando la dominación genérica para marcar principalmente la inversión en los roles de clase social. El látigo que emplea María pertenece a su obediente criada, a la cual le ordena que la flagele en lo que Cristina Patiño Eirín advierte como un acto masoquista en conexión con la lectura desenfrenada de las hagiografías que realiza María (294). De nuevo, y de manera similar a lo que sucede en *Dulce Dueño*, la aparente inversión jerárquica de clase que supone la humillación buscada mediante el castigo, bien sea a los pies de una prostituta o a manos de una sirvienta, se problematiza al subrayar el dominio de las protagonistas masoquistas sobre sus seleccionadas dominatrices.[29] Es más, en el caso de Palacio Valdés, se distingue una clara división entre el masoquismo social que alimenta Marta y el transgresor de su hermana María.[30] El autor liga el movimiento de clases sociales al incipiente feminismo y expresa dentro de los parámetros del masoquismo transgresor las inversiones de jerarquías genéricas y sociales haciéndose eco de las ansiedades del imaginario burgués. De esta manera, traza las acciones del masoquismo transgresor de María como producto del deseo homoerótico que la joven manifiesta cuando ingresa al convento, mientras sitúa el masoquismo social de Marta dentro del contexto heterosexual que el autor defiende.

Es importante observar que, pese a la mirada erotizada que Palacio Valdés brinda en la escena de la flagelación, los actos de violencia masoquista no suponen un goce en sí mismo, sino una vía por la que la masoquista decide pasar para librar los obstáculos del camino hacia su felicidad. Mediante ellos, tanto Lina en *Dulce Dueño*, como María en la novela palaciovaldesiana saldan la culpa de imposiciones patriarcales que las arrastran a seguir la normativa del matrimonio. De ahí que tras ser pisoteada, Lina anote que la expiación de su culpa le permite ser de nuevo feliz (269).[31] Por su parte María, después de múltiples actos masoquistas, logra acceder a la comunidad ginocéntrica que alberga el espacio conventual, donde su deseo homoerótico es bien recibido y su felicidad se resume en una ratificadora, provocadora e inquietante sonrisa (122).

Por otro lado, como ha indicado Tsuchiya, la falta de distancia de las lecturas de la vida de Santas conduce a María y a Ana Ozores a la flagelación (*Marginal* 97). Pese a flagelarse con los zorros de limpiar muebles que Petra deja olvidados en la habitación de su Señora, la expiación de culpa de Ana se distancia de la sumisión a manos de la servidumbre. Esto además de suceder porque la autoestima de la Regenta no lo permite, pasa principalmente por la voluntad vengativa y las ansias de ascenso de la servidumbre en la novela, aspectos que Gonzalo Sobejano señala en su análisis de personajes como Camila, doña Paula y Petra ("Semblantes" 519). El semblante de subordinación femenina en *La Regenta* se emplea como estrategia para ascender de manera soterrada y adquirir poder de acuerdo a las ambiciones de cada personaje. Los anhelos idealistas de Ana se alejan sin embargo de los materialistas del resto de los personajes femeninos dentro de la novela. Tampoco busca la Regenta la humillación a manos del ser de extracto social inferior como sucede en los casos de Lina y María. Todo lo contrario, Ana desea la admiración y reconocimiento del Magistral, a quien concibe como ser supravetustense y por tanto susceptible de establecer con él una nueva sociedad sobre la cual ella pueda también ejercer su dominio de manera soterrada para ascender hacia su ideal masoquista. Esto es, emplea las técnicas de dominio masoquista, borrando la polémica encrucijada de jerarquías genéricas creada bajo el protagonista de *La Venus de las pieles* que, —recordemos— pese a su dominio sobre la *dominatrix*, se postraba como su siervo.

Aunque en *La Regenta* el carácter dominante de Fermín de Pas, que ansía conocer los secretos de la mujer más bella e inexpugnable de la ciudad vetustense, se marca desde el inicio de la novela, cabe reflexionar también acerca de la manera en la que Ana se sirve de él. El deseo de la protagonista funciona como fuerza motriz para establecer una sociedad alternativa desde la cual alejarse de un "yo" construido socialmente y renegociar la elaboración de su subjetividad conforme al compañerismo que ansía. A través de su alianza con el Magistral, Ana se aleja del peligro de alinearse a una sociedad obsesionada por el mundo sin diferencia donde se persigue que la Regenta sucumba al adulterio y a ser como todas las demás mujeres de la ciudad vetustense, contra su deseo de actuar de forma diferente y de buscar realizarse en su vida. Para ello, se sirve del deseo del proteccionismo del Magistral a quien decide otorgar el rol de *dominator* mientras ella, como masoquista, ejerce un control soterrado sobre el que la va a guiar, prometiéndole finalmente su obediencia.

Por último y con el propósito de alejarme de clichés genéricos del masoquismo y aproximarme al estudio de *La Regenta*, quiero llamar la atención sobre la obra literaria de Sacher-Masoch en torno a la ruptura de roles genéricos. El que en gran parte de su narrativa la mujer ocupe un lugar prominente no significa que el autor austriaco la presente siempre como figura dominante y al hombre como víctima masoquista. Caer en esta caracterización cimentada en la conceptualización heteronormativa del masoquismo proveniente de la ciencia positivista, obstaculiza el análisis de discursos homoeróticos como el que ofrece Sacher-Masoch en *El amor de Platón,* Pardo Bazán en *Dulce Dueño* y Palacio Valdés en *Marta y María.* Pero incluso en la dinámica de las relaciones heterosexuales masoquistas, la obra de Sacher-Masoch demuestra que los roles sexuales no son fijos. Es importante notar, por ejemplo, que el protagonista de *La Venus de las pieles* borra la dicotomía de adjudicación de roles genéricos ya que, si a lo largo de la narración se auto-otorga el rol de víctima masoquista, tras su relación con Wanda, la *dominatrix* de esta novela, decidirá cambiar su papel y ejercer uno totalmente dominante dentro de una nueva relación. En otras palabras, un sujeto puede ejercer el papel de víctima en una relación y el de figura dominante en otra. Ello se debe a que un comportamiento no anula el otro dentro de un mismo yo.[32] Esta aclaración explica por qué la ostentación de dominio del Magistral en la relación que mantiene con Ana, cambia radicalmente en su comportamiento hacia su madre, como víctima sumisa ante las imposiciones de la *imperatrix.*

Con estas consideraciones sobre la dinámica del masoquismo en el contexto peninsular de la época que vivió Clarín, pretendo hacer entender que los actos masoquistas no siempre se sumieron en el dolor-verdugo y apostaron en ocasiones por el dolor-maestro. De este modo, si la seductora relación que mantiene Ana con el Magistral cabe ser leída, como se ha hecho, tomando en cuenta la noción clínica del masoquismo, creo que la lectura a través del diálogo de obras literarias unida a un amplio contexto histórico-cultural aporta una necesaria revaloración del masoquismo en su propuesta subversiva, presentando resultados muy diferentes a los expuestos en el campo médico sobre la pasividad del masoquista.

En el capítulo que sigue parto del discurso médico en torno al masoquismo para mostrar su intersección con el literario y artístico, del que bebe también la aproximación histórico-cultural. La clínica decimonónica no solo bloqueó las propuestas subversivas del masoquismo literario, sino todas las que pudiesen afectar a los roles atribuidos por naturaleza a cada género sexual. Es decir, reforzó las normas de la moral burguesa que delimitaban una conducta sexual a seguir, aquella que se atenía a la función reproductora, gobernada en este período por la huella del puritanismo de la época victoriana. Cualquier otro tipo de sexualidad fue diagnosticada como patología. Ante estas consideraciones, establezco un diálogo con distintas fuentes teóricas para presentar los componentes sobre los que transita el sentido discursivo del masoquismo en *La Regenta*. Por medio de ellos, ofrezco una base teórica para destacar, en primer lugar, cómo el masoquismo se articula sobre un proceso de re-educación y persuasión de la figura dominante. El objetivo es que la dirija de una determinada manera, evidenciando el carácter agente del masoquista. Expongo también las directrices que sigue la relación sentimental entre Ana y Fermín, así como la intencionalidad, utilidad e incapacidad de la dinámica masoquista en *La Regenta* en relación a la lucha feminista y a la elaboración de derechos del sujeto moderno. Por último, explico la pérdida de control del masoquista en un mundo donde el ceder total y voluntariamente la libertad a la de un ser estimado superior, deviene en una esclavitud donde la pasión amorosa da paso a la traición sustentada en los intereses de la época moderna.

Capítulo uno

Reconsiderando el masoquismo

La incitación a la rebelión contra las instituciones que coartan la libertad obstaculizando la felicidad del sujeto moderno lanzada al inicio de *La Venus de las pieles* por la protagonista, lleva al personaje masoquista, Severin, a "soñar con los ojos abiertos" (18). El protagonista rompe con una vida regida por dictámenes sociales, debido a los que de vez en cuando "sufría violentos arrebatos pasionales y durante ellos ponía cara de hacer disparates" (17). También los ataques teñidos con síntomas de histeria que hacen retorcerse a la Regenta la llevan a poner cara de parecer otra, según los describe Visitación (I, 412); mientras que Ana atribuye sus arrebatos nocturnos a indicios peligrosos de su espíritu aventurero (II, 131). La senda masoquista que Severin y Ana deciden tomar esboza una salida a la inconformidad con sus vidas. Ambos lo hacen junto a quienes visualizan como maestros capaces de guiarlos en la consecución de la felicidad. Las relaciones masoquistas se enmarcan así en nuevos sistemas de educación forjados sobre la realización personal del sujeto moderno. Mediante la propuesta de nuevas alianzas, el alumno se somete al maestro con el propósito de acabar con los arrebatos que le provoca la ideología imperante, encaminándose a la formación de ideales de realización personal a la que aspira el sujeto.

En *La Regenta*, el discurso de domesticidad se desarrolla conforme a un sistema pedagógico de corte masoquista punzante con el papel que cumple la educación en el horizonte de expectativas de la época moderna. Así pues, este capítulo invita a reconsiderar el masoquismo de acuerdo a varios componentes relacionados con la creativa y contrahegemónica propuesta pedagógica inmersa en él. El encuentro de las que se formulan como almas gemelas, la dialéctica dentro del proceso educativo, el contrato, la fantasía, la *performance* y la relación entre el dolor y del placer se despliegan como elementos constitutivos del masoquismo en *La Regenta* a partir de una educación que clama por expresar los anhelos del que se somete al maestro y concibe la adquisición de conocimiento a través de la experimentación.

La enunciación de expectativas y la experimentación del sujeto suponen por lo pronto un desafío a las barreras sexuales establecidas. Los nuevos retos, como por ejemplo los formulados en *La Venus de las pieles*, que en la procura de una identificación con el sujeto subyugado proyecta la ruptura de roles genéricos, conducen a la ciencia clínica a confinar al ámbito de la locura y de la perversión a una serie de obras y autores, especialmente, aquellos en cuyas obras se perciben manifestaciones disidentes trazadas mediante un "exceso de creatividad" que atenta contra el *status quo*. Entretanto, la literatura de la época plantea las emergentes posibilidades sobre un mayor compañerismo para reducirlas, en gran parte de los casos, a quimeras, esto es, a beneficios potenciales pero inadmisibles públicamente en la época decimonónica, donde al hombre se le sigue valorando por su carácter activo y a la mujer por el pasivo.

Movidos por un afán clasificatorio, muchos de los investigadores científicos del siglo XIX se sirven de referencias literarias y artísticas para exponer entidades de dudosa existencia bajo nociones clínicas, dejando a un lado el concepto de libertad creadora inherente a toda obra artística.[1] Uno de los pioneros en el uso del nombre de escritores para designar enfermedades es el profesor de psiquiatría en la Universidad de Viena, el Dr. Krafft-Ebing, que en su obra *Psicopatía Sexualis* acude a los nombres del Marqués de Sade y de Sacher-Masoch, así como a obras de otros conocidos autores, entre las que figuran *Nana* (1880) de Zola u obras de arte como el *Éxtasis de Santa Teresa* (1647–52) de Bernini para ofrecer una explicación científica de las llamadas anomalías de las funciones sexuales que se aparten de la función reproductora.[2] Ante ello, diversos literatos, entre los que se encuentran el afectado Sacher-Masoch y otros sorprendidos por tales afirmaciones como Henrik Ibsen, Marcel Proust o Zola, manifiestan su descontento y discrepancia con *Psicopatía Sexualis*. De ahí los irónicos comentarios que Proust dirige a la obra de Krafft-Ebing cuando declara que incluso parece que el vicio se ha convertido ahora en una ciencia exacta (xxix). Pero ni la ironía ni las condenas de los artistas hacia esta obra sirven para poner freno a la reducción que la ciencia había empezado a hacer del arte y los conceptos de *Psicopatía Sexualis* se expanden con rapidez.[3]

Una de las vías por las que la noción de masoquismo de Krafft-Ebing se introduce en España es la obra de Max Nordau, *Degeneración* (1892). Nordau aplica el término médico de degeneración —léase cualquier manifestación alejada de lo que la ciencia positivista determina como normativo— al panorama artístico de *fin de siècle*.[4] Su aproximación cientificista le lleva a analizar psicológicamente la creatividad artística de Ibsen en asociación con lo que Krafft-Ebing postula como masoquismo ya que:

> Sus figuras de mujeres y sus destinos son la expresión poética de la perversión sexual de los degenerados que Krafft-Ebing ha llamado el "masochismo." El masochismo es una sub-especie de la "sensación sexual contraria." El hombre afectado por esta perversión se siente enfrente de la mujer como la parte débil, la que necesita protección, como el esclavo que se arrastra por el suelo obligado a obedecer a su ama y encontrando su felicidad en la obediencia. Es el trastorno de la relación normal y natural entre los sexos. En Sacher-Masoch, la mujer imperiosa y triunfante maneja el knout;[5] en Ibsen, exige confesiones, pronuncia reprehensiones furibundas y se marcha en una apoteosis de luces de Bengala. La expresión de la superioridad femenina es aquí menos brutal, pero, en su esencia, las heroínas de Ibsen son idénticas a las de Sacher-Masoch. (264–65)

En la lucha por la mejor clasificación de comportamientos patológicos que invierte el establecido *status quo*, Nordau propone el ibsenismo, ayudando a propagar la definición recogida en *Psicopatía Sexualis* de masoquismo, para finalmente enmarcar ambas nomenclaturas bajo la noción de "pasivismo":

> Krafft-Ebing da esta explicación de su palabra: "Entiendo por masochismo una perversión particular de la vida sexual psíquica, que consiste en que el individuo que la tiene está dominado en su sentimiento y su pensamiento sexuales por la idea de estar completamente y sin restricción sometido a la voluntad de una persona del otro sexo, de ser tratado imperiosamente por esta persona, humillado y maltratado por ella." La palabra está formada por el nombre del novelista Sacher-Masoch ... No me parece muy feliz esta denominación. Krafft-Ebing muestra él mismo que Emilio Zola, y mucho antes J.-J. Rousseau ... han caracterizado este estado de modo tan preciso como Sacher-Masoch. Por esto prefiero la designación de "pasivismo" propuesta por Dimitri Stefanowsky. (264)

Este periodo, en el que surgieron enemistades entre el cientificismo positivista y los artistas que luchaban por liberar sus nombres y sus obras del encierro clínico, nos dirige a la reflexión en torno a la interconexión entre la clínica científica y el arte. Sobre ella, resultan pertinentes las declaraciones de Deleuze. En una entrevista a Madeleine Chapsal acerca de la sintomatología, esto es, el estudio de los signos sobre los que trata de explicar la relación entre la literatura y la clínica psiquiátrica, el crítico francés señala: "La sintomatología se sitúa casi en el exterior de la medicina, en un terreno neutral, un punto cero en el cual los artistas, los filósofos, los médicos y los enfermos pueden encontrarse" (*La isla* 174).[6] La sintomatología deviene en una suerte de cruce de caminos en el que confluyen diversas maneras de aproximarse a las fantasías y: "el artista o el escritor pueden ser grandes sintomatólogos, tanto como el mejor de los médicos" (*La isla* 172). En ningún caso todos los artistas deben considerarse sintomatólogos ya que se precisa del componente de la fantasía dentro de la creación literaria, es decir, más que como punto de partida a la obra, como desafío sobre el que se reflexiona a través de toda ella: "lo propio de Sade, Masoch y otros (por ejemplo, Robbe-Grillet, Klossowski) es el haber convertido la fantasía en cuanto tal en objeto de la obra" (*La isla* 172-73). Siguiendo esta lógica, conviene incluir en esta lista a otro sintomatólogo como Clarín, que proporciona al lector la fantasía amorosa fundada por sus personajes, Ana y Fermín de Pas.

El campo clínico se aproximará a la sintomatología de esta índole a través del designado bovarismo, término acuñado por Jules de Gaultier en *El bovarismo, la psicología en la obra de Flaubert* (1892) para referirse a la fantasía de la protagonista de *Madame Bovary* (1856) en su confusión con la realidad. Según la definición recogida en el *Diccionario de psicología* de Umberto Galimberti: "La acentuación de esta tendencia puede llevar incluso a la construcción de una personalidad ficticia y a un concepto de sí irreal y fantástico" (154). Exceso, que de producirse como en el caso de Ana Ozores, acerca el *bovarismo* —o en términos literarios, los ensueños de libertad femenina— a la representación de la fantasía masoquista que será explicada como uno de los rasgos definitorios de esta teoría.[7]

En última instancia, la puja por la mejor clasificación clínica basada en los textos literarios que ha fijado nociones como el masoquismo, ibsenismo o bovarismo, acentúa el continuo flujo de ideas cuyo denominador común es adjudicar al género femenino una naturaleza pasiva y velar las estrategias de resistencia con las que muchas mujeres procuraron superar la imposición gratuita del concepto del dolor unido al placer. Este afán clasificatorio refuerza los controles sociales que, tal y como sostiene Michel Foucault, pretenden sistematizar la sexualidad en la pareja en el siglo XIX. Al inculcar la idea de que el sexo constituye un peligro, se instaura un sistema de vigilancia que condena a todo aquel que se sale de la norma (*Historia* 41). Por consiguiente, todo comportamiento que eluda la norma establecida se presenta como una anomalía de las funciones sexuales a la que hay que buscar una explicación científica en relación con tal orden, capaz de delinear y situar estos procederes fuera lo establecido. Así lo hace Richard von Krafft-Ebing cuando ataja la presentación de la agencia femenina del mundo masoquista y la sumisión voluntaria masculina expresada en *La Venus de las pieles* de Sacher-Masoch. Su definición del masoquismo se desmarca de la línea transgresora que propone Sacher-Masoch e inculca en el imaginario social la imagen que ha llegado hasta nuestros días del masoquismo como perversión asociada a la pasividad.

El profesor de psiquiatría silencia en *Psicopatía Sexualis* cualquier indicio de mensaje subversivo que pueda nutrir el incipiente feminismo de la época o atacar el orden patriarcal. Se sirve de los nombres de Sacher-Masoch y del Marqués de Sade para bautizar como masoquismo y sadismo dos actitudes que hasta entonces se ligaban a los términos clínicos de *algolania pasiva* y *algolania activa*, una terminología científica difícil de fijar en el vocabulario común. Circunscribe el masoquismo a una conducta sexual inversa y complementaria a la que caracteriza al sadismo. Lo considera una curiosa perversión de la vida sexual que consiste en desear verse completamente dominado por una persona del sexo opuesto, soportando de esta un trato autoritario y humillante, que puede alcanzar incluso severos castigos (119). En contraste, define el sadismo como una experiencia de excitación sexual placentera producida por actos de crueldad que consisten en el deseo innato de humillar, castigar, herir o destruir a otros para lograr el placer sexual (79). La combinación de sadismo y masoquismo la fundamenta en una imagen de conducta invertida según la cual, partiendo de lo que juzga como dos perversiones sexuales unidas por el factor del dolor, uno de los miembros se excita sexualmente al recibir dolor mientras el otro lo hace al ocasionarlo.[8] En consecuencia, postula que el deseo de abuso y dominación son esenciales para alcanzar la satisfacción sexual o su incremento dentro del masoquismo (86), esto es, presenta la violencia física como un tipo de excitación sexual.

Si bien los estudios médicos de la época encabezarán una de las vías para entender el masoquismo y deben ser tenidos en cuenta, estos ensombrecen otros modos de concebirlo, cuya valoración también es necesaria. La apertura y el diálogo entre las diversas aproximaciones al masoquismo resultan entonces fructíferas para exponer los diversos factores constituyentes de esta actitud. A continuación, me centro en aquellos en los que se cimientan los pilares de la pasión masoquista en el contexto literario para reexaminarlos y presentar su incidencia en *La Regenta*, renunciando a los clichés genéricos a los que hasta ahora se han visto sometidos en su mayoría. La explicación de la relación pasional bajo los factores de la dialéctica de las almas gemelas, el contrato masoquista, el vínculo entre placer y dolor, la teatralidad que posibilita la puesta en escena de la fantasía masoquista y el fetichismo resultan fundamentales en la producción del sentido discursivo del masoquismo para mostrar sobre qué mecanismos se articula y sobre qué intencionalidad, cuál es su utilidad y cuál su incapacidad, qué lo motiva y cómo, en el ámbito español, se llega a hacer del dolor un maestro.

En *Escape from Freedom*, Erich Fromm sostenía que el masoquismo parte de una estrategia para escapar a la agonía de la soledad (141). Si atendemos a las obras cumbres de Clarín y de Sacher-Masoch, al sentimiento de la soledad cabe sumar el aburrimiento y la insatisfacción sexual causada por la normativa disciplinaria de corte victoriano. La soledad, el aburrimiento y la represión sexual actúan como resortes de la relación masoquista que hace saltar un sistema educativo coercitivo desde una alianza amorosa contrahegemónica, mediante la cual se transgreden las leyes sociales impuestas. Por su parte, Silvia Vegetti Finzi, en la introducción a su libro *Historia de las pasiones*, indica que para que la pasión pueda expresarse es preciso que se instaure en una situación comunicativa con un semejante. La pasión no se puede realizar desde el aislamiento total. Necesita de otro con quien compartir la desestructuración violenta de los equilibrios existentes y forjar una unión partiendo de un mismo horizonte de valores o reglas comunes (11). Esto es, la pasión se basa en la co-dependencia del otro y hacia el otro, entablando una relación dialéctica asentada en el compartir unos mismos arrojos.

En el mundo masoquista, el idilio de la relación pasional se concibe en términos platónicos. La concepción platónica del amor se muestra ya en *La Venus de las pieles*, pero su desarrollo en *El amor de Platón* (también de Sacher-Masoch) guarda mayor concomitancia con la que vertebra el sentido discursivo del masoquismo en el contexto español y, particularmente, con la expresada en *La Regenta*. De hecho en *El amor de Platón,* aun cuando el latente deseo carnal recorre toda la novela, el intercambio amoroso se presenta en términos espirituales, de amor puro entre "almas gemelas" (45). De similar manera lo expresan Ana y su confesor a lo largo de *La Regenta* al referirse al encuentro de su "alma hermana." Ahora bien, en el caso español, la jerarquía de poder eclesiástico se manifiesta en la apreciación del Magistral como hermano mayor, marcando la influencia religiosa en la configuración de roles: representante del Señor en la tierra que asume la potestad, frente al penitente que debe obediencia. El encuentro afectivo que surge en el confesionario aleja a los protagonistas de la que Ana considera en repetidas ocasiones una "vida tan estúpida" (I, 226 y 227) y desde él se encaminan hacia lo que imaginan como un amor anafrodítico "incapaz de mancharse con el lodo de la carne" (I, 493). La base verbal sobre la que se sustenta la relación entre ambos personajes origina el reconocimiento mutuo de las almas gemelas, identificadas en la novela como almas hermanas y, a juzgar por la egolatría de los dos personajes, almas supravetustenses, superiores y por tanto distanciadas de las de los demás habitantes de Vetusta.

Jean-Paul Sartre integra en este diálogo de almas gemelas la conducta masoquista. En *El ser y la nada* expone la objetificación del masoquista en búsqueda de un alma gemela que implica una elección absoluta (230). Es decir, al mismo tiempo que el masoquista se ofrece como objeto, se sirve del ser amado como instrumento para conseguir unos determinados fines: "el que se realiza como humillado se constituye a sí mismo de ese modo como un medio para alcanzar ciertos fines. La humillación elegida puede ser asimilada como, por ejemplo en el masoquismo, un instrumento destinado a liberarnos de la existencia para sí"

(290). El masoquista busca entonces el reconocimiento del otro para ser concebido nuevamente por él y desembarazarse de una subjetividad con la que no está conforme. Emplea su agencia al utilizar al otro como instrumento destinado a exonerarlo de las condiciones de su existencia.

A propósito de la dialéctica amorosa de las almas gemelas, Deleuze, en dos de sus ensayos dedicados a la obra de Sacher-Masoch (*Presentación*; "Re-presentación"), subraya la intención persuasiva y educadora. De forma sofisticada, la parte sumisa de la relación masoquista debe persuadir a la autoritaria para que actúe de una manera estipulada. La sumisa toma el control de la situación y adquiere su rol de siervo por determinación propia. La parte autoritaria, aunque ostenta un sentimiento de poder en cuanto a la subordinación del siervo masoquista, no lo alecciona, sino que es el masoquista quien trata de educar y transformar a la parte autoritaria para que proceda siguiendo los deseos del siervo. En este sentido, el siervo se convierte en un mentor y, como tal, corre todos los riesgos de fracaso inherente a cualquier cometido pedagógico (*Presentación* 25–28).

A ello se ha de sumar el carácter privado de la relación masoquista entre la figura dominante y su *partenaire*. Los miembros no mantienen una práctica masoquista con todo aquel que les rodea. De acuerdo con Anita Phillips, el masoquismo es algo que puede practicarse en un momento determinado de la vida por motivos concretos. Una vez obtenido lo que se quiere de él, puede abandonarse y pasar a otra cosa. Puede formar parte de la vida sexual o puede ser una posibilidad imaginativa, un trampolín hacia la creatividad espiritual y artística (18). Así pues, la dialéctica establecida no tiene por qué guardar una correspondencia directa con el acto sexual en sí, aspecto que Krafft-Ebing dictaminó en la raíz de las prácticas relacionadas con el masoquismo y de la que sus seguidores se fueron desvinculando poco a poco, sino que esta puede presentarse mediante diversas y sugerentes formas imaginativas.

La confesión que el Magistral lleva a cabo con Ana Ozores representa un punto de fuga del mundo que les rodea. En ella erigen su amor espiritual. Ambos encuentran en la figura del otro una alteridad diferenciadora que los aleja de otras confesiones y sobre todo de la sociedad que menosprecian. Su creatividad espiritual los encamina hacia un idealismo de fuerte carga erótica, desde el cual reestructuran su subjetividad y donde "el erotismo no puede ser considerado más que dialécticamente y en justa reciprocidad" (Bataille 259).[9] El lenguaje verbal y corporal de los protagonistas se erotiza y se inscribe como *leit-motiv* de la confesión de intención erótica (F. Weber 120), rompiendo con la forma dogmática del enunciado carente de anhelos y sensaciones, instaurado normalmente dentro del confesionario de la ciudad de Vetusta. Weber apunta al encanto de la voz del Magistral para inscribirla dentro del motivo de la confesión de intención erótica, en base al recuerdo que Ana guarda de las palabras del Magistral (120). El crítico ilustra su afirmación mediante el pensamiento de Ana: "era muy diferente leer tan buenas y bellas ideas y oírlas de un hombre de carne y hueso, que tenía en la voz un calor suave y en las letras sibilantes música, y miel en las palabras y movimientos" (I, 582). Cabe notar que ya aquí el discurso verbal se une al corporal para realizar una completa comunicación a través de las dos vías enunciativas.

En la confesión se altera el valor de las palabras y el modo en cómo se pronuncian adquiere mucha más importancia que el contenido que guardan. De esta manera Fermín, más que a las palabras de Ana, presta atención a su voz "¡Aquella voz trans-formada por la emoción religiosa, por el pudor de la castidad que se desnuda sin remordimiento pero no sin vergüenza ante un confesionario ...!" (I, 479–80). La voz adquiere un aspecto corporal, que la capacita para poder desnudarse dentro de un confesionario. A su vez, se convierte en un mecanismo de seducción espiritual que rompe con el *ennui* que les provocaba la penitencia sacramental con otras devotas y confesores.[10] "[Fermín] No era en estas palabras, de una galantería vulgar, donde estaba la dulzura inefable que encontraba Ana en lo que oía: era en la voz, en los movimientos, en un olor de 'incienso espiritual' que parecía entrar hasta el alma" (I, 585–86). En el proceso de seducción de las denominadas almas gemelas/hermanas patentes en el masoquismo, el lenguaje adquiere gran relevancia y según Sartre, además de dar a conocer, hace experimentar sensaciones expresadas en efectos, gestos y actitudes (232).

Al confesar a Ana, el Magistral no solo ansía saber de ella, sino también experimentar y suscitar sensaciones. Las palabras del Magistral, al igual que aquellas que el molinero le dice al oído a Petra (I, 434) encienden el rostro de Ana que, después de confesar, "traía las mejillas sonrosadas, y ella era pálida; también parecía estar al lado de un fogón como Visita y Obdulia" (I, 415–16). De hecho, conviene recordar que el fogón de la cocina de los Marqueses de Vegallana, al que se refiere la cita, enciende la pasión de Obdulia y Visitación mientras juegan con la comida, cuyo olor excita, especialmente, y como ya destacó Alison Sinclair, el apetito sexual de Obdulia ("The Consuming" 248). El entrelazamiento del motivo del color de las mejillas une a las que se presentan como tres secuencias consecutivas ubicadas en los capítulos VIII y XIX y resemantiza el carácter erótico que se produce notoriamente en las secuencias que engloban a Petra, Obdulia y Visitación pero que fluye sumergido en el caso de Ana Ozores. El carácter perceptivo de los personajes deviene en signo primordial de la discursividad, entendida en términos foucaultianos como generadora de significado (Foucault, "Un diálogo" 20). Es más, adoptando la terminología de Foucault, en las primeras confesiones, la voluntad de saber del Magistral deja paso al ámbito de las sensaciones, problematizando la ejecución del poder al dejarse llevar por las sensaciones que también Ana provoca en él.

La pasión masoquista desarrollada en el marco de una relación amorosa en el contexto español, nace entonces de la inconformidad sexual de sus participantes al forjar una alianza para experimentar sensaciones prohibidas. La falta de realización personal en su aspecto sexual, conduce a la búsqueda de un compañero con quien saciar este inconformismo. El reconocimiento de las almas hermanas pone en marcha un juego erótico de dominación en la que las jerarquías de poder se trastocan, pues ambos miembros de la relación son conscientes del dominio que uno ejerce en el otro. Este dominio bilateral les confiere agencia a ambos y se presenta como base persuasiva con la que se renegocian las condiciones sobre las cuales se sostendrá una nueva, ideal y paródica relación de sumisión, no obligatoria, sino voluntaria. Una vez establecidas oralmente las condiciones de esta contrahegemónica alianza, el ideal de sumisión se consolida en un contrato.

El contrato masoquista fija el convenio de la voz amorosa y persuasiva por escrito, integrando la relación de esclavitud en la época contemporánea.[11] Sin embargo, y como explicaré a lo largo de los dos siguientes capítulos de este libro, las cláusulas inciden en un sistema de vasallaje. Las partes constituyentes, Señor/verdugo y siervo/víctima, conciertan el seguimiento de los derechos y obligaciones amorosas que se exponen en el contrato, y cuando este se fija por escrito adquiere sarcástica y parodicamente un carácter jurídico a seguir. Así lo indica Deleuze cuando afirma que en los contratos masoquistas la carta se revela en muchas ocasiones como el objeto sobre el cual se formaliza el pacto y, por tanto, adquiere un aspecto jurídico, debido a que en ella se verbalizan y precisan las condiciones del contrato (*Presentación* 22).[12] En la carta se instauran unas reglas y se constituye un pacto entre los miembros de la relación masoquista según el cual ambos están sujetos a lo establecido en ella.[13]

Sacher-Masoch atribuye la escritura del contrato a la *dominatrix* de su consagrada obra. El hecho de que esa función pertenezca en el siglo XIX al género masculino que dictamina la libertad y los derechos, atenta contra el rol masculino al cual se le adjudica la construcción del andamiaje jurídico. La inversión de roles genéricos evidencia el constructo ideológico de una ley desligada del principio superior del Bien y usurpadora de libertad, lo que resulta un verdadero escándalo dentro del discurso falocéntrico. De ahí que el cambio genérico haya sido leído como una burla a la ley imperante (Deleuze, "De Sacher-Masoch" y *Presentación*; Kucich); también como una inversión de roles que el temor de la imaginación falocéntrica denominó aberraciones teniendo en cuenta las posibilidades a las que se podía ver sometida la masculinidad si transigía en las reclamas de la lucha feminista (Krafft-Ebing; Freud, *Tres ensayos* y "El problema"; Deutsch, *La psicología* y "La importancia"). Y, partiendo de las ramificaciones políticas de la erotización, como contribución de agencia política de la mujer (Noble; Musser, *Sensational*).

La peculiaridad del contrato masoquista en el ámbito español de fin de siglo radica en quién estipula las normas, puesto que a diferencia de lo que sucede en la obra de Sacher-Masoch, no es la parte que se muestra autoritaria quien las redacta. Es la sumisa quien hace firmar a su *partenaire* las reglas que la sitúan en un plano inferior, tal y como sucede en *La Regenta*, en *Dulce Dueño* y en *Marta y María*. Cabe preguntarse entonces ¿cuáles son las consecuencias cuando se presenta a una mujer como víctima masoquista en estos términos, cómo se burla de la ley y cómo esgrime su agencia política? Sacher-Masoch aboga por burlar la ley mediante un contrato que establece nuevas reglas y, en este sentido, apunta a una estrategia para obtener libertad. El rol de la *dominatrix* supone una suerte de infiltracción al terreno de la escritura jurídica y, en manos de una mujer dominante, implica todo un escándalo. En cambio en el ámbito español, cuando la mujer ocupa el rol de sierva, su actitud no resulta escandalosa y su aparente falta de control le permite hacerse con un nuevo espacio, no solo de resistencia sino desde el cual transgredir la ley. Su libertad y derechos dependerán de la habilidad que tenga al redactar el contrato y al hacérselo firmar a quien ella determine en una sutil renegociación de condiciones.

La ironía masoquista se potencia cuando la mujer ejerce de víctima, sumisa y esclava de su Señor, pues el contrato que brinda para convencer a su *partenaire* puede leerse como parodia del contrato matrimonial. Así lo hacen Ana en *La Regenta,* María en *Marta y María* y Lina en *Dulce Dueño* cuando dictan la renegociación escrita, en el caso de las dos primeras, y oral, en el de la tercera, para burlar la ley del matrimonio a la que están atadas o deben atarse; siendo el caso de Ana el que mejor representa la parodia en términos de un desposorio espiritual. En la carta de tres pliegos que envía al Magistral, jura serle fiel, amarle y respetar sus órdenes por todos los días de su vida. De tal manera, refuerza el *status quo* al mismo tiempo que lo transgrede mediante una escritura femenina. En este sentido, y de acuerdo con Noble, la mujer masoquista no repudia las normas de convención social femenina, sino que las explota (72).

Cabe entonces ahondar en la cuestión de género tal y como lo hace Beauvoir. La escritora se sirve de un enfoque histórico-cultural para tratar esta cuestión que Sartre deshecha en torno al masoquismo. Como mujer, estima esta vuelta necesaria para romper con el cliché de la pasividad masoquista y desarticular el concepto de masoquismo femenino propuesto por Freud y afianzado por sus seguidores. En "El problema económico del masoquismo," el psicoanalista reafirma la natural subyugación de la mujer al hombre, mientras que su pupila, Helene Deutsch, en *La psicología de la mujer* defiende el concepto de masoquismo femenino como una conducta de amor que responde también de forma natural en la mujer ante la prioridad de sentirse amada. Para Deutsch, esta necesidad lleva en ocasiones a la renuncia del yo para complacer al otro y lograr una meta propia: "esta prioridad por ser amada conduce a las mujeres a renunciar muchas veces a sus propios juicios, buscando la aprobación y la satisfacción narcisista a través de la complacencia al varón" (Vallejo Orellana 102). En consonancia, Freud plantea el masoquismo femenino como comportamiento pasivo hacia la vida en general y la conducta sexual en particular y lo adscribe a las características constitutivas de la mujer desde su explicación anatómica tal y como anuncia Deutsch unos meses antes en *La psicología de la mujer*. En contraste Beauvoir, si bien afirma que hay un gran número de mujeres masoquistas, atribuye la concepción de pasividad y subordinación a un destino impuesto, tanto por los educadores como por la sociedad, y no como estado natural. Advierte una mayor aceptación de estas ideas en los países católicos, entre los que menciona a España, donde se refuerza este tipo de instrucción con modelos religiosos femeninos que conforme a la autora incitan al masoquismo:

> La Virgen recibe de rodillas las palabras del ángel: "Soy la sierva del Señor" responde ella … María Magdalena se postra a los pies de Cristo y le enjuga los pies con su larga cabellera de mujer. Las santas declaran de rodillas su amor por el Cristo radiante … todo invita a abandonarse en sueños en brazos de los hombres para ser transportada a un cielo de gloria … ya se trate de Dios o de un hombre, la jovencita aprende que, admitiendo las más profundas renuncias se hará omnipotente: se complace en un masoquismo que le promete supremas conquistas. (*El segundo sexo* 122–23)

La mujer no se concibe entonces como un ser superfluo sino primordial. Beauvoir amplía las reflexiones anunciadas por Sartre acerca del masoquismo para sentenciar que la actitud masoquista actúa y establece un juego que reconoce la construcción del yo en relación al sentimiento de culpa y a la enajenación (*Segundo* 161). La cosificación le brinda una vía de creación subjetiva que, lejos de apreciarse como una simple abdicación, facilita un proceso de superación de uno mismo.

El acceso a una escritura de renegociación dentro del masoquismo supone, por tanto, una estrategia de creación subjetiva con la cual huir de las leyes impuestas. El resultado de esa escritura "desde abajo" hace que el elemento masoquista del contrato cumpla en España una de las funciones que Foucault atribuye a la literatura:

> Consagrada a buscar lo cotidiano más allá de sí mismo, a
> traspasar los límites, a descubrir de forma brutal o insidiosa, a
> desplazar reglas y códigos, a hacer decir lo inconfesable, tendrá
> por tanto que colocarse ella misma fuera de la ley, o al menos
> hacer recaer sobre ella la carga del escándalo, de la transgresión,
> o de la revuelta. Más que cualquier otra forma de lenguaje
> la literatura sigue siendo el discurso de la infamia, a ella le
> corresponde decir lo más indecible, lo peor, lo más secreto, lo
> más intolerable. (*La vida* 137)

El contrato masoquista sustenta unas premisas que se han de mantener de forma inviolable. Estas se asientan en unas normas que coartan la libertad de la parte sumisa de manera abusiva. Es necesario entender que el contrato masoquista supone un desplazamiento de reglas y que por tanto se sitúa fuera de la ley para rebelarse contra ella, recreando un sistema paralelo. Aun más, vigoriza la ley mediante la reproducción de normas que refuerzan su cumplimiento resaltando los fallos de un organismo que propicia desviaciones. Así sucede en *La Regenta* cuando Ana le escribe la carta de tres pliegos al Magistral. Su carta de sumisión representa un contrato masoquista en el que se reproducen los términos de un contrato matrimonial. Ana emplea un discurso místico-espiritual y lo desliza hacia el masoquista en un intento de superación de las leyes que rigen la sociedad vetustense. El contrato al que ellos se someten voluntariamente resulta así una parodia de esa libre elección que ambos personajes se vieron obligados a adoptar para integrarse en el constructo social imperante: el matrimonio concertado entre el viejo y la niña, en el caso de Ana; y el voto de celibato, en el caso del clérigo.

Para afirmar la fidelidad y obediencia absoluta, el contrato autoriza la violencia sobre el siervo. Esto ha llevado a uno de los clichés más difíciles de disolver en torno al masoquismo literario decimonónico, me refiero al malentendido vínculo entre dolor y placer, según el cual el masoquista siente placer en el dolor. Esta concepción proviene de los campos de la psiquiatría y la psicología. En primer lugar, Krafft-Ebing fija su atención en la violencia física que se da en las novelas de Sacher-Masoch y la inscribe dentro de sus llamadas patologías sexuales sosteniendo que el placer que ostenta el masoquista se basa en la necesidad de sentir dolor. Esto complica el razonamiento de Freud que tras haber escrito "Más allá del principio del placer" se encuentra en verdaderos apuros para explicar el masoquismo en "El problema económico del masoquismo" al que termina caracterizando de enigmático (165), puesto que si la agresividad se halla implícita en las pulsiones de muerte y la sexualidad en las de vida, en el masoquismo se genera una continua lucha entre las dos pulsiones difícil de resolver. El error de Freud radica en pensar que el dolor es el fin último y que el placer se halla en dicho dolor. Asimismo, el que el principio del placer tenga por objeto impedir el displacer solo se puede explicar, desde el punto de vista de la concepción masoquista, a través del dolor.

Frente a estos planteamientos y al pensamiento popular que deriva de ellos en la conceptualización del sadomasoquismo que aúna placer y dolor, Deleuze se acerca al término de masoquismo a través del análisis de las narraciones del autor austriaco y propone un estudio teórico de sus textos ficcionales en aras de separar la insistida complementariedad clínica entre Sade y Sacher-Masoch:

> No estamos seguros de que la propia entidad sadomasoquista no sea un síndrome que deba ser disociado en dos genealogías irreductibles. Tanto se nos dijo que era sádico y masoquista, que al final nos lo creímos. Hay que volver a empezar de cero, y hacerlo por la lectura de Sade y de Masoch. Puesto que el juicio clínico está repleto de prejuicios, hay que volver a empezar todo por un punto situado fuera de la clínica.[14] (*Presentación* 16)

Desde el pluralismo teórico del masoquismo se corrige la concepción clínica sobre la relación entre placer y dolor y se incide en que el dolor no debe verse como un fin en sí, sino como componente que nace en la espera, y que se relaciona con los temores y las esperanzas según indica Platón (*Las Leyes* 92); componente clave para guiar el organismo hacia un fin placentero (Deleuze, *Presentación* 75) o hacia un renacer espiritual colmado de promesas de goce infinito (Kucich 49–50). La experiencia dolorosa se presenta como un vehículo que conduce hacia un placer deseado. Por consiguiente, el dolor, lejos de verse como un fin donde se halla el placer, aparece como una condición por la que el masoquista debe pasar para lograr su meta: el placer de liberarse de dictámenes sociales con los que el masoquista no está conforme. Así lo percibe la protagonista de *La Regenta* quien, tras la lectura de hagiografías, se sirve de lo que Peter Tyler concibe en

The Return to the Mystical: el uso del discurso *performativo* místico como eje en la transformación del discurso, anotado también por Moscoso dentro del ámbito que nos ocupa, el del masoquismo. Ana desplaza el discurso de Teresa de Ávila en su representación del paso por las moradas como obstáculos, espacios de dolor a superar para alcanzar el camino hacia Dios. El personaje lo transfiere a un *episteme* de discursiva masoquista, en el cual el masoquista pide ser llevado por un calvario de corte *performativo* para demostrar que de en su rol de ser supravetustense es merecedor del placer que ansía.

Los presupuestos religiosos de los que se sirve el masoquismo en el contexto español responden al modo de inculcar el dolor en el siglo XIX. Pese a los elementos que comparten el masoquismo y el Catolicismo —por ejemplo, el de la flagelación o el uso del cilicio—, el cambio en la forma de castigo provoca un choque frontal entre el modo de infligirlo en el Catolicismo —después de abolir en 1834 la Inquisición— y la manera en la que se hace dentro del masoquismo. Siguiendo las explicaciones de Foucault en *Vigilar y castigar. Nacimiento de la prisión*, en el siglo XIX se inicia una propensión a finalizar con el espectáculo que en los siglos pasados suponía la exigencia de una sanción en público. Para el pensador francés, se pretenden aplicar "unos castigos menos inmediatamente físicos, cierta discreción en el arte de hacer sufrir, un juego de dolores más sutiles, más silenciosos, y despojados de su fasto visible" (15). La Iglesia Católica, al igual que las instituciones penales de las que habla Foucault, entra en el juego de la diligencia de la sobriedad punitiva.

Stephen Haliczer lo recoge así en su libro *Sexualidad en el confesionario,* donde da cuenta de la evolución de la actividad punitiva que ha sostenido la Iglesia Católica. A grandes rasgos, este desarrollo se puede dividir en tres fases. La primera corresponde a las centurias anteriores al siglo XII cuando los castigos seguían un doloroso proceso en el que los penitentes debían confesar en público sus faltas ante Dios y someterse a severos castigos para la expiación de sus pecados. La segunda fase se produce a partir del último tercio del siglo XII, tras la instauración de la Inquisición en 1242, donde la confesión con el clérigo se hace obligatoria. Esto implica una dependencia absoluta por parte del penitente hacia la figura religiosa, que otorga el perdón y la absolución de los pecados en nombre de Dios. Consecuentemente, las penas impuestas a los penitentes son reguladas por el clero y en muchas ocasiones se siguen realizando públicamente. No obstante, y a diferencia de los suplicios efectuados por la Inquisición en espacios públicos, durante el siglo XIX el castigo se reviste de silencio en una época en la que lo importante no es sancionar al individuo, sino controlarlo al intentar modificar de sus acciones y de pensamiento.[15] El masoquismo se propone entonces como mecanismo de denuncia ante un control que requiere la mudez de los sometidos. Por esta razón, el masoquismo regresa al espectáculo de la crueldad y se sirve del concepto de la confesión para burlar el control de las instituciones religiosas y civiles.

La ley social decimonónica, entendida en términos foucaultianos como mecanismo disciplinario (*Vigilar* 214), obstaculiza con dogmas el deseo, veda el placer que el masoquista ansía alcanzar y aumenta la culpabilidad de aquel que se somete a la ley.[16] Deleuze y Noble explican cómo la víctima masoquista invierte esa culpabilidad, haciendo del dolor una condición que posibilita el placer prohibido, puesto que "el masoquismo se caracteriza, no por el sentimiento de culpa, sino por el deseo de ser castigado: la punición viene a resolver la culpabilidad y la angustia correspondiente, abriendo la posibilidad de un placer sexual" (*Presentación* 107). Aunque en el contexto español la culpa sí mueve la acción del masoquista, la transgresión no sigue las pautas esperadas. El afán de agonía subyacente en el masoquismo dentro del contexto español obedece al sentimiento de culpa que se erige en el Catolicismo. El castigo viene a resolver el sentimiento de culpa provocado por las pasiones que la Iglesia censura. Entonces el penitente busca eximirse de la culpabilidad y ansiedad que las leyes religiosas y civiles le suscitan. Por consiguiente, el sentimiento de culpa demanda un acto de penitencia que libere al individuo de su angustia. Ahora bien, si en el Catolicismo, la penitencia se resuelve con el castigo y cuanto mayor sea ese sentimiento de culpa, mayor será la punición, en el masoquismo se cumple a priori el castigo que la ley aplica en los casos de desobediencia. El masoquista precipita la culpa y empieza por exigir que le apliquen la condena. Prefiere sufrir primero el castigo y tras ello, se piensa con derecho a experimentar el placer prohibido sin ningún tipo de obstáculos, como recompensa por su sufrimiento. Por consiguiente, no encuentra placer en el dolor, sino en la plena impunidad para acceder a su deseo, aquel que llega posteriormente y que es viable en toda su plenitud gracias al cumplimiento y burla del castigo.

Sin embargo, la pena impuesta no siempre facilita el camino hacia el placer sin ningún tipo de obstáculos porque el castigo previo puede ser mayor a la pena esperada por el masoquista. Si la parte dominante peca de violenta, el masoquista puede dejar de perseguir el ideal con su pareja e incluso abandonar al que en un principio se sometió. Este abandono supone en sí la mayor transgresión de todas, pues si por un lado implica el fallido final de la relación de sumisión y dominación, por otro lado, apunta a la liberación y a la emancipación de quien tras los intentos de negociación percibe todavía el abuso nada placentero y decide tomar otra dirección en la manera de entender las posibilidades de la vida afectiva.

El castigo se recubre a su vez de un halo de teatralidad ya que forma parte de una puesta en escena de la fantasía masoquista. Mi aproximación a la teatralidad en el masoquismo atiende en primer lugar a los elementos configurativos sobre los que se erige la fantasía masoquista representada en el plano de lo real mediante una *performance*; y en segundo lugar, a en qué medida estos elementos se ven afectados por el discurso religioso en España. Con este propósito me remito a la manera de expresar la fantasía, no solo a través del lenguaje verbal, corporal o incluso del silencio, sino también en su articulación dentro del entramado en el que se va a efectuar su puesta en escena, fuertemente vinculada al ambiente religioso en las narraciones españolas de los contemporáneos de Clarín.[17] En este empeño, creo importante partir de los postulados de Theodor Reik en *Masoquismo en el hombre moderno*. Después de ellos, diversos investigadores del masoquismo en el campo anglófono, francófono y germánico, tales como Beauvoir, Deleuze, Kaplan, John Kucich, Nick Mansfield, Moscoso, Musser, Noble y Victor Smirnoff, por citar solo algunos de los más relevantes, han hecho hincapié en los componentes que esclarecen, en diversas medidas, los objetivos de la puesta en escena de la fantasía masoquista.

Reik, discípulo de Freud, afronta el estudio de lo que su maestro había caracterizado de enigma: el origen del masoquismo. Indica que la esencia y el origen del masoquismo hay que buscarlo en la fantasía. La describe como un producto de la imaginación de un sujeto que origina conscientemente un sueño diurno, consciente y susceptible de llevarse a cabo (I, 50). Sobre esta observación, la fantasía masoquista pasa a ser vista como el vehículo que propicia el logro del ideal. Requiere una alta capacidad imaginativa ligada al deseo de omnipotencia y control (Kucich 17–28); de complicidad basada en el amor y el reconocimiento (Musser, *Sensational* 77); y de deseo de liberación de una subjetividad con la que no se está conforme (Sartre 290).[18]

Los modelos religiosos femeninos mencionados anteriormente por Beauvoir —vírgenes, pecadoras y santas— inciden también notablemente en el establecimiento de la fantasía. En concreto en España, la fantasía se nutre del mundo de la mística y de sus figuras más representativas en unos años en los que la máxima delegada del misticismo español, Santa Teresa, resulta polémica. Por eso no resulta extraño que las protagonistas de varias de las obras mencionadas en este estudio se identifiquen notablemente con santas místicas. Si por un lado la clínica positivista se sirve de Santa Teresa como objeto de estudio para diagnosticar su misticismo dentro del cuadro de la histeria, que Martin Charcot había puesto de moda en lo que gran parte de la crítica ha considerado el gran teatro de *La Salpêtrière* (entre otros, Cagigas; Didi-Huberman; Godón, "Las poseídas"; Moscoso); en el territorio español, la celebración del tercer centenario de su muerte suscribe las políticas religiosas llevadas a cabo en el siglo XIX para establecer la infali-bilidad papal (Sanromán; DuPont, *Writing*; Hibbs-Lissorgues; Rowe; Saillard, "Louvain"). Santa Teresa se convierte en icono nacional y como ha sabido mostrar extraordinariamente Denise DuPont en *Writing Teresa: The Saint from Ávila at the fin-de-siglo*, varios autores de fin de siglo, entre los que se encuentra Clarín, recogen esta figura emblemática en sus obras para problematizar las múltiples proyecciones de la santa y posicionarse dentro del debate que suscita la mística.

El sentido discursivo del masoquismo en la España de esta época se nutre entonces de los escritos e imágenes de los místicos, tomando en cuenta principalmente la descripción de la búsqueda de autocastigo, sacrificio y auto-negación mediante el uso del lenguaje erótico empleado para representar la unión espiritual con Dios.[19] A diferencia del uso con el que el estudio de la histeria dotó al lenguaje erótico místico —como prueba que ligaba los arrobos a un trastorno sexual asociado a la función reproductora—, la erotización que el masoquismo le confiere a su representación del misticismo va más allá de la referencia sexual y se dirige principalmente a la del sometimiento voluntario. El uso de la subordinación erotizada lleva al masoquista a ofrecer su sufrimiento mediante la imitación de pruebas que, a semejanza del místico, tendrá que superar el masoquista para lograr su ansiado ideal.

Ahora bien, el factor de la fantasía y la incitación a la imitación también se ve afectado por otros parámetros de la religión católica que se apartan del ámbito puramente ligado al del misticismo español. Las prácticas espirituales que el masoquismo recoge de la imitación de modelos místicos siguen pautas individualistas, pues conciben el alma individual en comunión espiritual con Dios. Ante estas prácticas, y en sintonía con Reik (II, 113), Phillips advierte cómo la Iglesia Católica también promueve la identificación de la figura humana, obviamente colectiva, con un paradigma divino. Apoyándose en diversos pasajes de la Biblia, señala a Cristo como prototipo humano al que sus fieles tratan de emular y, en consecuencia, se les insta a desear el paso por los dolores que llevan a la gloria (196). De hecho, a lo largo de los siglos en España, la Iglesia Católica ha recomendado a sus fieles la lectura de *Imitación de Cristo* (1472) de Tomás de Kempis como guía espiritual a seguir; tal y como se presenta en *La Regenta*, cuando Fermín de Pas se la recomienda a Ana Ozores en su búsqueda incipiente de nuevas lecturas, junto con otros modelos, entre los que cabe destacar el preferido de Ana, la vida de Santa Teresa.[20]

Al predicar el seguimiento de las acciones de Cristo se hace especial hincapié en la importancia del tormento, es decir, del sufrimiento como vía de acceso a transitar para alcanzar el reino de los cielos. Así lo constata Reik cuando afirma que "la aniquilación, la auto-humillación y la gloria van de la mano. El sufrimiento se transforma en una promesa de la futura gloria de los cielos" (II, 114). Por consiguiente, el dolor se asume en el masoquismo para poder expiar culpas y gozar de lo prohibido y, en el Catolicismo, para expiar los pecados cometidos y poder acceder al reino de los cielos.

La fantasía masoquista en España sigue estos modelos católicos para exponerlos bajo un halo teatral. La crueldad de acciones y palabras, la majestuosidad con la que se luce la vestimenta y la voluptuosidad expresada en el gesto devienen símbolos de poder y se representan junto con la humillación y el sufrimiento para dar lugar a la puesta en escena de la fantasía masoquista. A su vez, la teatralidad implícita posibilita la reinvención del sujeto, permitiéndole acercarse a quien desea ser y alejarse de quien es en su mundo cotidiano, como comenta Sartre. En este sentido, en *Modernism and Perversion: Sexual Deviance in Sexology and Literature, 1850–1930*, Anna Katharina Schaffner advierte que la expresión del deseo como acto performativo es "one of the most powerful windows to the 'inner experience' of the other—even if the other is an imagined one" (259).

En el universo masoquista, el ideal se conforma en una puesta en escena donde ambos miembros de la relación necesitan implicarse para la elaboración de la fantasía que comparten como almas gemelas y donde la complicidad que subraya Musser cobra relevancia. Uno de los hermanos cumple una doble función ya que ejerce de co-protagonista y de director escenográfico. En consecuencia, determina todos los detalles con la mejor disposición para proyectar su deseo. Sin embargo y al contrario de lo que sucede en la novela de Clarín, en el ámbito anglosajón y francófono, el masoquista no solo concibe la escena sino que en la mayoría de los casos también realiza su puesta en escena tal y como han observado Mansfield, Noble, Reik y Smirnoff, entre otros. A la protagonista de la novela de Clarín se le niega esta puesta en escena desde la elaboración de su fantasía. Por este motivo, la Regenta se ofrecerá en espectáculo en la procesión de Semana Santa al dejar que sea el Magistral quien confeccione la escena del ideal pseudomístico que ella vislumbra en compañía y dirección de su alma hermana. De hecho, y como desarrollaré en el capítulo tres de este libro, el ritual exhibicionista que pone en pie el Magistral arrastra por el lodo la fantasía de su penitente predilecta.

Para entender cómo se integra la procesión de jueves santo en la dinámica masoquista, conviene referirse a lo que Reik denomina "ritual" masoquista. El psicoanalista asocia esta teatralidad con la ejecución de los rituales religiosos y mágicos. Explica el uso de la palabra ritual al señalar que "seguirá una especie de tradición, que debe ser respetada como las ceremonias en la iglesia. Primero hay que hacer esto, luego aquello; las palabras deben ser pronunciadas de cierta manera, y así todo" (I, 50). No desarrolla mucho más su argumento en cuanto al ritual, pero anota con esta argumentación unas pautas esenciales al comportamiento masoquista en las que el mandato y la obediencia adquieren gran importancia. Reik incide en la manera de pronunciar las palabras, pues advierte la cadencia que denota la voluptuosidad en el diálogo. Las palabras también deben inscribirse dentro de un tono determinado con el que ambas partes han de comulgar, al igual que lo hacen con la firma del contrato en el que se sella la relación.

Por lo que se refiere al ritual amoroso dentro del marco de las pasiones, Vegetti Finzi indica que la peculiaridad del diálogo pasional reside en la presencia de un tercero, de una comunidad que garantice la palabra dada. Como ejemplo, acude al coro de la tragedia griega que mide el exceso pasional, revelando así su carga transgresora y destructiva. Sobre el coro afirma que nunca está dentro del juego de las pasiones, pero que sin embargo puede comprender su compleja semántica captada gracias a la representación pasional (10). La pasión masoquista tampoco prescinde de la figura del tercero presencial, pero a diferencia de la tragedia griega, este forma parte integrante del juego pasional en su posición de *voyeur*. Es más, el tercero en el masoquismo se inscribe en el ámbito de la confesión, equiparándose con el receptor o lector de narraciones hagiográficas en su función social: atestiguar la cristalización de la pasión.[21]

La puesta en escena del dolor, la humillación y la desgracia —en términos de Reik, factor demostrativo— necesita exponerse delante de un tercero ya que "el sufrimiento en el masoquismo es un aspecto externo claramente destinado a enfrentar el medio ambiente, una fachada destinada al mundo exterior. Sin la atención de los demás el sufrimiento pierde mucho de su carácter placentero … El masoquista en el sentido social aparece como actor de su propia desgracia, alabando y proclamando su sufrimiento" (I, 74). Ahora bien, tal y como sostiene Žižek en *El acoso de las fantasías*, el carácter inminentemente teatral del masoquismo indica que "la violencia es en gran medida fingida, e incluso cuando es 'real,' funciona como un componente de la escena, como parte de una representación teatral. Aún más, la violencia no es nunca llevada hasta su conclusión; siempre es suspendida, como el eterno gesto" (221). El masoquista escenifica su sufrimiento para captar la atención de su público. Reik acierta cuando comenta la necesidad por parte del masoquista de hacerse notar esto es, —en palabras de Sartre y Musser—, de reconocimiento, pero el hecho de no enlazar este aspecto con la función que él le adjudica al rasgo demostrativo, "mostrar o probar algo" (I, 79), lo lleva a vincular erróneamente el sufrimiento con el placer.

Entonces, si la exposición radica encaminarse hacia el deseado placer humillándose ante un público, ¿qué es lo que se intenta mostrar o probar? Reik no ofrece una respuesta en el ámbito masoquista; en cambio, lo hace en el católico cuando anota el paralelismo entre la exposición del sufrimiento del masoquista ante un público y la de unos monjes ante Dios. Para el psicoanalista, estos monjes querían mostrarle a Dios cuánto sufrían por su causa y probarle cómo se castigaban por sus pecados (I, 75). Tomando en cuenta lo anteriormente expuesto —el sufrimiento del masoquista debe mostrarse para alcanzar el placer deseado y el deseo por parte del masoquista de ser castigado obedece a sentirse con el derecho a experimentar el placer después del castigo— llego a la conclusión de que el masoquista, al demostrar su sufrimiento, desea probarle a ese tercero que está cumpliendo su castigo, aquel que le hace sufrir y por el que expone dentro de su narcisismo su sumisión para mostrar, mediante la exposición de su humildad, su sentido de superioridad sobre el resto de los mortales.

El masoquista construye su fachada al proclamar su sufrimiento. Cuando lo hace ante un público, prueba cómo se castiga por sus pecados ante aquellos que le provocan el sufrimiento precisamente porque en el público se asienta una ley social que le prohíbe y obstruye el acceso directo al placer. En estos términos, el rasgo demostrativo resulta de suma importancia, ya que a través de él el masoquista expone su sufrimiento, se humilla ante el público espectador que testifica el dolor por el que atraviesa y, de este modo, da prueba de que el castigo ya se está efectuando. Tras esta puesta en escena, de humillación y demostración notoria de sufrimiento, el masoquista se permite acceder al objeto prohibido por el que ya ha pagado públicamente.

La necesidad de rendir pruebas conduce tanto a la ejecución de los rituales religiosos como al ritual masoquista y este lleva a Beauvoir a plantear la diferencia entre masoquismo y sadismo. En *¿Hay que quemar a Sade?* señala que, a diferencia del mundo práctico de Sade, "el universo del masoquista es mágico; por eso es casi siempre fetichista" (56). Y es que el fetichismo, en términos antropológicos, se vincula en la época de la Ilustración con rendir culto a una deidad, suscitando el debate en torno al fetiche y a la religión.[22] Más tarde, la ciencia clínica decimonónica desvía este debate, ubicando al fetiche dentro del catálogo de patologías sexuales; así lo hacen Charcot y Magnan, Krafft-Ebing, Freud y Reik, entre otros.[23]

Deleuze reexamina la teoría de Reik y advierte que el fetiche del masoquismo se define a través del suspenso metonímico, pero que debe pasar antes por un proceso de denegación. En su razonamiento, el crítico francés define el proceso de denegación como "el punto de partida de una operación que no consiste en negar y ni siquiera en destruir, sino más que esto, en impugnar la legitimidad de lo que es, en someter lo que es a una suerte de suspensión, de neutralización, aptas para abrir ante nosotros, más allá de lo dado, un nuevo horizonte no dado" (*Presentación* 34–35). La denegación conduce a la llamada neutralización defensiva, según la cual existe una afirmación y un conocimiento exacto de la situación real que se deja en suspenso; es decir, sin negar la situación real, se neutraliza en el objeto fetichista para derogar el conocimiento de la realidad.

De ahí que Beauvoir y Deleuze subrayen el fetiche dentro del masoquismo, pues en él yace la capacidad del masoquista de cuestionar la certeza de los fundamentos reales y sustituirlos por los del ideal que él mismo concibe en su fantasía. Llevada a escena, la fantasia desafía las reglas sociales establecidas, bien como sucede en el caso de *Dulce Dueño,* durante la escenificación de la fantasía masoquista organizada por la protagonista con la prostituta; o bien dejándola en manos de un director de escena, a riesgo de que la fantasía se vea traicionada como sucede en el caso de *La Regenta* cuando Ana permite que sea Fermín quien disponga de su fantasía y del factor demostrativo durante la procesión de Semana Santa.

La noción de ritual es sustancialmente fructífera bajo la concepción antropológica del fetichismo. El amplio abanico de objetos fetichistas que registra la Ilustración nutre las escenas masoquistas de la literatura global y de sus múltiples adaptaciones a las distintas tradiciones nacionales. En su despliegue se hallan desde talismanes y deidades de la naturaleza hasta objetos religiosos, eróticos, de valor económico y no faltan incluso aquellos sobre los cuales se sella un juramento. A propósito de estos últimos, el historiador y etnógrafo William Pietz afirma:

> Europeans noticed that fetishes … were used in all kinds of ceremonies and formal procedures involving obligatory oaths … Europeans found themselves forced to enter into their reality of fetishes in a practical way, since commercial contracts

and diplomatic treaties were inevitably put into the language of the fetish (as the vehicle for the creation of new interpersonal obligations). ("The Problem IIIa" 114–15)

Dentro del contexto masoquista en *La Regenta*, la carta de tres pliegos que sirve de contrato se inscribe también como fetiche sobre el que el acto de juramento se hace explícito. Se le otorga un rasgo de exclusividad pues Ana confecciona con su escritura un objeto dirigido únicamente al Magistral. El juramento remite al acceso del ideal que la Regenta desea compartir con Fermín y, como objeto fetichizado, la carta genera nuevas obligaciones interpersonales pues encarna la promesa de entrega espiritual.

Por su parte, Núñez Puente resalta el carácter sexual del fetiche en el siglo XIX:

> El fetiche se transforma en uno de los elementos clave que definen los protocolos sexuales de una sociedad, y con ello al individuo. Es así que el fetiche se nos muestra como pura materialidad. Esto acerca el fetiche al dibujo del cuerpo femenino, a la cartografía de los contornos de la carne femenina en los que tanto abunda el texto y la iconografía del XIX. Y en esta cartografía de la carne, los pies y el calzado femenino alcanzaron un grado de atención inusitado. ("Cuerpos" 7–8)

Dentro de la cartografía señalada, el masoquismo destaca por su asidua recurrencia al fetiche del pie/zapato para proyectar la fuerte imagen de un dominio aplastante. De hecho, si "[es] en el siglo XIX cuando la bota adquiere su connotación fetichista, convirtiéndose en un objeto simbólico que sugiere sensualidad y dominio" (Núñez Puente, "Cuerpos" 11), Sacher-Masoch tiene mucho que ver en la formación de esta idea. Las reiteradas botas de piel y de charol con puntiagudo tacón constituyen el máximo exponente de poder, no solo en la inversión genérica que otorga potestad a la mujer en muchas de sus narraciones, sino también como metáfora en las relaciones de soberanía colonial e imperialista apuntadas por la crítica (Bach; Kucich; Noyes; O'Pecko; Musser, *Sensational*).

Tampoco Alas obvia la connotación de dominio y sumisión voluntaria en la descripción de las botas imperiales con las que calza a Obdulia Fandiño en su paseo por la catedral:

> El Arcipreste estaba muy locuaz aquella tarde. La visita de Obdulia a la catedral había despertado sus instintos

anafrodíticos, su pasión desinteresada por la mujer, diríase
mejor, por la señora. Aquel olor a Obdulia, que ya nadie
notaba, sentíalo aún don Cayetano ... En aquel momento el
Arcipreste se inclinaba para saludarla como si fuera a besarle las
botas color bronce. (I, 193 y 210)

La mordacidad con la que se expresa el desinterés sexual del
clérigo en pro de lo que el narrador denomina instinto anafrodítico
—léase deseo de unión pseudoespiritual— se resemantiza mediante
un acto de rebosante sexualidad cuando el Arcipreste se postra
nada más y nada menos que ante los pies de la promiscua viuda.
La inclinación que resulta del amago de besar las botas imperiales
denota un claro acto de sumisión ante la que calza el símbolo de
un poder explícitamente imperialista, que aparece sarcásticamente
mermado por el color del bronce y no del oro. En oposición al pie
calzado e imperante de Obdulia, marcado por la tradición en la
que se integra la *femme fatale* en la representación del masoquismo
europeo, el pie desnudo de Ana, que el Magistral hace desfilar por
las calles de Vetusta en la procesión de Semana Santa, supone la
usurpación del poder que hasta poco antes Ana había ejercido en
el Magistral. El clérigo se sirve de un acto religioso para convertirlo
en ritual masoquista en el que la ofrenda al Señor deviene en
fetiche erotizado. El poder que connota se transfiere totalmente
a las manos del clérigo, rompiendo con la fantasía masoquista
imaginada por Ana, subrayando la violencia y abuso del acto de
sumisión voluntaria.

Así pues, las características primordiales del fetiche masoquista,
más que manifestarse en el carácter erótico de la fantasía expuesto
en el marco del fetichismo, lo hace en la confluencia de la entrega
y la violencia que envuelve al objeto fetichizado. Esto es, en su
relación con el uso y abuso de poder. La fantasía redactada en el
papel o llevada a una puesta en escena, la elabora el masoquista.
De tal modo, "si el masoquista quiere perderse es para hacerse
fascinar por ese objeto con el cual pretende confundirse. Ese
esfuerzo lo reintegra a su propia subjetividad" (Beauvoir, *¿Hay
que quemar?* 56).[24] Se ratifica así esa doble enajenación sustentada, por un lado, en el planteamiento del yo y, por otro lado, en
la libertad ajena que lo construye. Es decir, en la óptica literaria
del masoquismo, la puesta en escena entraña el deseo de materia-
lización, exposición y experimentación del ideal concebido por
el masoquista. Sin embargo, cuando este delega todo su poder

de creación en las manos de su *partenaire* haciéndolo director absoluto de la escena, corre el riesgo de ver abusada y violentada su fantasía, con lo cual su ideal fracasa. Es más, según sostiene Sartre, el idilio masoquista está abocado al fracaso, dado que, en manos del otro, el masoquista que busca liberarse de su subjetividad queda atrapado en ella mediante la imaginación del otro.

La articulación de estos cinco componentes —la dialéctica de las almas gemelas, el contrato masoquista, el placer y el dolor, la teatralidad y el fetichismo— ofrece el sentido contrahegemónico con el que interpretar el masoquismo en relación al discurso de domesticidad femenina. Partiendo de él, conviene analizar cómo se renegocia su disposición en el marco de un régimen de relaciones subyugantes. Bajo lo que se presenta como un nuevo proyecto gestor, el masoquismo redistribuye las fuerzas de poder mediante un continuo sistema de desplazamientos en los que los actos *performativos* abren la puerta a la exposición de nuevas posibilidades para ejercer el poder. En *La Regenta*, el primer deslizamiento se produce del acto de la confesión al de la confidencia amorosa donde se asientan las bases de la relación masoquista de Ana y Fermín. Las normas delineadas oralmente a lo largo de las confidencias entre penitente y confesor fuera del recinto sagrado dan lugar a una comunicación escrita en la que se concretan las declaraciones de unos derechos y obligaciones equiparables a los que se conciertan en los contratos masoquistas. Es necesario leer estas confidencias no solo bajo el prisma de la *sollicitatio ad turpia*, sino también de los estudios realizados en torno al matrimonio y al adulterio para examinar cómo se explotan y revelan que el sistema burgués decimonónico sigue atado a caducos constructos feudales que esclavizan a la mujer.

Capítulo dos

Yo tu esclava y tú mi amo

El masoquismo transgresor en *La Regenta* pone en marcha un dispositivo de poder que hace saltar las proclamas eclesiásticas y filosóficas krausistas de la época a favor del compañerismo en el matrimonio. En este capítulo argumento cómo la relación masoquista entre Ana y Fermín, desexualizada y asentada en la conceptualización de almas hermanas, permite a la protagonista resignificarse dentro de un nuevo orden que parodia la engañosa complementariedad de la pareja mientras desafía los roles genéricos. En su unión con Fermín, Ana se configura como parte esencial dentro de la relación sostenida en el compañerismo para, posteriormente, someterse por contrato a quien la educa para guiarla por el camino que ella idea. La fabricación de esta política sumisa en la que Ana libremente establece una alianza de esclavitud con Fermín explota la farsa de la nueva concepción de matrimonio burgués, que propone un compañerismo sostenido en viejos constructos feudales para encadenar a la mujer. Planteo esta alianza como una sátira al contrato social de Rousseau advirtiendo de los abusos a los que estos pactos se ven sometidos. La incitación al sometimiento voluntario femenino y la complicidad de la mujer pasan entonces a ocupar un primer plano en esta nueva conceptualización que muestra cómo la sujeción voluntaria corre el riesgo de verse traicionada, truncando el proyecto de modernos ideales y propiciando nuevas traiciones e infidelidades conyugales.

La infidelidad femenina, según han observado Biruté Ciplijauskaité y Charnon-Deutsch (*Gender*) entre otros estudiosos, supone además de una amenaza de ruptura del contrato matrimonial y su consiguiente desintegración de la familia, una respuesta contestataria al orden social inmerso en el incipiente capitalismo. Tanner determina que los contratos generan transgresiones y ambos son inseparables puesto que uno tiene su razón de ser en el otro (11), mientras que Jo Labanyi señala la reconciliación de categorías opuestas como algo deseado y temido y advierte la imposibilidad de distinción entre lo que separa categorías ("City" 53). A la par de estas consideraciones, cabe recordar el anunciado carácter transgresor contenido en sí dentro del contrato masoquista. El masoquismo no se sostiene en la dupla contrato/transgresión, sino que se presenta como la máxima desintegración de categorías opuestas al fundir las nociones de contrato y transgresión en una sola forma. Es decir, el contrato masoquista es la transgresión.

En comparación al carácter transgresor impreso en la definición que Tanner hace del adulterio, como "el acto de cruzar una frontera prohibida" (13), la transgresión en el masoquismo borra la frontera, dando lugar a un nuevo espacio por el que regirse. El contrato de sumisión proporciona un marco legítimo al carácter transgresor de una relación sentimental contrahegemónica. En él se asienta una sociedad amorosa creada en línea paralela a la de la legislación impuesta. Se presenta entonces como una alternativa de sometimiento voluntario que burla la ley, destituyéndola, tal y como menciona Deleuze, al colocarse por encima de ella para irónicamente reproducirla fuera de su alcance (*Presentación* 90). El masoquismo transforma sarcasticamente lo ilegítimo en legítimo mediante el contrato. De ahí que cuando la víctima masoquista de *La Venus de las pieles* le pide a la *dominatrix* que redacte un contrato de sumisión a fin de convertirse legítimamente en esclavo de la mujer, lo haga movido por el siguiente deseo: "quiero que tu poder sobre mí esté santificado por la ley" (78). De esta manera, al aspecto civil se añade un talante religioso para evadir tanto el poder del Estado como el de la Iglesia, implantando por encima de ellos una nueva ley.

Las relaciones amorosas masoquistas formalizadas en contratos surgen en una época convulsa para la institución del matrimonio. El carácter sagrado e indisoluble del vínculo matrimonial defendido por la Iglesia Católica se enfrenta a una proclama civil que integra el matrimonio en un contrato. El hecho de adscribirlo a la jurisdicción civil implica entonces la posibilidad de abolición del contrato; esto es, el eventual riesgo para unos y fortuna para otros de que a la legislación del matrimonio como contrato civil le siga la ley del divorcio, donde se pone término al contrato y, por tanto, al carácter indisoluble del matrimonio.[1] En España no se llega a establecer el divorcio durante la centuria decimonónica, pero el debate sobre su conveniencia o no circula en la sociedad.[2] Así lo refleja la recepción de la obra teatral de Eugenio Sellés, *El nudo gordiano* (1878) cuya originalidad al tratar el tema del adulterio femenino radica en proponer el divorcio como opción a la situación del adulterio.[3]

La obra de Sellés y las críticas que suscita mueven a Alas a participar en el debate en torno a las cuestiones matrimoniales. En *Solos de Clarín* (1881), dedica un espacio a *El nudo gordiano* y a las ideas impuestas sobre el vínculo matrimonial para exponer su postura:

> Si el matrimonio no consistiera en una ceremonia, si el matrimonio no fuera una pura fórmula que tanto se parece a la absurda teoría del contrato, sino la cosa en sí, la unión real, constante, inquebrantable de los esposos, desde el momento en que la fidelidad faltase, se vería que no existía el vínculo, que la sociedad estaba deshecha ... La idea impuesta dice lo mismo: es un vínculo sagrado el del matrimonio, Dios ata el lazo, es un sacramento, es indisoluble, y en su consecuencia se crea la fatalidad. (115–16)

Clarín afirma la pérdida de la esencia del matrimonio que ha devenido en pura forma, sin contenido moral, y advierte que tanto la concepción civil —cristalizada en la fórmula y en el contrato— como la religiosa —que insiste en el carácter sagrado y por tanto indisoluble del vínculo— lo destinan a la desgracia. Su postura aboga por la unión voluntaria y libre de las partes contrayentes y, en caso de adulterio, por una separación inscrita en las mismas condiciones. Esto es, apoya la libertad de disolución del matrimonio una vez roto el vínculo moral, entendido en la concepción hegeliana de unidad espiritual y amor consciente.[4]

Además, en el comentario a la obra de Sellés, Clarín juzga la desatinada sujeción del honor al matrimonio:

> [La] honra que tendría que ser materia de libre albedrío se ve atada a esa fatalidad; y mi honor, es decir, la dignidad de mis actos, depende, por esa cadena de absurdos, de actos ajenos. ¿Cómo puede ser esto? Por la idea impuesta. ¿No puede otro contribuir a mi salvación? Pues también podrá otro causar mi deshonra; como dice el vulgo, hay que estar a las agrias y a las maduras. Desde que se prescinde del sentido común, ¡se puede llegar tan lejos! (*Solos* 115–16)

Así sucede con Víctor que tras el adulterio de su mujer se ve obligado por sus convicciones a defender su honor y a afrentar el agravio en el duelo contra Álvaro Mesía. El marido de la Regenta sale herido de muerte, no sin antes cuestionar los derechos, obligaciones y sentido de las leyes sociales en torno al matrimonio:

> Anita me engaña, es una infame sí ... pero ¿y yo? ¿No la engaño yo a ella? ¿Con qué derecho uní mi frialdad de viejo distraído y soso a los ardores y a los sueños de su juventud romántica y extremosa? ¿Y por qué alegué derechos de mi edad para no servir como soldado del matrimonio y pretendí después batirme como contrabandista del adulterio? ¿Dejará de ser adulterio el del hombre también, digan lo que quieran las leyes? (II, 546)

La reflexión que precipita los derechos, deberes y leyes sociales cara al deseo en la mente del personaje es precisamente el engranaje que mueve la acción del mundo literario de Sacher-Masoch. Las cláusulas estipuladas en el contrato masoquista se manifiestan de modo especular y paródico a las de la relación conyugal burguesa.

Sacher-Masoch se sirve del contrato, un concepto moderno integrado en el marco burgués capitalista, para reformular sobre él un sistema feudal de vasallaje sostenido en antiguos vestigios de potestad real entre el soberano/Señor y sus vasallos. Esta potestad se funda en un juramento de concesión de mutuas condiciones: la fidelidad y el servicio del vasallo al soberano, quien a cambio le brinda protección dentro de su territorio al vasallo, le ofrece el beneficio de un cargo y la concesión de parte del territorio.[5] Sin embargo, la arbitrariedad del manejo de esta potestad repercute, en numerosas ocasiones, negativamente en las pactadas concesiones al vasallo que se ve sometido a los abusos del Señor. El contrato masoquista de la sociedad moderna nace, a mi juicio, del pacto vasallático de la sociedad feudal, latente en la reconfiguración de viejas formas de opresión que el contrato masoquista recoge y emplaza, dentro de *La Regenta*, en el ámbito matrimonial. Es más, el contrato masoquista refuerza las normas del pacto y coarta la libertad de manera abusiva, acercando la figura del vasallo a la del siervo y hasta a la del esclavo.

Frente a la borrosa frontera entre vasallo, siervo y esclavo subyacente en el contrato masoquista, la Iglesia opta por separar la esclavitud de la condición de servidumbre debida dentro de un pacto de compañerismo en el matrimonio. La relación amo/esclavo salta a la palestra en el terreno del Catolicismo que, ante el despertar de la conciencia femenina, los debates sobre el matrimonio civil y el divorcio, y los ataques lanzados por los naturalistas contra el poder religioso en la cuestión matrimonial, aprovecha el nuevo ímpetu de la mujer para rechazar la condición de esclavitud femenina denunciada dentro del matrimonio desde finales del siglo XVIII.[6] De ahí que ahora decida reconocerla, siguiendo los designios de Dios, como compañera de su esposo y no como sierva o esclava. Así se entrevé en la encíclica redactada por León XIII, *Arcanum Divinae Sapientiae* (1880), cuando se refiere a:

> [Los] deberes de ambos cónyuges, establecidos perfectamente sus derechos. Es decir, que es necesario que se hallen siempre dispuestos de tal modo que entiendan que mutuamente se deben el más grande amor, una constante fidelidad y una solícita y continua ayuda. El marido es el jefe de la familia y cabeza de la mujer, la cual, sin embargo, puesto que es carne de su carne y hueso de sus huesos, debe someterse y obedecer al marido, no a modo de esclava, sino de compañera; esto es, que a la obediencia prestada no le falten ni la honestidad ni la dignidad. (Web)

En una línea que parece acercarse a los presupuestos feministas conservadores, el Papa llama la atención sobre el deber de fidelidad de ambos cónyuges, la ayuda del marido a su mujer y el juramento de no humillarla. Con todo, también incide en el deber de la esposa a obedecer a su marido y, por consiguiente, en la sumisión de esta dentro del matrimonio. Cabe distinguir aquí el uso de este recurso de sujeción femenina a través de una libertad que invita a decidir voluntariamente someterse como compañera a su marido. Mediante la persuasión sobre una voluntad guiada de acuerdo al discurso de domesticidad y un sustantivo, compañera, que equipara solo nominalmente a la mujer y al hombre, la Iglesia apunta a borrar los fundamentos que defendía buena parte del feminismo europeo acerca de la libertad del sujeto femenino.[7]

A pesar de que la esposa en el ámbito del hogar debe "postrarse como compañera," lo hace en realidad como sierva que se entrega a los intereses de su marido dejando a un lado los suyos. Así pues, la época en la que se procura alzar el concepto de libertad personal, entendido bajo los postulados de la Revolución Francesa

(1789–99) de libertad, igualdad y fraternidad, no alcanza el ansiado orden moral ni ético. Como bien señala Eduard Fuchs, si el ideal de la sociedad burguesa se sustenta en la idea de libertad y orden moral donde "[y]a no hay señores y siervos, ni opresores y oprimidos. Solo personas nacidas libres; solo ciudadanos" (37) también advierte que "con la victoria de la burguesía no logró irrumpir una época de bienaventuranza general, pues la sociedad moderna burguesa, nacida del ocaso de la sociedad feudal, no suprimió las diferencias de clase, sino que impuso nuevas clases, nuevas condiciones de opresión, nuevas formas de lucha en lugar de las antiguas" (50). La sumisión genérica dentro del matrimonio también se sostiene en la reconfiguración de bases vasalláticas que el contrato masoquista pone de manifiesto.

A propósito del matrimonio y de la función que cumple la mujer española en él, Fernando Ibarra manifiesta la percepción que Clarín tiene del sujeto femenino al referir la siguiente cita del escritor: "Pero no será la mujer más perfecta, más libre, más feliz, cuando sea más hombre sino cuando sea mejor mujer" (47). Junto a ello, el crítico afirma que el autor de *La Regenta* "[c]omprende que la vida de la mujer, al menos en España, está sometida a presiones y limitaciones de toda clase, que hacen de ella un ser inferior socialmente y aun una esclava" (47). La reflexión de Ibarra sobre la realidad española del siglo XIX se aplica a la sociedad vetustense como muestra el pensamiento de uno de sus ciudadanos más liberales, el padre de Ana. Carlos Ozores contempla la emancipación de la mujer desde la posición de inversión genérica de poderes, ligándola a la violencia contra el hombre:

> A pesar de que Ozores pedía a grito pelado la emancipación de la mujer y aplaudía cada vez que en París una dama le quemaba la cara con vitriolo a su amante, en el fondo de su conciencia tenía a la hembra por un ser inferior, como un buen animal doméstico. No se paraba a pensar lo que podía necesitar Anita. A su madre la había querido mucho, le había besado los pies desnudos durante la luna de miel, que había sido exagerada; pero poco a poco, sin querer, había visto él también en ella a la antigua modista, y la trató al fin como un buen amo, suave y contento. (I, 262–63)

Ozores celebra la emancipación de la mujer vinculándola a la *femme fatale* en el terreno extranjero y anotando sus riesgos —léase temores masculinos— dentro del cortejo prematrimonial. Incluso él se postra a los pies de su mujer en una luna de miel rebosante de erotismo y sumisión masculina, marcada por la exageración, es decir, por la pasión amorosa sin restricciones sociales. Sin embargo, tras la celebración del amor libre entendido como amor consciente y vínculo moral, el padre de Ana suspende el erotismo fetichista y su sumisión amorosa para acabar adjudicándole a su mujer una posición inferior. La domestica entonces como a un animal, convirtiéndose él dentro del ámbito matrimonial y familiar en un buen amo.

Por su parte, Ana es consciente de que su deseo de emancipación resultaría un atentado a su clase social cuando se ve presa del destino que la sociedad traza para ella: "Quería emanciparse; pero ¿cómo? Ella no podía ganarse la vida trabajando; antes la hubieran asesinado las Ozores; no había manera decorosa de salir de allí a no ser el matrimonio o el convento" (I, 301). La escasez de alternativas la lleva a asumir la imposición social del matrimonio. Tras verse ahogada en él, busca una nueva alternativa mediante su relación con el Magistral. Los discursos religiosos y sociales rigen la forma de actuar de Ana interiorizando el discurso falocéntrico que proclama la inferioridad de la mujer en su necesidad de hacerse *mejor mujer* y mostrar, debido al "afán de no ser ingrata esta voluntad firme de hacerme buena" (II, 258).

En contraposición a la idea clariniana de lo que debe ser el matrimonio, *La Regenta* denuncia mediante su protagonista la aceptación del matrimonio en los términos que describe Geraldine Scanlon cuando refiere que en esta época en España "las presiones sociales y psicológicas ejercidas sobre la mujer para que cumpliese su destino matrimonial ... crearon la irónica situación de que un número enorme de mujeres se entregaran voluntaria e incluso entusiásticamente a la esclavitud legal" (126). El entusiasmo no llega a Ana, pero sí la sumisión voluntaria que se presenta prácticamente como el único camino a seguir dada su situación social y económica. Como han anotado, entre otros críticos, Labanyi ("Adultery") y Fernando Sánchez Martín, las tías de Ana conciertan su matrimonio en los términos capitalistas de un contrato calculado en la función económica. El utilitarismo familiar prima en la novela sobre una unión entendida bajo el amor consciente y la armonía espiritual. Las tías de Ana sustituyen esa unión y su implicación de deseo sexual dentro del matrimonio de su sobrina por otra pasión compensatoria, el interés. Es decir, el beneficio material y honor caballeresco en torno al proyecto familiar se impone sobre la pasión amorosa, tal y como lo indican los postulados de la Ética de Spinoza, según los cuales las pasiones solo pueden ser combatidas con éxito mediante otras pasiones (Hirschman 47). Con todo, el matrimonio de Ana y Víctor subraya la transitoriedad del éxito y por tanto el delicado carácter del interés económico para salvaguardar la unión, especialmente porque a Ana no la mueve este interés, sino la obediencia a sus tías.

Es más, en sus escritos acerca del matrimonio Fourier apunta al peligro que suponía la monotonía dentro del matrimonio sostenido en una base capitalista. Perspicazmente, el filósofo utópico también incide en el riesgo de una posible esterilidad que trunque el proyecto familiar (111), tal y como sucede en el caso de Ana, cuyo marido ha impuesto una relación paternalista, condenando a su mujer a la abstinencia sexual y privándola de su deseo de concebir hijos. Estos factores refuerzan la frustración de la protagonista dentro del seno del matrimonio que conforme al imaginario social anuncia la realización femenina mediante la maternidad. Así pues, como explica el teórico utópico y ejemplifica Clarín en su obra, el interés a largo plazo es incapaz de domar a la pasión amorosa. Por consiguiente, se procuran nuevas fuentes de placer que encaminan a la pareja hacia el adulterio y, en el caso de *La Regenta*, cabe añadir, al masoquismo.

Ana quiere huir de la hipócrita sociedad vetustense que la ata a un matrimonio de conveniencia y que la condena a sufrir los impulsos sexuales que le provoca Álvaro Mesía. En su idea de salvación, aparte de escapar del adulterio carnal lo hace de una vida idiota que mantiene con su marido. Descarta las dos alternativas dentro del matrimonio a las que se acoge por lo general la mujer burguesa. Marcada por la pluma de un autor que consideraba que para que las mujeres alcanzasen la perfección, libertad y felicidad debían hacerse mejores mujeres, Ana se hace buena y coarta su propia libertad en el momento que determina:

> "¡Salvarme o perderme! Pero no aniquilarme en esta vida de idiota … ¡Cualquier cosa … menos ser como *todas ésas*!" …
> "¡Esta sí que era una resolución firme! Iba a ser buena, buena de Dios, solo de Dios; ya lo vería el Magistral. Y él, don Fermín, sería su maestro vivo, de carne y hueso; pero además tendría

otro: la santa doctora, la divina Teresa de Jesús ... que estaba allí junto a su cabecera, esperándola amorosa, para entregarle los tesoros de su espíritu." (II, 205–06)

Ana ve negado su deseo de realización en el ámbito maternal, sexual y autorial, debido a la sujeción de normas sociales que durante toda su vida la han configurado anulando su "yo." Su complicidad con estos discursos conduce a Charnon-Deutsch a interpretar al personaje como un "discursive playground, where a conglomeration of disparate, often contradictory discourses and desires determine her every word and thought" ("Between" 146). De manera similar la percibe Mandrell, quien aparte de ver al personaje como receptáculo de deseos ajenos, lo advierte como un campo de confluencia sobre el que se erige en base a contrarios: "She is at one and the same time excess and lack, presence and absence, that which fills and is filled" (24). La actitud masoquista de Ana, resultado de estas múltiples negaciones de realización, sirve para ofrecer una explicación a esta amalgama de contrarios. En su desafío a las voces que constituyen y constriñen su subjetividad, Ana busca salidas para transcender la subjetividad impuesta. Para ello adopta una nueva negación planteada ahora desde su yo. Se deshace de todas las privaciones impuestas en búsqueda de un proyecto sobre el cual recuperar su subjetividad. Con este propósito erige el entramado masoquista que le permita no solo construirse a sí misma sino que, movida por la conglomeración de discursos que tratan de apresarla, escoge incluso sus vías de sujeción. Esto se explica según la teoría sartriana del masoquismo por medio de la mirada ajena que configura al ser y que por tanto lo posee como objeto al mismo tiempo que lo desposee de su "yo":

> El prójimo es para mí a la vez lo que me ha robado mi ser y lo que hace que haya un ser que es el mío. Así, tengo la comprensión de esta estructura ontológica: soy responsable de mi ser-para-otro ... en la medida en que me develo a mí mismo como responsable de mi ser, reivindico este ser que soy, es decir, quiero recuperarlo, o en términos más exactos, soy proyecto de recuperación de mi ser. (Sartre 226–27)

Ana se subleva ante la sociedad situándose por encima de esta mediante un narcisismo en el que ampara su sentido de superioridad sobre los vetustenses que, dada la complicidad de la protagonista, la conciben en base a su género, desposeyéndola de su ser. De ahí el temor a que su cuerpo no le pertenezca, señalado por Bridget Aldaraca cuando vincula el temor y la extrañeza con la que la protagonista se relaciona con su cuerpo al desmoronamiento interior, al miedo a la muerte psíquica, que la investigadora sostiene con la siguiente cita de la novela: "'Era cómplice de los otros, también se escapaba en cuanto podía; se parecía más al mundo que a ella, era más del mundo que de ella.' 'Yo soy mi alma,' dijo entre dientes" (57). Frente a este temor, Ana reacciona y protesta entre dientes, con rabia. Deshace la construcción que la sociedad forja de ella mediante el cuerpo y se identifica como ente superior: como alma. Bloquea el acceso de la sociedad a su autoconstrucción y elabora un nuevo proyecto de su "yo." Precisa del reconocimiento de otra mirada y para desempeñar esta empresa escoge, erróneamente, al Magistral.

Ana se alza sobre su instinto de supervivencia para cimentar una nueva sociedad con su confesor a quien a su vez configura como un sujeto distinto a los demás.[8] Le confiere el calificativo de compañero del alma (I, 446) al ofrecerle el carácter supravetustense que ella se autoadjudica "descubrió en el confesonario del Magistral un *alma hermana*, un espíritu *supra-vetustense* capaz de llevarla por un camino de flores y de estrellas a la región luciente de la virtud" (II, 93). Para ganar su reconocimiento como sujeto ante el Magistral, Ana se somete a él, cediendo a una libertad ajena el fundamento de su ser. Junto al Magistral concibe un espacio situado a los márgenes de la sociedad que les rodea. En consecuencia, y conforme a las premisas que recoge Ciplijauskaité, en esta época, "se presenta a la mujer que busca la liberación como un caso anómalo y patológico" (46). Ana recrea la imagen de un ser anómalo que envuelve en su propia patología, según denominaron la fantasía masoquista algunos científicos, a Fermín de Pas.

Para empezar, el traspaso de Ana como hija de confesión del viejo Ripamilán al apuesto Magistral supone, tanto para ella como para Fermín, una vía de escape al sentimiento de incomprensión e insatisfacción que sufren. Ana mantiene la virginidad en su matrimonio dada la relación paternalista impuesta por su marido, y Fermín se ve obligado a vivir bajo el dogma del celibato. La relación masoquista entre ambos parte de la represión sexual que los vincula y se desarrolla en el carácter de dependencia bilateral que surge entre ellos, apuntada por críticos como María del Carmen Bobes Naves, Michael Nimetz y José Ortega. Dentro del contexto masoquista, este tipo de dependencia se explica mediante una relación bilateral de dominio entre el siervo (Ana) y el amo (Fermín). El siervo ejerce también, aunque de manera soterrada, su influencia y dominio sobre el amo que lo dirige. Una vez establecidos los roles de siervo/amo, ambas partes de la relación conciertan verbalmente una serie de derechos y obligaciones sobre los que fundan una alianza de sumisión/dominación. Posteriormente, estos derechos y obligaciones se estipulan por escrito dando forma a un contrato que sella las promesas verbales.

De hecho en la novela de Clarín, antes de que estas normas sean enunciadas, Fermín reconoce que no posee ninguna clase de derecho sobre Ana: "¿Qué derechos tenía él sobre aquella mujer? Ninguno. ¿Cómo dominarla si quería sublevarse? No había modo [...] no podía jactarse de tenerla persuadida, interesada y menos enamorada de la manera espiritual a que aspiraba" (II, 124), sino todo lo contrario, es Ana quien le manipula a fin de persuadirlo para que se comporte con ella según una posición de superioridad. El Magistral se da cuenta de que la Regenta lo domina, pues repara en que, hasta el momento anterior a entablar aquellas conversaciones amistosas con ella, "siempre he sido dueño de mí ... y ahora había de empezar a ser ... un majadero" (I, 626). También doña Paula se percata del alcance de dominio que la Regenta tiene en su hijo cuando Fermín, afligido por el alejamiento de Ana, cae enfermo:

> La desesperación taciturna de su Fermo, complicada con una enfermedad misteriosa, de mal aspecto, que podía parar en locura, asustó a la madre ... pensó en mil absurdos, en milagros de madre, en ir ella misma a buscar a la infame que tenía la culpa de aquello, y degollarla, o traerla arrastrando por los malditos cabellos ... a salvar a su hijo a toda costa, a costa de la fama, de la salvación, de todo, a salvarle o morir con él ... De estas ideas absurdas, que rechazaba después el buen sentido, le quedaba a doña Paula una ira sorda, reconcentrada, y una aspiración vaga a formar un proyecto extraño, una intriga para cazar a la Regenta y hacerla servir para lo que Fermo quisiera ... y después matarla o arrancarle la lengua ... (II, 412)

Paula reconoce la esclavitud pasional en la que ha caído su hijo con la Regenta y por un momento considera a Ana como la única mujer capaz de salvar a Fermín del mal mayor que supone la locura. Del sentimiento sin nombre anunciado por el narrador se pasa a la enfermedad sin nombre. Esto es, la alianza masoquista que los personajes entablan se perfila bajo la doble mirada de sentimiento pasional y patología sexual. La posición débil de Fermín desencadena en la madre una ira profunda que necesita calmar con imágenes de Ana esclavizada ante su hijo, en esa idea de hacerla servir para lo que Fermo quisiera. Paula hace de Ana un objeto esclavo del deseo de Fermín puesto que la intención de ponerla al servicio de su hijo como hace con Teresina, la sirvienta de su casa, connota el servicio sexual que la sirvienta le rinde al señorito. No obstante, el final que Paula visualiza para la Regenta es muy distinto al acuerdo casadero que les ofrece a las demás sirvientas, las cuales no ejercen ningún tipo de poder en su hijo. Este poder activa el ansia de cruenta venganza sobre Ana, dando rienda suelta a la fantasía de doña Paula en su deseo de asesinato y mutilación de la mujer cuya voz se hace oír, resultando entonces diferente y, por tanto, poderosa.

Al otro lado de la celosía del confesionario, Ana lleva a Fermín a proceder de forma distinta a la que manifiesta generalmente con el resto de sus penitentes. El Magistral se reconoce, en palabras de Nimetz, como víctima de Ana a la vez que amo y señor de ella (195). En efecto, dentro de los parámetros masoquistas, el Magistral se percibe como víctima de Ana no solo por la pasión amorosa que le provoca sino también porque se compromete a desarrollar el rol que Ana determina dentro de la relación espiritual e idealista. En ella, el confesor debe negar cualquier asomo de *sollicitatio ad turpia* hacia su penitente y seguir la imagen que Ana le confiere. La Regenta aparece además como la educadora del Magistral. Le enseña cómo debe desempeñar su rol dominante ante ella al mismo tiempo que lo transporta hacia el ideal romántico de liberación, pues como él reconoce "al buscarme me guiaba" (II, 203). Con todo, para Fermín esta no resulta ser una empresa tan fácil como imaginaba en un principio ya que sus sentimientos hacia Ana son más terrenales que espirituales y por tanto arriesga la estabilidad del pacto en el que se funda su alianza.

El anhelo de Ana por realizarse como persona junto con el complejo de culpa que le suscita su atracción sexual hacia Álvaro

Mesía la instan a auto-adjudicarse el papel de víctima. De este modo, a partir de sus confesiones y confidencias con el Magistral y tras caer en el baile desmayada en los brazos de Álvaro, Ana decide continuar su vida de forma diferente para llevar, según ella, "una nueva vida, vida de víctima, pero no de sacrificio estéril, sin testigos, sino acompañado por la voz animadora de un alma hermana" (I, 439). Para representar este papel necesita una figura que se sitúe por encima de ella y que tenga la capacidad de dominarla. Piensa que este rol puede encontrarlo en Fermín de Pas. Y en efecto, como postula Bobes Naves "El Magistral adopta gustoso el papel que Ana le asigna en sus relaciones" (123). Ana le pide a Fermín que la guíe hacia el camino de la virtud pero exige un método determinado para su educación, en la que no se presente una relación de igualdad, sino de subyugación.

La Regenta traza un proyecto de elaboración de su identidad que puede ser explicado mediante los razonamientos que Sartre dedica al masoquismo. El filósofo lo concibe como un esfuerzo por anular la subjetividad del sujeto haciendo que sea reasumida por el Otro. Es decir, en vez de intentar cautivar al otro conservando su alteridad, el masoquista se subyuga al otro para desembarazarse de una subjetividad fragmentada que le obliga a convertirse en lo que no quiere ser. El masoquista busca entonces el reconocimiento del otro para ser concebido nuevamente por él y desembarazarse de una subjetividad con la que no está conforme. Utiliza al otro como instrumento destinado a liberarlo de su existencia: "el que se realiza como humillado se constituye a sí mismo de ese modo como un medio para alcanzar ciertos fines. La humillación elegida puede ser asimilada como, por ejemplo en el masoquismo, un instrumento destinado a liberarnos de la existencia para sí (290). El deseo hacia Álvaro mueve el complejo de culpa de Ana y la precipita a adoptar una actitud masoquista presentándose como víctima y humillándose ante el Magistral para ser concebida por él. Ahora bien, la imagen masoquista de Ana que se adecúa a la teoría de Sartre, se enriquece con la teorización deleuziana del masoquismo ya que en esta nueva concepción del ser, el siervo amaestra a quien debe amaestrarlo (Deleuze, "Re-presentación" 79). Ana emplea su agencia para exponerle al Magistral el idealismo sobre el cual quiere ser concebida.

La relación de dominación y sumisión que Ana procura tiene su correlato en las confesiones de Santa Teresa. La lectura que hace del *Libro de su vida* influye en buen grado en su manera de actuar y percibirse a sí misma. Se identifica con la autora abulense mediante el acto de la escritura.[9] Siguiendo a su modelo, distingue entre buenos y malos confesores y dispone la necesidad de sumisión a su director espiritual: "Quedé determinada de no salir de lo que él me mandase en ninguna cosa, y ansí lo hice hasta hoy. Alabado sea el Señor que me ha dado gracia para obedecer a mis confesores, aunque imperfectamente" (Teresa de Ávila, *Libro* 212). Ana se equipara con la Santa y como en el caso de la monja, su obediencia también es imperfecta pues miente al Magistral para no ir a confesarse.

En la carta que escribe al Magistral reconoce su suerte al afirmar que "Santa Teresa vivió muchos años sin encontrar quien pudiera *guiarla como ella quería* [énfasis mío]; yo más débil recibí más pronto amparo de Dios por mano de quien quisiera llamar mi padre y prefiere que no lo llame sino hermano mío" (II, 258). De esta manera, Ana expone el éxito de su deseo de persuadir al Magistral a fin de que la guíe como ella quiere. Pretende que su director espiritual siga unos pasos específicos mediante los cuales ella consiga suprimir sus debilidades, es decir, sus impulsos sexuales hacia Álvaro. Emplea la victimización al presentarse como mucho más débil que su modelo abulense para cumplir su cometido pedagógico en el que encamina al Magistral. En este sentido, se realiza de manera velada, actuando como cuando escribía sus versos de niña de forma activa, al mismo tiempo que se muestra a los ojos de los demás como objeto pasivo.

Fermín se somete al deseo de la Regenta y busca nuevas técnicas para dirigirla hasta que finalmente halla la que ella requiere: la postración del penitente al confesor a través de la dureza y crueldad de las palabras. "Ana callaba … le agradaba aquella energía, complacíase en aquella oposición, estimaba más que halagos y elogios las frases fuertes, casi duras del Magistral" (II, 133). La actitud dominante y crítica que adopta el Magistral hacia ella obedece a dos razones: la primera, al percatarse de la obediencia imperfecta de Ana que se excusa con una mentira para no ir a reconciliar a la hora que él dispone; y la segunda, tras el escándalo que se origina en Vetusta al saberse que Ana asiste al teatro la noche de Todos los Santos, esto es, en una de las noches prohibidas según la devota sociedad vetustense. Estos hechos provocan la furia del Magistral y le llevan a asumir por vez primera una posición de autoridad ante Ana.

Para asentar su poder y justificar el motivo de su visita al recinto de los Ozores, el Magistral recurre principalmente a tres estrategias discursivas: el silencio sostenido, la mirada y la palabra. En aras de subrayar la importancia de las palabras que va a pronunciar y adjudicarles peso, este se sirve de los dos primeros elementos recurrentes en su estrategia comunicativa, el silencio y la mirada, que proporcionan un halo fuertemente teatral en la escena: "El silencio de don Fermín y su mirada a las estrellas indicaron a la dama que se iba a tratar de algo grave. Así fue" (II, 125). El silencio y la mirada preparan el terreno para la exposición de las palabras e imponen el control del acto comunicativo que otorga a Fermín de Pas el grado de dominio que busca. El Magistral deja de cumplir el papel de alma gemela, como hermano del alma, y emplea el de director espiritual que lo ubica en una posición superior de dominio. Acogiéndose a la autoridad lograda a través del silencio y el gesto, emplea la palabra para desarrollar locuazmente el discurso con el que sentará su primera regla dentro de la nueva relación que va a mantener con Ana. Con cautela, le expone las razones por las cuales cree necesario que no acuda tan frecuentemente a la iglesia y la conveniencia de que confiese a la hora ordinaria, entre las demás penitentes. La despoja así de su distinguida posición y la rebaja, al situarla al mismo nivel que a las otras penitentes para elevarse él sobre todas ellas. Una vez fijada esta autoridad y mediante un plan que el Magistral "no tenía preparado, que era solo una idea vaga que había desechado mil veces por temeraria" (II, 139), vuelve a concederle a Ana un puesto predilecto dentro de sus penitentes que la separa, como ella ansía, de las otras mujeres vetustenses. El plan consiste en mantener encuentros no solo en el confesionario sino también fuera de él, especialmente cuando ella quiera referir "esas confidencias amistosas, familiares" (II, 129) de las que no se atreve hablar en el recinto sagrado. En otras palabras, la imposición de su autoridad le permite concertar encuentros furtivos fuera de la catedral, donde Ana le pueda remitir sus "malas pasiones satisfechas" (II, 73) y quién es el objeto de su deseo.

Ante la fuerza discursiva del Magistral, Ana adopta una actitud sumisa: "Señor, yo haré todo lo que usted diga, iré cuando usted me indique; mi confianza absoluta está puesta en usted. A usted solo en el mundo he abierto mi corazón, usted sabe cuánto pienso y siento ... de usted espero luz en la oscuridad que tantas veces me rodea ..." (II, 126). Por primera vez, Fermín manifiesta claramente un poder superior con el que reprende a la Regenta por haber ido al teatro y le exige, advirtiéndole incluso de un posible abuso de poder, que cumpla con los designios que él encomienda:

> —Pues, hija mía, usando o tal vez abusando de ese poder discrecional (sonrisa e inclinación de cabeza) voy a permitirme reñir a usted un poco ...
> Nueva sonrisa y una mirada sostenida, de las pocas que se toleraba.
> Ana tuvo un miedo pueril que la embelleció mucho, como pudo notar y notó De Pas.
> —Ayer ha estado usted en el teatro. (II, 124)

Las referencias a la sonrisa y a la mirada sostenida recalcadas en el texto como si de una acotación teatral se tratara, subrayan el halo *performativo* que muestra Fermín para erigirse en su dominio, mientras resemantizan el tema que se va a tratar. Ahora bien, a diferencia de lo que sucede en el teatro, el narrador integra en la *performance* la certeza de que el Magistral notó el miedo pueril de su penitente predilecta. Con ello Ana se ubica en una esfera inferior, transige de forma sumisa a las exigencias de su confesor dentro de la escena en la que se configuran los roles de Señor/sierva de esta relación masoquista.

Tras alzarse con el poder sobre Ana, cabe preguntarse cuáles son los derechos que el Magistral ha adquirido sobre la Regenta. En primer lugar, Ana se dispone a ceder su voluntad al Magistral. Y en segundo, este le insinúa cómo su falta de consideración al acudir a la representación de *Don Juan Tenorio* hiere su orgullo de director espiritual. Ana advierte cómo sus actos pueden repercutir en la fama de su confesor: "¿De modo ... que he sido imprudente ... que he puesto a usted en ridículo ...?" (II, 127). Por consiguiente, Fermín ha adquirido dos derechos, conferidos en la sociedad de la época al padre y luego del marido: la obediencia de la mujer y el honor que en ella deposita su padre/esposo. Si bien el Magistral acude en esta escena a presentarse como el padre espiritual, su potestad sobre Ana se desplaza al ámbito amoroso. El Magistral se sitúa ahora a medio camino entre la figura del amante y la del marido puesto que el pacto verbal le confiere derechos que lo alejan del amante sin llegar a obtener los del marido, que requiere de un pacto firmado.

El Magistral no olvida que Ana es la mujer de Víctor Quintanar, aunque como bien indica Carolyn Richmond: "el obedecer al sacerdote constituye también una especie de infidelidad al marido" (345). La infidelidad definida por los derechos que el Magistral adquiere sobre la voluntad de Ana, se apuntala al enmarcarse dentro del bucólico paraje del jardín de los Ozores, pues como Claudio Guillén afirma acerca de esta novela "lo significativo del paisaje puede revelar cierta prioridad de la narración sobre la historia. Las descripciones del entorno natural no son un mero telón de fondo, sino comentarios aclaratorios" (165). La consciencia del valor significativo del entorno hace que el confesor se observe más cerca de la figura del amante que del marido: "'No le haría gracia que don Víctor los encontrase a tales horas en el parque, dentro del cenador solos y a la luz de las estrellas.' Pero esto que pensó se guardó de decirlo. Salió de la glorieta hablando en voz alta, aparentando no temer al ruido, pero temiéndolo" (II, 142). De ahí que el Magistral se sitúe en ese punto medio entre la figura del marido que alza la voz para certificar los derechos que, en contraposición a Álvaro Mesía, ahora posee sobre la Regenta; y la figura del amante que, bajo el temor a ser descubierto, desaparece por la puerta trasera sin antes dejar de concertar, esta vez en voz baja, una cita a escondidas con la Regenta en casa de doña Petronila.

Las sucesivas confidencias *extra-ecclesiam*, junto con la confesión auricular dentro del recinto sagrado dan lugar a la comunicación escrita entre la predilecta penitente y su confesor. Esta correspondencia se lleva a cabo mediante el género epistolar que, además de resultar propicio para tratar cuestiones amatorias, se asocia en la época con la escritura femenina a la que se le atribuye un carácter de espontaneidad oral, sinceridad e irracionalidad (Pagés-Rangel 26). La carta principal es la de tres pliegos que Ana escribe al Magistral, redactada tras una de sus más largas crisis nerviosas que la postran en cama. En su deseo de recuperación, se decide a escribir "una carta con la que había soñado ella muchas noches, que era uno de los caprichos de conveleciente. La escribió sin que lo supiera Quintanar, que le tenía prohibidos toda clase de quebraderos de cabeza" (II, 256). Clarín emplea un género asociado con la narrativa sentimental para que Ana declare su amor soñado y ofrece mediante el sueño una irracionalidad de tintes pseudomísticos pues Ana "mandaba el corazón desleído en retórica mística" (II, 257).

Como lectores, tenemos acceso al contenido de la carta en la relectura que Fermín hace de ella, con un solo y largo párrafo. En dos ocasiones, marcadas por el inicio y final de esta lectura, la voz del narrador se intercala. De esa manera se indica en qué momento Fermín decide dejar de releer las frases finales de la epístola, que tratan de la influencia eclesiástica que mediante la fuerza del amor filial de Ana a Víctor, esta puede ejercer en él para guiarlo también hacia el mundo espiritual. El poder y control del marido que puede llegar a ejercer el confesor a través de la mujer no es lo que hace disfrutar en este momento a Fermín, de ahí que abandone la lectura. De hecho, el poder del que goza el Magistral sirviéndose de Olvido, otra de sus hijas de confesión, para dominar al padre de la joven, queda relegado, carente de importancia ahora ante las promesas amorosas que Ana le dedica a lo largo de una carta. Su epístola desbanca cualquier otro estímulo de poder comparado al de la pasión masoquista que la Regenta manifiesta por escrito.

La carta se propone como una entrega amorosa simbólica, un adulterio espiritual cristalizado en una proposición de vía unitiva. En palabras de José Manuel González Herrán, es una carta "llena de confidencias y promesas que cabría interpretar como amorosas, bien que el amor esté expresado y disfrazado de retórica cuasi mística" ("Lectura" 471–72). También para el Magistral supone el inicio de una esperada y deseada pasión ideal ya que "Ana era, al fin, todo aquello que él había soñado" (II, 260). Esto es, la carta se presenta como el "lazo de dos almas" (II, 261) donde los participantes de la relación se funden en el amor espiritual del que Ana confiesa "estoy también enamorada" (II, 260) y a través de la cual Fermín disfruta de "[a]quella intimidad con Ana Ozores" (II, 261). En este sentido, el hecho de que la Regenta escriba la carta a pesar de la prohibición de su marido y sin que éste tenga noticia de ello integra la acción dentro del ámbito del adulterio. La carta adquiere un carácter triplemente furtivo: primero, por el engaño que supone a Víctor; segundo, por la actuación de las criadas, que se aseguran de ocultar esta correspondencia a doña Paula; y tercero, por el escondite que busca el Magistral dentro de los jardines del Parque Grande para releer varias veces la íntima carta.

Clarín proyecta mediante la escritura de un texto considerado por aquel entonces en España suplementario, dependiente o defectuoso (Pagés-Rangel 11) el sentimiento de liberación de Ana. Ahora bien, el género epistolar brota con fuerza en el contexto europeo en los siglos XVIII y XIX debido a la capacidad de construcción de subjetividad moderna que ofrece. Según sostiene Pagés-Rangel en su análisis de cartas escritas por mujeres, las cartas han servido para plasmar y generar deseo, para dar lugar a una escritura libre de vasallaje (26). Sin embargo, la carta de Ana denuncia a través de su autorrepresentación escrita la sujeción de vasallaje por la que todavía se rige el sujeto moderno en la España de provincias. Tomando en cuenta los postulados de Paul de Man, la carta comparte con la autobiografía el mecanismo de la autorrepresentación donde se expresa el deseo de constitución tropológica. Mediante la prosopopeya se da voz a lo inanimado, al mismo tiempo que se evidencian las ansias de escapar a las coerciones impuestas por el sistema (114). La carta de Ana brinda la posibilidad de autorrepresentación, sobre todo dentro del ámbito privado amoroso, esto es, constituye el proyecto del "yo" masoquista. Ana no solo reconoce la autobiografía de Santa Teresa como modelo de escritura sino que en su carta construye su "yo" en consonancia con el de la monja. Ezama Gil habla de la imaginación creadora de la protagonista como formación de identidad femenina que toma como modelo a Santa Teresa (776).[10] Pero la imaginación creadora de Ana va más allá de la elaboración de su identidad femenina, pues a través de ella también construye al Magistral, dotándolo de un valor superior al del resto de los confesores e incluyéndole dentro de su proyecto de elaboración masoquista.

Para elaborar su "yo" le ofrece peso a las historias relatadas por los que estima sus dos maestros, el Magistral y Santa Teresa.[11] Refiere las historias de amores sacrílegos monacales de unos monjes alemanes o suecos de los que Fermín le había hablado y relata la historia que brinda la monja abulense sobre los también amores sacrílegos de uno de sus confesores a quien "habíale hechizado una mujer con malas artes, con un idolillo puesto al cuello" (II, 259).[12] Ana invierte la relación de la historia narrada por la Santa con el objetivo de presentarse como la pecadora, "yo *soy la pecadora, aunque* ningún hombre me hizo el mal que aquella mujer al clérigo hechizado; solo quise a mi marido, y de éste ya sabe usted de qué modo estoy enamorada; *no con pasión que quite a Dios cosa suya"* (II, 259; énfasis mío). Tomando a Santa Teresa como modelo, Ana emplea varios de los recursos discursivos utilizados por la monja en la redacción del libro sobre su vida. Alison Weber, en su artículo en torno a las paradojas de la humildad en Santa Teresa, comenta a este respecto que el *Libro de su vida* "is constituted in large part by the oscillation between syntactically linked but contradictory speech acts … What is remarkable is that Teresa is able to engage in contradictory speech acts, that is, to plead innocent and guilty at the same time" (216). Las palabras de la Regenta señalan esta misma contradicción. Pese a decretar que ella es la pecadora, acto seguido emplea la conjunción adversativa para darle la vuelta al sentido de su frase. De esta forma, presenta un alegato de defensa conforme al cual ella es inocente, ya que no ha ostentado ningún tipo de pasión amorosa por su marido.

Es necesario subrayar que Ana solo menciona al único hombre por el que le estaría permitido sentir y actuar con pasión, silenciando lo que no le conviene mencionar, las pasiones ocultas causadas por Álvaro Mesía. En este sentido, se construye a través de un proceso de selección conveniente a sus propósitos. Excluye de su nueva sociedad el sentimiento de placer material e implícitamente le impone a Fermín la misma supresión. A través de la historia relatada por Santa Teresa, Ana niega haber pecado carnalmente, pero se declara como pecadora de pensamiento al equipararse con el monje. La Regenta le asigna a su confesor el papel de no pecador y por consiguiente de figura suprema, declaración que, pese a su falsedad, en su soberbia y nuevo rol *performativo* agrada a Fermín que siente "una delicia mortal" (II, 260) ante la pasión innominada de goce erótico.

Ana se presenta incluso a semejanza de Santa Teresa, transitando por su camino de perfección para alcanzar la unión divina con su Señor, esto es, con el Magistral. Tal y como sostiene Beauvoir, en el masoquismo confluye el narcisismo y el orgullo con el deseo de dominación, se busca captar el interés del otro, suscitar su admiración (*El segundo* 189). Ana no quiere ser vista salvo en la medida en que se muestra, precisa plantear su yo para que sea fundado posteriormente por el Magistral aceptando en su imaginario tal y como lo explica Beauvoir "la dominación de un semidiós, de un héroe, de un varón; pero no es más que un juego narcisista. En modo alguno está dispuesta a sufrir en la realidad la expresión carnal de esa autoridad" (*El segundo* 189). El narcisismo de ambos personajes hace que encajen entonces en la prosopopeya que Ana, como autora de la carta, funda en una relación espiritual y bajo un halo teatral al que ellos dan voz y forma corporal según la epístola contractual.

El proceso de escritura y las ansias de Ana por imitar a la Santa operan a mi juicio como fuerza motriz para establecer una sociedad alternativa desde la cual alejarse de un "yo" construido socialmente y renegociar la elaboración de su subjetividad. En este sentido, es importante recordar las palabras de Sartre apoyadas por Beauvoir cuando el filósofo comenta que "el masoquismo no es una tentativa de fascinar al otro por mi objetividad, sino de fascinarme a mí mismo por la objetividad para con otro" (*El segundo* 190). A través de la construcción que Ana realiza de sí misma, se constituye como esencial en el seno de la abdicación de su voluntad, "se transforma en un ídolo en el cual se reconoce orgullosamente; pero rechaza la implacable dialéctica que le impone retornar a lo in-esencial. Quiere ser un tesoro fascinante, no un objeto que se toma" (*El segundo* 161). De ahí que la protagonista eluda los problemas de la sexualidad y exija a Fermín dentro de su nueva alianza la negación de los deseos carnales. El Magistral lo entiende perfectamente y acepta la condición en el momento en el que se oculta "a sí mismo las ramificaciones carnales que pudiera tener aquella pasión ideal ... No quería sustos de conciencia, ni peligros de otro género" (II, 260). El que Fermín se percate del peligro que supone su debilidad carnal ante las normas establecidas refleja la posibilidad de una ruptura del contrato, pues ambas partes de la alianza deben someterse a las normas implantadas. La observación deleuziana sobre la figura autoritaria que la víctima masoquista escoge es significativa ya que, de acuerdo con el crítico francés, la parte dominante de la relación conserva "una especie de temor: comprometerse a un rol al que se la insta pero que tal vez no pueda sostener pecando por exceso o por defecto" (*Presentación* 25). En el caso de *La Regenta*, es necesario incidir en que Fermín es consciente de su defecto. No obstante no lo es de su exceso: su ansia de que todo Vetusta reconozca su poder.

Tras la entrega de esta carta, Fermín se da cuenta de su defecto y siente temor a las ramificaciones de la carne pero acepta el rol pese a la posibilidad de excederlo, abusando del uso de su dominio, cuya advertencia comunica a Ana ya en el cenador entre mirada y sonrisa sostenida. Ahora goza del gran poder que Ana le acaba de conferir y se percata de que:

> Una mujer deslumbrante de hermosura por alma y cuerpo, que en una hora de confesión le hacía ver mundos nuevos, le llamaba ahora su hermano mayor querido, se entregaba a él para ser guiada por las sendas y trochas del misticismo apasionado, poético … afortunadamente él tenía arte para todo: sabría ser místico, hasta donde hiciera falta, perderse en las nubes sin olvidar la tierra. (II, 271)

Ahora bien, los clichés de espontaneidad, sinceridad e irracionalidad asociados a la escritura epistolar femenina se invierten en el proceso de elaboración de esta carta. Como anota González Herrán en el análisis que dedica a la escritura de la protagonista, el relato nos hurta el momento de la redacción ("Ana Ozores" 168), pero la autora es consciente del proceso de escritura y subraya la importancia de la selección de vocablos. Su imperiosa necesidad de escribir al Magistral radica en que "de palabra no se atrevía a decir ciertas cosas íntimas, profundas; además no podía decirlas; y sobre todo la retórica, que era indispensable emplear, porque a ideas grandes, palabras grandes, le parecía amanerada, falsa en la conversación de silla a silla" (II, 256). La palabra escrita rompe así su asociación con el carácter espontaneo atribuido al género en relación con la oralidad y con lo femenino. Por lo contrario, se plantea como una carta redactada a partir de la reflexión y del uso principal de la retórica que desplaza el valor sentimental atribuido normalmente a las cartas de amor hacia el ámbito jurídico. A diferencia del ámbito de la confidencia propuesto por Fermín, artificioso y sin legitimidad, en una comunicación de silla a silla que sitúa a un mismo nivel a ambos agentes, Ana redacta un escrito que valida las promesas de sumisión avanzadas en el cenador. La protagonista se hace con la palabra para fijar y ampliar la declaración de derechos y obligaciones que ambos personajes conciertan en el cenador y revela el carácter de dominación masoquista que rige la alianza.

Su carta entraña la incapacidad de la oralidad para legitimar el contenido de las palabras que se pronuncian tanto en el ámbito sacro como en el laico. De este modo, y siguiendo la teoría que expone Deleuze en torno a la función del contrato en el masoquismo, la relación amorosa/espiritual de los protagonistas pasa a estar reglamentada por un contrato que proporciona un carácter formal al asunto. Las cosas, además de ser dichas y anunciadas, deben estar "cuidadosamente descritas antes de consumarse" (*Presentación* 22). Así sucede en el caso de *La Regenta*, tras ser anunciados los derechos y deberes en el cenador, Ana redacta cuidadosamente un pacto de unión espiritual. La escritura de esta carta constituye en este sentido un contrato masoquista, ya que formaliza la declaración de obligaciones y derechos realizada previamente. Con todo, su carta lejos de despojar a la relación de su halo artificial y amanerado, es decir, teatral, lo regula para constituirlo como una artificiosidad que se ha de seguir de forma inviolable, tal y como sostiene Smirnoff cuando afirma que el contrato masoquista "regulate[s] the relationship in the masochistic performance" (72). Por consiguiente, el contrato genera una nueva ley e irónicamente provee un aspecto jurídico a la *performance*. No es extraño entonces considerar el halo de teatralización que envuelve la relación entre Ana y Fermín de Pas como la representación de los postulados en torno a la libertad y a la sumisión de la mujer que circulaban en la época.

Ana emplea la retórica para conformarse a sí misma y erigir su ley. Los protagonistas se someten a unas normas que Ana instaura y adoptan roles de superioridad/inferioridad. La Regenta insiste en su posición inferior al estipular en la carta de tres pliegos que Fermín no debe presentarse ante ella como el débil porque ese papel lo desempeña ella: "Aquí el débil no es el confesor, sino la penitente" (II, 259). De este modo, alza el binomio de Señor/siervo que incluso llega a devenir en su correlativo de dueño/esclavo. Ella, por iniciativa propia, coarta su libertad al escoger el papel que la sitúa en el estadio inferior y se dirige al Magistral como "mi hermano mayor querido," lo que hace de ella su hermana menor. De esta manera, invierte los roles que Fermín adjudica anteriormente en su correspondencia con la Regenta: "*Señora* y amiga mía: Esta tarde me tendrá usted en la capilla de cinco a cinco y media. No necesitará usted esperar, porque será hoy la única persona que confiese. Ya sabe que no me tocaba hoy sentarme, pero me ha parecido preferible avisarla a usted para esta tarde por razones que le explicará su atento *amigo y servidor*, FERMÍN DE PAS" (II, 118; énfasis mío). Fermín no emplea su firma de capellán, se dirige a la Regenta como *Señora* y se presenta como su *servidor*, situándola en una posición de dominio. Sin embargo Ana la rechaza, primeramente, con la escritura de la carta de tres pliegos y, posteriormente, con otra carta en la que se ratifica como su esclava al despedirse como "Su mejor amiga, su esclava, según ha jurado y sabrá cumplir. ANA" (II, 413).

De la carta de tres pliegos, el lector solo tiene acceso a lo que Fermín lee a escondidas en los jardines del Paseo Grande. En ningún momento se revela el modo en cómo se despide Ana. No obstante, el que en su siguiente carta emplee el pretérito perfecto para presentarse ante Fermín como su esclava refiere que ya lo había hecho con anterioridad. La larga carta se muestra como un texto lleno de promesas y dado que hasta este momento no se emplea la palabra de "esclava" en su relación, todos los indicios apuntan a la posibilidad de que su juramento provenga de la carta de los tres pliegos. Aunque de todos modos, esa tercera carta ratifica la cláusula del contrato masoquista relativa a la fidelidad y obediencia que la sierva promete guardar a su amo. Ana certifica su sujeción al Magistral, de manera fiel, como su mejor amiga, obediente y sumisa como esclava. En otras palabras, Ana se hace mejor mujer, esto es, mejor amiga —en términos del Papa León XIII, compañera— y se proclama esclava al adjudicarse el rol de sierva.

La Regenta indica cómo el dispositivo masoquista se nutre altamente de aquel que alberga la confesión. En el confesionario, el penitente, como víctima de sus pasiones, se ubica en un puesto inferior al del confesor. Como pecador se arrodilla para mostrar la humillación que siente por las faltas cometidas. Entonces, acepta el castigo impuesto para obtener la absolución. En su carta, Ana le pide perdón al Magistral por no haber tomado su resolución de consagración antes, sin embargo también arguye: "Feliz yo mil veces que a la primera ocasión en que tuve idea de ser buena, hallé quien me ayudara a serlo. ¡Y cuánto tiempo tardé en entenderle del todo! Pero mi hermano, mi hermano mayor querido me perdona ¿verdad?" (II, 258). Desde una posición inferior, la protagonista reclama el perdón de sus mentiras y desobediencias pasadas. Posteriormente, le otorga al Magistral el derecho a imponer tanto el castigo como su dominación sobre ella a partir del convenio expresado en la carta: "Y si necesita pruebas, si quiere que sufra penitencias, hable, mande, verá como obedezco" (II, 258). Por consiguiente, se entrega al Magistral ya que la penitencia impuesta por el confesor equivale a la punición. De manera similar, cabe recordar que el protagonista de *La Venus de las pieles* le declara a la *dominatrix* en su contrato que: "cumplirá incondicionalmente cada uno de sus deseos, obedecerá cada una de sus órdenes" (112); y que le confiere el derecho a "castigar a su antojo a su esclavo por la más pequeña falta" (112).[13]

La alianza masoquista expuesta en estos términos se manifiesta en sus dos concepciones, de relación y anillo, es decir, en una suerte de unión matrimonial alternativa. Ana se aleja del peligro de alinearse a una sociedad donde se persigue que sucumba al adulterio por la obsesión de que sea como todas las mujeres de Vetusta. En su intento de reinventarse, instaura una estructura de gobierno que dirija su relación íntima y particular con el Magistral. La sociedad que crea se separa de la vetustense para constituirse paródicamente de modo análogo, sobre unas mismas premisas burguesas ahora reforzadas y por tanto intensificadas. En consecuencia, la escritura de la carta, que inicialmente se presenta como medio de salvación de la protagonista, opera más adelante como su perdición, es decir, como la cadena que esclaviza a Ana hasta el punto de condenarse. La carta supone un contrato donde Ana relega todo el poder de la relación al Magistral. Ella se convierte en la esclava espiritual del Provisor al atarse a los designios del que ahora se yergue como su dueño. Determina la disposición de roles, ella esclava y él amo, interiorizando el discurso falocéntrico y desafiándolo al mismo tiempo en su interiorización, puesto que la época moderna vincula semejantes mecanismos de represión al feudalismo del que procura desprenderse.

Además, el hecho de que se prive al lector de la manera en la que se despide en la carta, lejos de ofrecerle el cierre de la carta donde se detiene el proceso de producción del significado que separa este género de otras estructuras narrativas consideradas mayores (Pagés-Rangel 11), abre la posibilidad de una continuidad del proyecto que se anuncia. La carta va más allá de una simple comunicación sentimental y amorosa y requiere un posterior cierre en el que ambos personajes estén presentes para poner término a lo que se estipula en ella. Fermín se dispone a ingresar en el espacio que Ana le propone, pues supone la entrada a un ámbito que traspasa la realidad cotidiana, sin desligarse por completo de la experiencia terrenal. Reconoce la entrega espiritual de Ana a través de la carta así como el dominio total ante su mujer ideal, aquella con la que "había soñado" (II, 260). Se muestra conforme con todo lo que Ana forja y decide suscribirse a sus palabras. Después de memorizar algunas de las partes de la carta, se realiza una firma simbólica con la lectura en alto de las obligaciones y deberes que en ella se presentan. De hecho, el contrato se revalida oralmente al leerlo en voz alta, como una nueva ley a seguir. Su alianza se termina de sellar en la siguiente visita que Fermín hace a la casa de los Ozores. El contrato cobra vigencia tras la prolongación en el apretón de manos de las partes constituyentes: "Ana afectuosa, lánguida todavía, había estrechado la mano a su confesor, que sin darse cuenta, prolongó cuanto pudo el contacto" (II, 273). Se manifiesta así el consenso de las dos partes, la firma del contrato para la puesta en marcha de lo aducido en él.

Ahora bien, Deleuze nota que en los contratos masoquistas las obligaciones que se dictan no mantienen un equilibrio ecuánime en su reciprocidad. A la parte autoritaria, Señor/dueño se le confieren más derechos y menos obligaciones, aspecto inversamente proporcional a los derechos y deberes de la víctima masoquista, siervo/esclavo (*Presentación* 80). Con lo cual, la parte autoritaria goza del derecho de gobernar a su discreción a la víctima masoquista, esclavizada. Ello sucede siempre que sea capaz de llevar a cabo los deberes y obligaciones que como Señor/dueño le han sido adjudicados.

Por su parte, Ana da a conocer con su carta las rígidas cláusulas por las que ella se guiará. Estas cláusulas promueven la violencia que se sustenta, a su vez, en el contrato. Es decir, el contrato se erige sobre una violencia con la que ambas partes concuerdan y se emplea como medio para alcanzar la fundación del nuevo estado social masoquista. La violencia vigente en el masoquismo representa el medio con el que se conserva el derecho establecido. Para Walter Benjamin:

> Toda violencia es, como medio, poder que funda o conserva el derecho. Si no aspira a ninguno de estos dos atributos, renuncia por sí misma a toda validez. Pero de ello se desprende que toda violencia como medio, incluso en el caso más favorable se halla sometida a la problematicidad del derecho en general ... el derecho sin embargo surge después de lo que se ha dicho con una luz moral tan equívoca que se plantea espontáneamente la pregunta de si no existirán otros medios que no sean los violentos para armonizar intereses humanos

en conflicto. Tal pregunta nos lleva a comprobar que un reglamento de conflictos totalmente desprovisto de violencia no puede desembocar nunca en un contrato jurídico. (Web)

El universo masoquista se sirve también de la violencia para crear una nueva sociedad contractual, alternativa a la existente y por tanto periférica. La violencia inscrita en las cláusulas que la Regenta traza en la exposición de sus obligaciones se alza en esa voluntad firme de Ana por hacerse buena. A causa de esa firmeza cede su libre albedrío al Magistral de manera muy similar a la de Leopold von Sacher-Masoch cuando redacta en su contrato "sois entre mis manos un instrumento ciego que ejecuta todas mis órdenes sin discutirlas."[14] Así pues, Ana declara ante su hermano mayor del alma: "Usted dirá por dónde hemos de ir; yo iré ciega" (II, 258). Abdica su libertad personal como sujeto enfrentando el discurso hegemónico sobre la sumisión femenina expuesto en el artículo 57 del código civil, según el cual "el marido debe proteger a la mujer y esta obedecer al marido" (Jagoe, Blanca y Enríquez de Salamanca 264). El dogmatismo expresado en él aseguraba a la mujer seguir siendo "un ser dependiente, pero libre y racional, que presta la obediencia *debida*, no la sumisión ciega de una esclava" (Scanlon 127). La declaración de Ana arremete contra este dogmatismo. De hecho, la relación que establece con Fermín desmantela el discurso que separa la servidumbre debida de la esclavitud esperada, haciendo saltar los nuevos presupuestos modernos en su incapacidad de desasirse de los feudales.

La carta fija el derecho que Fermín adquiere en el cenador sobre la voluntad de Ana y ello repercute directamente en la fama del clérigo. De ahí que más adelante comente que Ana "le debía su honra" (II, 405), lo que equivale, dentro del contrato escrito por Sacher-Masoch, a la cláusula donde se refiere que "vuestro honor me pertenece."[15] Dados los derechos que Ana le concede a Fermín, este se percata de que la carta no opera como una confesión escrita, sino que la excede. Ana infiere promesas que el Magistral no pasa por alto. Él acepta su papel en los términos místicos que ella emplea, aquellos que aluden al camino de perfección que conduce al desposorio espiritual, tras haber sido superadas varias pruebas. Ana conforma su relación con el Magistral a semejanza de la de Santa Teresa guiada por Dios. Por esa razón, cuando la protagonista cae finalmente en el adulterio carnal con Álvaro, Fermín se sienta traicionado, no como confesor, sino como esposo: "Su mujer, la

Regenta, que era su mujer, su legítima mujer, no ante Dios, no ante los hombres, ante ellos dos, ante él sobre todo, ante su amor, ante su voluntad de hierro, ante todas las ternuras de su alma, la Regenta, su hermana del alma, su mujer, su esposa, su humilde esposa … le había engañado, le había deshonrado" (II, 527). De Pas desestima tanto el vínculo sagrado como el laico y sitúa por encima de ambos la alianza con la que Ana se esclaviza. Siente el adulterio de Ana con Álvaro como un agravio a su honor en el rol de esposo espiritual. El enfurecimiento le lleva a redactar varias cartas para Ana que termina por romper. En una de ellas, aparte de percibirse como esposo, lo hace como dueño y en consecuencia reclama: "Yo soy tu esposo, me lo has prometido de cien maneras; tu don Víctor no es nadie; mírale como no se queja: yo soy tu dueño, tú me lo juraste a tu modo; mandaba en tu alma, que es lo principal, toda eres mía" (II, 559). El Magistral supera la ampliación burguesa de la desviación del concepto de esposo al de dueño ya que el conocimiento de muchos de los pensamientos y sentimientos revelados por Ana implica no solo un determinado control en su conducta sino también en su intelecto, a través del cual, en su imaginario puede acceder al alma de su amada. La venganza de Fermín precipita el final de la novela. Utiliza al antiguo representante de la jurisdicción civil como peón de lucha. Víctor pierde su vida en un significativo duelo por el que se demuestra que las convenciones de épocas pasadas siguen vigentes en la época moderna. Fermín destituye el poder de Víctor sobre la Regenta con un categórico "tu don Víctor no es nadie" y se posiciona como dueño y Señor, soberano de la Regenta. El lastre de las viejas ideas impuestas en las que se prescinde del sentido común conduce entonces a evidenciar los desaciertos pactados dentro del proyecto moderno tal y como ejemplifica el duelo de Víctor y el manejo de poder de Fermín otorgado en el contrato masoquista.

Tampoco hay ningún indicio de posible caducidad de las obligaciones expuestas, más bien todo lo contrario. El contrato se establece bajo la idea de la unión de "dos almas enamoradas de lo Infinito" (II, 273). Tras la concepción de la nueva alianza y dada la premisa cristiana del carácter inmortal del alma, Fermín desecha para siempre cualquier tipo de aprensión y tentación que lo desvíe de su ideal imperecedero y concluye "bastaba para siempre de todo aquello" (II, 261). Estas instancias conducen al carácter eterno de este pacto. Por lo tanto, se imprime también aquí el carácter indisoluble del contrato que supone el matrimonio en España. Así, bajo las condiciones delineadas por Ana, esta no puede poner fin a su relación con el Magistral sin infringir las normas instauradas en el contrato. Consecuentemente, cualquier intento de recuperación de su voluntad en contra de la del Magistral es susceptible de provocar su castigo, es decir, la imposición de una cruel penitencia.

El poder hegemónico reconoce la libertad del individuo como derecho natural pero busca subterfugios para condenar a la mujer a la sumisión. De ahí, la necesidad de recursos que mantengan la sumisión de la mujer sin reconocer su esclavitud como algo lícito. Ahora bien, la permisibilidad de esta esclavitud se hace patente con esta carta. Por medio de ella, Ana brinda a la relación de adulterio espiritual un carácter legítimo sirviéndose de la reelaboración de un dispositivo de control que raya con el del matrimonio burgués en cuanto a dominio del marido y sumisión de la mujer se refiere. Presenta el acto de sumisión de la mujer de forma clara y "legítima" a través de una carta que, como contrato masoquista, prescribe un carácter mucho más severo a la ley, exponiendo a través del exceso la esclavitud femenina que en la época moderna pasa a formularse de manera más sutil. Debido a la agencia femenina de Ana y a su enfrentamiento a la hipocresía de la sociedad burguesa, esta acción se inscribe no solo en el ámbito del adulterio espiritual sino de la perversión, entendida como aquello que se aleja de lo que el poder hegemónico perfila como lo normal. En este sentido, del texto se desprende un discurso disidente que desafía el carácter legal de la esclavitud velada. La carta implica la toma de acción en la que la mujer coge la pluma para hacerse mejor a sí misma, en un proceso de construcción del que participa activamente sirviéndose de la postura de sumisión que adopta. Se plantea como un lugar de resistencia y también de enunciación en el que se posibilita la manera de hacerse a sí misma al tiempo que se denuncian las consecuencias de dejarse guiar por lo que el dogmatismo falocéntrico entiende por ser mejor mujer. La redacción del contrato masoquista se presenta entonces como un discurso transgresor pues desvela cómo el sistema burgués descansa en los constructos de la sociedad feudal que esclavizan a la mujer, al mismo tiempo que mantiene el *status quo*. Así se infiere en *La Regenta* con la escritura de esa carta en la que los mecanismos discursivos de la burguesía se elevan a su máxima potencia destapando los asideros en los que yace la ideología burguesa en comunión con la feudal.

La confluencia ideológica de estos sistemas desvela unos subterfugios diseñados, tanto desde la esfera religiosa como de la laica, para asegurar la sumisión voluntaria de la mujer. Esto es, los sutiles mecanismos de opresión femenina fomentados desde el Vaticano encuentran incluso respaldo en la corriente krausista en España, escuela que influye notablemente en el pensamiento de Alas. En el terreno de las relaciones amorosas, los krausistas plantean la idea de complementariedad armónica. Francisco Giner de los Ríos, director de tesis de Clarín y uno de los grandes defensores de esta corriente filosófica del idealismo alemán en España, insiste en que el matrimonio no es un contrato, sino un "estado orgánico" en el cual las partes se convierten en un solo "cuerpo" (Labanyi, *Género* 273). Los garantes de esta complementariedad se depositan, junto a otras bases, en la indisolubilidad del matrimonio, la educación femenina y la moralidad. El círculo krausista apoya la indisolubilidad del matrimonio y la educación femenina como vehículo para guiar a la mujer según la conveniencia falocéntrica, sin ánimos de alentar a la emancipación del considerado *sexo débil*. De ahí que formule la educación femenina como una vía de mejora social destinada a repercutir en la educación de los hijos y a fortalecer el proyecto familiar en el que se sustentaba el orden nacional.

En cuanto al garante moral, Labanyi señala cómo la incidencia krausista sobre el carácter natural de la moralidad repercute en el discurso del género. Los krausistas insisten en que el hombre nace con sentido de justicia. La moralidad se adscribe entonces a la naturaleza del hombre oponiéndose, entre a otras, a las propuestas contractualistas de Jean-Jacques Rousseau.[16] Este criterio les permite argumentar que la misión moral a la que la mujer está destinada naturalmente es la maternidad (Labanyi, "Galateas" 89). Si bien como se ha mostrado, Alas condena el carácter indisoluble del matrimonio, concuerda con el discurso de complementariedad krausista, encaminado a mejorar la relación conyugal sin dañar la sumisión que la mujer rinde al hombre. Junto al círculo krausista, fustiga también la propuesta contractual del filósofo ginebrino referente a la sumisión del individuo al Estado y aboga por mantener una posición intermedia entre el individualismo y el socialismo utópico. Ahora bien, con *La Regenta* Clarín problematiza, por un lado, el sentido de justicia que determina la misión moral de la mujer pues priva a Ana de la maternidad. Por otro lado, combina en la relación masoquista de sus protagonistas el carácter indisoluble del vínculo sagrado con los peligros latentes que el contrato rousseauniano encierra para lograr la armonía social. En este sentido, propongo la lectura de la relación masoquista entre Ana y Fermín como reflejo de las contingencias a las que puede llevar tanto el egoísmo individualista, como el ansia de sumisión voluntaria alentada por el pacto contractual rousseauniano.

En *El contrato social* (1762), Rousseau afirma que la naturaleza del hombre no es la de un ser social, lo que le lleva a postular una de sus más célebres ideas: el hombre, pese a haber nacido libre, en todas partes se encuentra encadenado, y añade: "Algunos se creen los amos de los demás aun siendo más esclavos que ellos" (4). Bajo esta premisa elabora cómo el hombre prioriza su individualidad sobre el bien de la comunidad, esclavizándose. Indica que "la familia es el primer modelo de sociedad política" (5) y por comparación propugna la sumisión voluntaria al Estado, transfiriendo la natural inocencia del hombre —pareja a la del mito del buen salvaje— a un estado civil que le concede derechos y obligaciones "porque el impulso exclusivo del apetito es esclavitud y la obediencia a la ley que uno se ha prescrito es la libertad" (22). De tal manera, aboga por la desposesión de los deseos del yo que emanan de la pasión, entendida como impulso exclusivo del apetito, en pro de una sumisión voluntaria a la ley. Se aproxima así a la idea platónica acerca del control de las pasiones por la razón, depositada dentro del nuevo marco capitalista en el Estado. Es más, para Rousseau, entre el Estado y el individuo no debe consentirse que se interponga grupo social alguno; tolerarlo sería permitir que se viciase la fuente pura de voluntad general (Díaz 244).

Según explica María José Villaverde en su estudio preliminar a *El contrato social*, las críticas generales que se hicieron al contrato radican por un lado en que este se construye como modelo social no para hombres de carne y hueso, sino para los habitantes de una utopía realista sustentada en el terreno del buen gobierno, ideal y teórico (xiv–xvi). Es decir, en un gobierno justo, sin corrupción ni egoísmo, y que por tanto no excede los límites de las convenciones generales pactadas. Por consiguiente, se percibe como un convenio difícil de llevar a cabo en un mundo político con muestras de continuos abusos de poder. Entretanto, gran parte de los pensadores afines al pensamiento liberal se oponen al hecho de que Rousseau le confiera a la voluntad general erradicada en el Estado un poder absoluto, sagrado e inviolable, en el que incluso se deposita el derecho a la vida en aras del bien común (Rousseau, *El contrato social* 36):[17]

> Rousseau no solo no garantiza el derecho a la vida del individuo, sino que le exige su inmolación en aras del bien común ... La voluntad general no equivale al interés de la mayoría sino que es un ente abstracto que se alza por encima de los hombres particulares, de las voluntades reales de los hombres de carne y hueso, un deber que dicta los objetivos y marca los fines de la colectividad.
>
> El problema es que alguien encarna esa voluntad general y toma las decisiones en nombre de ese ser intangible. (Villaverde xxxi)

En *La Venus de las pieles* y *La Regenta*, Sacher-Masoch y Clarín dan forma a una crítica del contrato rousseauniano sirviéndose de los pactos masoquistas que establecen los protagonistas en sendas obras.[18] Dentro del contexto del masoquismo expresado en estas novelas, se desprende la burla de las premisas que recoge el contrato social trasfigurado en un contrato masoquista donde la ley estatal se inserta dentro del contexto exclusivo de los apetitos individuales, esto es, de las pasiones que asaltan a los responsables de llevar a cabo la voluntad general.

En *La Venus de las pieles*, Wanda le pide a Severin que firme el contrato de sumisión y aparte le ordena copiar una nota de suicidio que la exima de cualquier acusación si decide acabar con la vida de su esclavo. Ante la mano temblorosa de Severin, la *dominatrix* le pregunta: "¿Tanto miedo tienes a tu felicidad?" (113). La tentación de alcanzar la libertad, planteada bajo la sumisión voluntaria, se torna en miedo ante la exigencia sin límites. Pese al empeño de Severin de proyectar en Wanda la encarnación humana de la diosa del amor, ella no es una diosa sino una mujer que lejos de ejercer la voluntad general pactada abusa de su poder para ejecutarlo finalmente de manera independiente y egoísta.

En *La Regenta*, la declaración de deberes que Ana esboza en el cenador y fija en el contrato se mantiene en la confianza que deposita en su confesor y está condicionada por el deseo de que la saque de la oscuridad y la guíe hacia la luz. Esto es, en una interpretación que toma en cuenta la burla en clave masoquista del contrato social de Rousseau, Ana se siente encadenada por todas partes y en su estado natural de inocencia le concede derechos y obligaciones enmarcados en el mundo masoquista al Magistral para que la libere de los impulsos esclavos del apetito sexual. Ahora bien, el hecho de que ella redacte el pacto masoquista problematiza la libertad asentada en la obediencia a una ley que ella misma prescribe y presenta como el ideal de un amor espiritual que roza con el místico.

Según arguye Carlos Rico-Avello en el estudio donde trata aspectos psicosexuales en *La Regenta*, "Ana es sugestionable e hiperestésica y en sus exaltaciones religiosas, místicas, experimenta arrobos, éxtasis, prolongados mutismos, trasladando el 'Divino Amor' a su hermano mayor querido: al Magistral" (548). Conviene acentuar aquí la diferencia entre el amor místico y el espiritual, ansiado por Ana, puesto que en este último es la amada quien escoge y forma al ser con el que va a trascender el mundo que la rodea. Clarín vuelve la mirada a la mística española tratada en periodo decimonónico con escepticismo. A partir de ella retrata a una mujer que quiere seguir el modelo de Santa Teresa en una época en la que conforme al autor, los héroes de santidad no forman ya parte de la era moderna y se han quedado en la antigua (DuPont, *Writing* 16 y 54).[19] En efecto, Ana se integra dentro de la modernidad al deslizar el misticismo hacia el masoquismo y sus pactos.

El objetivo de Ana no es alcanzar el encuentro amoroso con Dios sino con el Magistral puesto que "había pensado que el Magistral iba a sacarla de aquel hastío, llevándola consigo sin salir de la catedral, a regiones superiores llenas de luz" (II, 78). Ana desea experimentar las sensaciones que producen los raptos místicos que describe Santa Teresa y poder así lograr "ansiedades invencibles, del anhelo de volar más allá de las estrechas paredes de su caserón, de sentir más, con más fuerza" (II, 32). Sin embargo, para apreciar estas sensaciones, similares a las producidas por la satisfacción de los instintos sexuales, acude al Magistral, es decir, a un ser humano y no a uno divino. De esta manera, lejos de abandonar directamente su alma al designio de Dios como Santa Teresa, lo hace al del Provisor, a quien guía para ser guiada y en quien proyecta de manera análoga a la del protagonista de *La Venus de las pieles*, la encarnación humana de una divinidad amorosa. El ideal de Ana puede leerse entonces como la abstracción de derecho divino sustentado en lo humano que Clarín le critica a Rousseau cuando el escritor español declara en 1883 que los delegados del Gobierno:

> [E]xageran ese panteísmo del Estado, por amor al sueldo singularmente, y resulta de todo ello que un país que constitucionalmente vive con toda la libertad que han discurrido los políticos que es indispensable, ese país, en su casa, en su pueblo es esclavo ... en vez de procurar la prosperidad de quien los elije, tienen que convertirse en cónsules y pro-cónsules que explotan y arruinan al país para enriquecer al gran fantasma de la tiranía rentística que conserva el nombre de "fisco" para mayor parecido con los tiempos de la dominación romana. (Lissorgues, *Clarín* 272)

De modo similar a lo que sucede en *La Venus de las pieles* con Wanda, en *La Regenta* Fermín no es ni dios ni semidiós, tan solo es un hombre que abusa de su poder, como ya le había advertido previamente a Ana. Al igual que los cónsules que explotan el país, Fermín priorizará su interés sobre el de aquella que lo elige, excediendo en la procesión de Semana Santa todo convenio pactado. También en la procesión, se equiparará a un emperador romano mientras arrastra por el lodo los pies de la que considera no su compañera, sino su mujer, esto es, su esclava. Desde la alianza fijada en el contrato, ambos personajes se separan de la sociedad y se posicionan como el individuo frente al Estado, en lo que cabe leer como una sátira al contrato social de Rousseau en su avocación al fracaso.

La voluntad de hacerse buena mujer corresponde a hacerse mejor esclava equiparándose a su vez con ser una buena ciudadana dentro de los parámetros delimitados por el poder estatal. Con este propósito la Regenta da término a su empresa pedagógica. La carta supone el punto álgido de su creatividad al mismo tiempo que plantea con ella los estrictos límites que a los que se somete. Tomando como modelo a Santa Teresa, busca en el Magistral un ente superior que la domine y disponga también de sus actos. Este hecho cobra fuerza con la teoría que De Certeau expresa a propósito del deseo dentro del discurso místico. El crítico anota cómo el deseo de los místicos atiende al desarrollo de un *volo*, de un deseo intenso de "querer." De Certeau distingue entre dos tipos de deseo: el *volo absoluto* y el *nihil volo*. El primero de ellos está libre de toda determinación precisa y por consiguiente se desliga del deseo de todo lo conocido y adquirido hasta el momento. Así, este tipo de *volo* se presenta como el ansia de alcanzar una totalidad desconocida. Mientras que el llamado *nihil volo* queda definido por el "no querer nada" y debido a ello el crítico lo relaciona con un acto de renuncia a la propia voluntad. Para el crítico, estos dos deseos contrarios pueden llegar a converger en una situación donde querer todo y no querer nada viene a ser lo mismo. De forma que la frase "no quiero nada" se puede identificar con su contraria "no quiero sino a Dios," es decir, a la totalidad, para resultar finalmente en "quiero que Dios quiera por mí" (198–202).

El deseo de Ana de apartarse del camino de la tentación carnal la conduce a abandonarse al de la tentación masoquista que brinda la salvación mediante la fabricación de nuevos mundos ideales y utópicos, cuya puesta en funcionamiento marca el fracaso de aquellos que se someten por entero a una voluntad que consideran superior. Mediante su imaginación creadora, Ana construye sobre su confesor la imagen de un amor celestial, anafrodítico, que remite a un flamante ideal donde todo emerge por el camino de la virtud. En este deseo se reconoce el *volo absoluto*, respondiendo aquí al ámbito espiritual correspondiente a "no quiero sino a Dios." Mientras tanto su *volo nihil* lo hace al terrenal "no quiero nada" y remite al mundo material del que se quiere desprender. No obstante, el hecho de que Ana tenga que seguir tomando decisiones en el ámbito burgués, del que no puede escapar, hace que la protagonista tome la resolución de combinar lo espiritual con lo terrenal, esto es, el *volo absoluto* con el *nihil*. La figura que encaja perfectamente en este paradigma de amalgama es su confesor, hombre de carne y hueso a la vez que director espiritual. En efecto, su imagen le sirve para delegar en él la responsabilidad de sus actos: "Haré todo lo que usted manda; no ya por sumisión, por egoísmo, porque está visto que no sé disponer de mí, prefiero que me mande usted" (II, 171), y llegar a ese "quiero que el Magistral quiera por mí" que complace a Fermín cuando presenta a Ana ante doña Petronila como "la oveja [que] ofrece solemnemente al pastor no separarse jamás del redil que escoge" (II, 173). Ana constriñe así su voluntad a la del Magistral.

Todo ello conduce a la teoría sartriana del masoquismo, puesto que en el momento en que Ana se consagra a una libertad ajena concierta un proceso de creación del yo por el otro. Se sirve de la libertad del otro para desembarazarse de las exigencias que sostienen la suya puesto que la libertad ajena "me hace ser, me conforma, me confiere y me quita valores" (Sartre 228). Al desembarazarse de cualquier responsabilidad como sujeto, anula su subjetividad y la libertad del yo. El masoquista, según Sartre, busca entonces el reconocimiento del otro para ser concebido nuevamente por él y evadirse de una subjetividad con la que no está a gusto. Utiliza al otro como instrumento destinado a liberarlo de su existencia. Se prevé entonces que la enajenación de la voluntad de un ser humano a otro dista en su funcionamiento del ideal de entrega a la imagen divinizada del buen soberano. Por medio de la relación amorosa, la novela proyecta los peligros de sujeción a una ley que abusa del ciudadano. En este sentido, de la obra se desprende una aversión muy cercana a la que Karl Krause mantiene hacia la idea de sometimiento del individuo al Estado.

Asimismo, Clarín y los krausistas comparten la crítica general que se le hace al contrato social de Rousseau y se resisten a la propuesta de sometimiento voluntario del individuo al Estado. Sobre esta cuestión, Justo García Sánchez indica cómo Clarín rechaza la identificación del derecho como fruto de la convención social que no se funda en las leyes de justicia. Refiere además la postura clariniana que entronca los fines universales con los particulares: "si en un momento dado [Clarín] afirma que 'no es el hombre para el pueblo sino el pueblo para el hombre,' en otro lugar sostiene que 'antes que el individualismo está el interés social'" (129–30). El autor ovetense coincide con la postura organicista que mantenían de los krausistas en un intento de reconciliar, conforme ha observado Labanyi, el liberalismo *laissez faire,* que daba prioridad al bien individual, con el creciente intervencionismo del Estado, que anteponía su propio bien al de los ciudadanos.[20] Ambos extremos fueron denunciados por Julián Sanz del Río, importador de las ideas krausistas en España, como particularistas y egoístas, pues juzga que desde el momento en que una tendencia particular se aísla y no sirve a las demás tendencias y formas sociales se hace ilegítima, interiormente enferma, perturbadora, anti-humana y estéril. Y tal como subraya Labanyi, en *La Regenta* el egoísmo de reguladores y regulados triunfa sobre las mejores intenciones (*Género* 270–71). El que Ana pacte unas normas que desechan el papel de la sociedad para someterse voluntariamente al que ella concibe en su abstracción como gobierno ideal, copila entonces tanto los supuestos males que pueden traer consigo el sometimiento consciente al Estado, como el antiorganicismo independentista que se separa del todo social para funcionar como parte independiente. Acerca de este último, Alas sostiene: "no ve más allá de su campanario, no ve más allá de sus narices. No son más que egoísmos disimulados ... son como saltos atrás de la cultura, vueltas al feudalismo, con nombre diferente" (Lissorgues, *Clarín* 290).

A diferencia de la visión organicista del krausismo, el masoquismo se inscribe dentro de lo que Deleuze y Guattari denominan un cuerpo sin órganos (CsO), entendido como una práctica que pone en marcha la mecánica del goce del deseo traicionado por la ley impuesta. El CsO se sitúa fuera del organismo y de sus ansias de estructuración orgánica de los órganos, desarticulándolo por oposición a él. En *Mil Mesetas* advierten que:

> El sistema teológico es precisamente la operación de Aquél que hace un organismo, una organización de órganos que llamamos organismo porque no puede soportar el CsO, porque lo destripa para adelantarse y hacer que prevalezca el organismo. El organismo ya es eso, el juicio de Dios del que se aprovechan los médicos y del que obtienen su poder. El organismo no es en modo alguno el cuerpo, el CsO, sino un estrato en el CsO, es decir, un fenómeno de acumulación de coagulación, de sedimentación que le impone formas, funciones, uniones, organizaciones dominantes y jerarquizadas, trascendencias organizadas para extraer de él un trabajo útil ... En él los órganos entran en esas relaciones de composición que llamamos organismo. El CsO grita: ¡Me han hecho un organismo! ¡Me han plegado indebidamente! ¡Me han robado mi cuerpo! (163–64)

Tomando en cuenta estas reflexiones, las instituciones médicas, eclesiásticas y políticas se aprovechan de lo que se expone como juicio divino, idealizado y utópico para imponer jerarquías y organizar modos de trascender socialmente. La visión organicista en la que se basa el matrimonio puede verse entonces en una armonía fabricada sobre la estratificación de los órganos. Constriñe la fuerza vital de los órganos femeninos y sus ansias de goce en aras del utilitarismo familiar que salvaguarde el proyecto de reproducción útil para la nación. Deleuze y Guattari reclaman la contemplación del CsO en su giro positivo, fuera de las restricciones y convenciones sociales, es decir, desde una perspectiva contraria a la que Sanz del Río brinda a los sistemas —léase relaciones— particularistas antiorgánicas como cuerpos imposibles, enfermos, desorganizados, no humanos, improductivos. Deleuze y Guattari encaran esta visión negativa del masoquismo, subrayan el carácter liberador de los sistemas no orgánicos y presentan el "CsO lleno de alegría, de éxtasis, de danza" (156).

La relación sentimental de Ana y Fermín parte de esa alegría, éxtasis y danza elaborada, eso sí, sobre el "egoísmo" y el narcisismo de ambos personajes. Deja de servir a las formas sociales establecidas para instalarse por encima de ellas, transgrediendo el contrato matrimonial de Ana y Víctor. Aunque la relación responde a los extremos criticados por Sanz del Río, las características que le atribuye de ilegitimidad, patología, perturbación, anti-humanidad y esterilidad sufren una inversión dentro de la dinámica masoquista que Ana y Fermín establecen. La pareja de penitente y confesor proyectan su egoísmo mediante la alegría de un reconocimiento mutuo que viabiliza el camino de goce compartido y dirigido a alcanzar el ideal masoquista mediante el CsO que ellos conciben sobre la inmaterialidad espiritual. De tal manera, lo ilegítimo se legitima a través del contrato que habilita la construcción de una alianza pactada, paralela a la impuesta en la sociedad vetustense. La patología se reconfigura mediante la persecución de un éxtasis pseudomístico de la protagonista en pasión suprema a la divinidad. La perturbación se disipa a través de la desordenanza de guía espiritual. Lo anti-humano se eleva a la categoría de lo espiritual. Y, finalmente, la esterilidad se fecunda por las ansias de trascender al mundo en el que vive y de realizarse personalmente en una nueva vida.

El ideal de Ana, proyectado en el Magistral, casa con aquel que se persigue en el mundo masoquista. La víctima masoquista necesita de otra presencia física de carácter dominante para llevar a cabo una unión espiritual capaz de superar las barreras que la sociedad alza en torno a los impulsos naturales. Una vez trascendidas, ambas partes de la relación masoquista alcanzan el ideal donde pueden gozar en completa libertad. En esta línea, Ana se caracteriza como la víctima masoquista que desea trascender la realidad para disfrutar junto a Fermín de un ideal que parte de conceptos místicos y se desvían hacia los masoquistas. Ambos personajes crean su ideal conforme al mundo masoquista donde se busca un desdoblamiento de desexualización y resexualización. Para Deleuze, en la primera fase de desexualización las partes constituyentes de la relación se liberan de la opresión social a la que son sometidas. En la segunda fase de resexualización, se hallan libres de las trabas del mundo sensible y pueden gozar en su intelecto de los placeres prohibidos (*Presentación* 132).

En este sentido la relación de estos protagonistas, entendida en el contexto del CsO, se rebela en una toma de conciencia, en la búsqueda de la expresión pasional desde la cual liberarse del sistema organicista que ordena al cuerpo cómo operar, confinando su proceder natural al social. En respuesta a estas restricciones, el masoquismo de los personajes desarticula el organismo impuesto manteniendo una relación meticulosa con las franjas sociales. Ana se sitúa en un estrato de sumisión de manera estratégica, favorable para iniciar un proceso de desterritorialización del poder impuesto.[21] Emplea una posición sumisa desde la cual proceder de modo agencial para bascular las relaciones de poder dentro de una nueva configuración social. Participa activamente en la reconfiguración de su cuerpo, adoptando las estrategias empleadas en el masoquismo como CsO al constituir, mediante la relación espiritual masoquista con Fermín, un espacio de enunciación desde el cual redistribuir las fuerzas de poder. La novela traza la ubicación que la mujer posee dentro de la formación social estratificada, aquella que según las palabras referidas anteriormente por Ibarra hacen de ella una esclava, para mostrar cómo la protagonista intenta remontarla al encuentro de puntos de fuga, de la liberación, del CsO.

La promesa de unión a su confesor resulta una vía de liberación para Ana en su búsqueda de trascendencia de la vida en la que vegeta como las demás. La trasferencia del ser individual al civil se reelabora en el deseo de trascendencia del yo masoquista, realizado a través de la liberación de su individualidad y sometimiento voluntario a una ley que niega en su capacidad de arma de doble filo la libertad del sujeto. Con todo, este desplazamiento de categorías negativas a positivas resulta insostenible en su estado positivo tras la puesta en escena de las cláusulas estipuladas en el contrato masoquista durante la procesión de Semana Santa, que se desarrollará en el capítulo siguiente de este estudio.

El contrato masoquista sostiene unas normas con nefastos efectos dadas las promesas de sumisión y entrega ciega de la voluntad. Ana cree ser la compañera sumisa del Magistral, pero acaba percatándose de la esclavitud masoquista que ha rendido al que creyó ente de divinidad gobernadora. De ahí que tras su paseo como esclava por las calles de Vetusta en la procesión de Semana Santa note que:

> [L]a devoción antigua no volvió, que la fe se desmoronaba, que las antiguas teorías que sin darse entonces cuenta de ellas había oído a su padre, Ana las sentía dentro de sí.
>
> Un panteísmo vago, poético, bonachón y romántico, o mejor, un deísmo campestre, a lo Rousseau, sentimental y optimista a la larga, aunque tristón y un poco fosco; esto, todo esto mezclado era lo que encontraba ahora Ana dentro de sí y lo que se empeñaba en que fuera todavía pura religión cristiana. No quería ella ni apostatar, ni filosofar siquiera; también esto le parecía ridículo, pero sin querer las ideas, las protestas, las censuras venían en tropel a su mente y a su corazón. Esto era nuevo tormento. A pesar de todo seguía confesando a menudo con don Fermín. Le guardaba ahora una fidelidad consuetudinaria; temía los remordimientos si faltaba a lo que creía deber a aquel hombre. (II, 451–52)

Ana pierde la fe en el Magistral. Las teorías anticlericales que oía a su padre se infiltran mediante los postulados de Rousseau, que más que atender al idealismo sentimental de la protagonista apuntan directamente al filosofar de los amantes, es decir, a las charlas y convenios de los miembros de la relación masoquista. La protagonista encuentra ahora estas conversaciones ridículas y las repudia mediante protestas que ya resultan tardías. Ana se percata del nuevo tormento al que la condujo su fe ciega puesto que la ha llevado a rendir una doble fidelidad de manera rutinaria, vegetativa, tanto a su inapetente marido, como a su desalmado confesor.

Como bien muestra *La Venus de las pieles*, el sometimiento de una voluntad a la otra deviene en otro tipo de esclavitud que inicialmente no considera el masoquista. Una vez firmado el contrato, el proyecto educativo sobre el que se sustenta el ideal masoquista se malogra puesto que la *dominatrix* y en el caso de *La Regenta*, el Magistral, abusa de su potestad y manifiesta su incapacidad para llevar a cabo los fundamentos generales instituidos en la ley. Así pues, lejos de la utópica y des-organizada unión, en el sentido ofrecido por Deleuze y Guattari, que se promete en el contrato masoquista como reformulación amorosa del contrato social, los juramentos expuestos por escrito en la carta de Ana representan las bases sociales en las que confluyen y se erigen ambos egoísmos, el individual y el estatal, borrando sus diferencias para fundirlos en una misma operativa que atenta contra la armonía organicista perseguida por Clarín.

Capítulo tres

La pasión extraviada

El desarrollo de la dialéctica masoquista recogida en el contrato pone de manifiesto que las propuestas de compañerismo extraídas del ideal de igualdad, libertad y fraternidad acaban subscritas a pactos de sumisión. La concepción de nuevos ideales en la novela se articula en su magnificencia alrededor de la mordaz supremacía otorgada a un alma sobre otra. Este capítulo analiza el carácter fetichista del contrato masoquista en *La Regenta* para exponer cómo las partes consideradas menores y minoritarias se pronuncian dentro del contrato conforme a piezas cruciales en la representación de la totalidad.

La ansiedad porque una parte menor llegue a expresar su esencialidad propicia el desplazamiento del discurso del compañerismo hacia escenarios de perversidad. La recreación de las pretendidas igualdades aclamadas por minoritarias pero emergentes agrupaciones feministas, desde donde se proponen nuevos modos de concebirse en pareja, se deprava a manos de aquellos que absorben la totalidad de poder. Es más, la exposición de discursos en pro de fuerzas menores con las que en realidad las designadas fuerzas mayores no están dispuestas a compartir la victoria en la conquista y exposición de nuevos espacios, rige la traición de las leyes modernas. En este sentido, el análisis que formulo sobre la traición de Fermín a Ana en la procesión de Semana Santa indica cómo bajo una puesta en escena planteada desde la erotización femenina y egoísmos particulares, se desapodera a la protagonista, acallando sus aspiraciones, y desmantela el discurso en torno al compañerismo moderno.

Bajo esta lectura interpretativa, la carta de tres pliegos que Ana envía a Fermín, además de funcionar como contrato, se inscribe dentro del universo fetichista del masoquismo mediante la fantasía erotizada, la entrega personal y el objeto que desata la violencia.

Como objeto fetichizado y vehículo que conduce a la creación de nuevas obligaciones interpersonales, la epístola graba la promesa de entrega espiritual partiendo de la exclusividad otorgada al Magistral. Los tres pliegos remiten al acceso del ideal masoquista que la Regenta desea compartir con su confesor, de ahí que le jure —como ya se indicó en el capítulo anterior— ser fiel, amar y respetar sus órdenes por todos los días de su vida. Con este desposorio espiritual procura entregar su alma a Fermín; aunque eso es tan solo una parte del todo constituyente de Ana, cuerpo y alma.

Frente a Beauvoir que concibe, como ya se ha mencionado, el fetiche del masoquismo como vía de acceso al mundo mágico masoquista —léase a una pasión idealista—, los postulados de Charcot y Magnan remiten a la perversión que sucede cuando el objeto se vincula con una satisfacción de tintes eróticos, fundamentalmente carnales. Partiendo de la fantasía masoquista, el desplazamiento del mundo mágico vislumbrado por la protagonista de la novela clariniana al mundo perverso que erigirá el Magistral, inicia su andadura con la recepción de la carta. Las diversas promesas que se garantizan en el objeto provocan los primeros indicios de desenfreno pasional en la cara de Fermín: "con los ojos relucientes y las mejillas como brasas" (II, 256). El placer de la lectura, percibida a través de la mirada, acentúa notoriamente en esta escena el carácter erótico que hasta el momento se había venido mostrando a lo largo de la narración de una forma mucho más atenuada, mediante un color sonrosado en las mejillas de los personajes.

La recepción de la carta muestra la encrucijada entre el discurso de la pasión idealista y el de la perversa, y supone el inicio del exceso de excitación pasional del Magistral en la procesión de Semana Santa. Saturada de erotismo, conviene entenderla como escenario fetichizado dentro del marco de las perversiones en lo que Alfred Bidet bautizó como fetichismo erótico.[1] Sin embargo, su lectura recoge también la vieja tradición que enclava al dolor en el marco de las emociones. Es preciso recordar lo que David Morris postula en *La cultura del dolor*, cuando advierte que la medicina positivista rechazó la tradición que afirmaba que el dolor era una emoción. Los médicos empezaron a identificar el dolor con una lesión orgánica del sistema nervioso que en ocasiones se remitía a la imaginación y fantasía del paciente (129). Así pues, la primera lectura de la carta estimula sexualmente al Provisor y lo colma de emoción: "le daba el corazón unos brincos que causaban delicia mortal, un placer doloroso que era la emoción más fuerte de su vida" (II, 260). Su excitación obedece principalmente a dos instancias que integran este fetiche en el universo masoquista. La primera se explica mediante la tipología de la fantasía masoquista de Kucich, en específico, el tipo que infiere el deseo de omnipotencia sobre el otro. El Magistral adquiere ahora esta sensación de omnipotencia sobre Ana, "fortaleza inexpugnable" (I, 351) de Vetusta. La segunda instancia se sostiene en la elaboración de la fantasía de entrega total que Ana graba en su carta. A propósito de la fantasía masoquista, Reik mantiene que "[s]in la fantasía como factor preparatorio y anticipante, no es posible la consecución del masoquismo" (II, 167).

La carta fetiche apunta a la fantasía que propone Ana y nutre la percepción de Fermín ante un placer que se intensificará en las pruebas por las que su penitente predilecta dice estar dispuesta a pasar. De esta idea también se derivan el carácter doloroso del placer y su delicia mortal, pues la ansiedad por realizar la fantasía —que Fermín reformulará según su visión— aumenta la tensión sexual del clérigo. Por tanto, la sensación de dolor inmerso en el placer radica en la espera. Fermín prolonga el placer atrasando su descarga erótica, manteniéndola en suspenso e impidiéndola crecer hasta el orgasmo, preso en la angustia masoquista. Su placer le resulta doloroso porque anticipa una satisfacción, al mismo tiempo que evita su completa realización.

En su casa Fermín no puede regocijarse completamente con la lectura de la carta, así que se ve obligado a postergar su total satisfacción hasta el día siguiente. Su propósito de disfrutar íntimamente de la carta como objeto fetichizado aparece colmado en las siguientes escenas con la tensión violenta impresa en el fetiche masoquista. Al día siguiente, Fermín sale muy temprano hacia el Paseo Grande en busca de un lugar retirado donde pueda gozar de la carta a solas y con la tranquilidad que no le presta su casa. El Magistral se integra en la naturaleza perfilada como un escenario de deidad fetichista y rechaza las condiciones propugnadas en su hogar, aquellas que le resultan adversas para disfrutar con la relectura del objeto y dar vigencia al contrato: "miró a todos los lados por encima del seto de boj que rodeaba su escondite" (II, 257). Desea la realización plena de su placer, pero al mismo tiempo la teme al saberla no solo prohibida en su aspecto carnal por la sociedad vetustense y su voto de celibato, sino y especialmente por el contrato masoquista que va a firmar.

Dado que las condiciones de la carta implican el abandono de los impulsos sexuales, la denegación que realiza el Provisor a través de este fetiche activa también el mecanismo de la neutralización defensiva masoquista. Por un lado, Fermín es consciente de que su deseo carnal —saciado hasta ahora con Teresina—: "era vergonzoso, más que por nada, por el secreto, por la hipocresía, por la sombra en que había ido envuelto" (II, 261); pero por otro, deroga su deseo de poseer y gozar sexualmente de Ana, autoengañándose en el momento de la lectura de la carta, pues "nada tenía que ver lo que él sentía por Ana con la vulgar satisfacción de apetitos que a él no le atormentaban" (II, 260).[2] Se adentra en la fantasía de Ana, cree trascender el mundo de lo tangible y disfrutar de algunos indicios de goce erótico en su mente al "hundir el alma en aquella pasión innominada que le hacía olvidar el mundo entero" (II, 261). En cambio su pasión, lejos de apartarlo de los deseos carnales del mundo entero, los suspende primero en la fantasía para luego acentuarlos violentamente.

Las connotaciones sexuales que se desprenden de Fermín ante el contacto con el objeto se cristalizan en el motivo de la *falacia patética,* al producirse una simbiosis con la naturaleza que lo envuelve. Fermín proyecta sus sentidos en la naturaleza por la que deambula:

> [B]uscó un lugar retirado en los jardines que lo rodeaban; y sin más compañía que los pájaros locos de alegría, y las flores que hacían su tocado lavándose con rocío, volvió a leer aquellos pliegos … y como la alegría le inundaba el corazón, se sentía hecho un chiquillo aquella mañana sonrosada en un día de fines de Mayo, nublado, fresco, antes de que el sol rasgara el toldo blanquecido con tonos de rosa que cubría la lontananza por Oriente. (II, 257)

Mediante el acto de lectura se da rienda suelta a la imaginación del Provisor, traspasada simbólicamente a la descripción del paisaje. El Magistral se dirige al encuentro de un escenario íntimo, donde se identifique con la naturaleza, sobre todo con los pájaros a los que colma su mismo sentimiento de alegría. Las flores recubiertas con rocío plasman el erotismo amplificado en la fetichización de Ana a través del capullo de rosa. Los colores que emplea el narrador, junto con los verbos de inundar y rasgar, apuntan a una escena de un futuro desvirgamiento, avistado en una lontananza que alude a una distancia ahora accesible. En este sentido, la carta fetiche adquiere un carácter suspensivo pues, mediante su contacto, la tensión erótica de Fermín se suspende y se posterga hacia un futuro próximo, avistable, en el cual la fantasía se materialice mediante su puesta en escena.

Una vez acabada la relectura de la carta, la recreación de Fermín con la naturaleza continúa, incrementando la excitación sexual. Se amplía la secuencia del deseo de penetración y tras la nueva lectura se convierte en una ambición presente, que ya no entiende de esperas: "la dicha presente … con deseos de beber rocío, de oler las rosas que formaban guirnaldas en las enramadas, de abrir los capullos turgentes y morder los estambres ocultos y encogidos en su cuna de pétalos" (II, 261). La relectura de la carta y el contacto con la naturaleza provocan un despertar absoluto de sus sentidos, adquiriendo tintes violentos en su manera de saborear, oler, tocar y mirar. Es entonces cuando las hojas de la carta deslizan su carácter fetichista hacia las hojas del capullo de rosa que simboliza la parte más íntima de Ana:

> El Magistral arrancó un botón de rosa, con miedo de ser visto; sintió placer de niño con el contacto fresco del rocío que cubría aquel huevecillo de rosal … sus deseos, que eran ansias de morder, de gozar con el gusto, de escudriñar los misterios naturales debajo de aquellas capas de raso … tiraba al alto el capullo que volvía a caer en su mano, dejando en cada salto una hoja por el aire, cuando el botón ya no tuvo más que las arrugadas e informes de dentro, don Fermín se lo metió en la boca y mordió con apetito extraño, con una voluptuosidad de que él no se daba cuenta. (II, 261–63)

La futura puesta en escena de la fantasía masoquista que se llevará a cabo en la procesión de Semana Santa, anuncia su pre-estreno con el motivo del *colligere rosae*. La rosa se configura como el fetiche que atiende exclusivamente a la parte corporal de Ana que Fermín también ansía poseer. En este sentido suplanta meta-fóricamente a la Ana de carne y hueso. El Provisor hace uso de su fantasía para alcanzar el objeto sexual vedado en la realidad. Dada la ausencia física de Ana, el Magistral proyecta su exceso pasional en el botón de rosa. La tensión contenida hasta el momento se libera mediante un acto de agresión: *arrancar*. La fuerza con la que el Magistral se apropia del botón de rosa se constituye como un acto de violencia no legítima, sustentada en el miedo que siente a ser visto. De este modo, su transgresión lleva implícita la violencia física, exteriorizándose el talante agresor del deseo sexual contenido que lo impulsa a obrar de forma violenta.

La violencia se resemantiza en la confluencia de los sentidos de la vista, el tacto y el gusto. Todos ellos apuntan a una posesión sexual invasiva. De esta manera, el escudriñar debajo de las capas de raso, aparte de mostrar una clara referencia al tejido con el que se confeccionan los bajos de las faldas de las damas, representa una indumentaria cuya función es ocultar y por tanto obstaculizar la mirada indiscreta. El Provisor penetra con violencia en los secretos que guardan los estambres ocultos y resguardados en su cuna de pétalos, esto es, la parte íntima del sexo de Ana que abrigan los bajos femeninos.

Fermín tiene en sus manos el botón de rosa, lo que le concede el poder de hacer con él lo que quiera, de similar manera a lo que ocurre tras la lectura de la carta, cuando le es delegado el poder de disponer como él quiera sobre la Regenta. El que tenga contacto con el botón de rosa bañado en rocío intensifica la connotación de sexualidad incipiente, así como el atributo de frescura, la pureza de la flor que todavía no se ha abierto, y la pureza virginal de Ana. El Magistral tiene el botón en sus manos, lo maneja a su voluntad mientras lo desflora cada vez que lo tira al aire. Su contacto con la flor manifiesta una violenta desfloración así como un acto acelerado de marchitamiento que se cierra con la ingestión del objeto fetichizado. Según indicó José Paulino Ayuso en su artículo acerca del complejo de sensaciones erótico-gastronómicas en *La Regenta*, el morder el capullo alude en su función simbólica al acto de apropiación y posesión sexual (36).[3] El Magistral muerde la rosa con ese apetito extraño con el que sacia sus ansias de morder y gozar con el gusto. A propósito de este tipo de apetito, conviene traer a colación los postulados de Kaplan sobre las perversiones. La psicoanalista define la perversión como una búsqueda de placeres prohibidos que implican una atracción irresistible hacia algún comportamiento sexual extraño o anormal, contrario a un orden moral (9–11). En esta línea, el apetito extraño del Magistral apunta a una sexualidad desviada hacia el objeto como vía de abstracción que se integra en el masoquismo mediante la violencia del acto. El

Magistral necesita morder para saciar su apetito extraño, deseo que preludia la fuerte descarga de violencia durante la puesta en escena de lo que supondrá la celebración del desposorio espiritual.

Siguiendo la analogía del matrimonio burgués que se erige en la relación masoquista de Ana y Fermín, la simbología de la rosa vuelve a surgir durante ese mismo verano, en el que Álvaro Mesía está ausente.[4] En su imaginario, Fermín y Ana disfrutan de su idilio espiritual como si de un estado prematrimonial se tratase. Han conseguido dar forma a su ideal mediante el proceso masoquista de desexualización que —como se ha comentado a lo largo de este estudio— conduce a otro de resexualización forjado en la mente. Así pues, las confidencias que mantienen en el parque durante el mes de agosto, evocan la voluptuosidad erótica irradiada en mayo en este mismo espacio. Ahora la rosa se presenta como el objeto donde la pareja deposita afablemente sus pulsiones sexuales. Ana, simbolizada en la rosa, confía el objeto a las manos de Fermín, mientras ambos se regocijan en la idea de su amor espiritual:

> [U]na mañana de agosto, en el parque, metiéndole una rosa de Alejandría, muy grande, muy olorosa, por la boca y por los ojos. Estaban solos. Tácitamente habían convenido en que aquellas expansiones de amistad eran inocentes. Ellos eran dos ángeles puros que no tenían cuerpo. Anita estaba tan segura de que para nada entraba en aquella amistad la carne, que ella era la que se propasaba, la que daba primero cada paso nuevo en el terreno resbaladizo de la intimidad entre varón y hembra … El Magistral con la cara llena del rocío de la flor y el corazón más fresco todavía … aspiraba con delicia el perfume de rosa de Alejandría, que Ana sin resistencia había dejado en manos del clérigo. (II, 291)

Con ello, el poder que el Magistral adquiere sobre Ana se completa, ya que esta deja su alma y su cuerpo en manos de su hermano mayor, aunque crea vedada la carnalidad. La acción de ceder voluntariamente la rosa grande y abierta simboliza la entrega total en el plano del ideal y, por tanto, la posesión absoluta del Magistral sobre Ana en el ámbito privado.

Pese a lo resbaladizo del terreno en el que se mueve Ana, esta se figura a salvo en manos del Magistral y lejos de la presencia de Álvaro. Pero ante la noticia del regreso de Mesía, sufre de nuevo la tentación carnal. Se enfrenta ahora a la lucha entre lo carnal y lo espiritual en su habitación, sin ánimos de ceder en el aspecto carnal como lo hacía anteriormente en las noches solitarias, mientras pensaba en el seductor de Vetusta mientras satisfacía, entre pesadillas, sus instintos sexuales, "aquellos que le provocan el dejo amargo de las malas pasiones satisfechas" (II, 73). Con esta frase, Clarín refiere el tabú de la masturbación femenina en el cuerpo de la sociedad burguesa. El onanismo, adscrito por el campo clínico del siglo XIX a la desviación, adquiere un carácter doblemente marginal dentro del ámbito femenino, pues implica el reconocimiento de la agencia independiente y sexual de la mujer.[5] De ahí que la clínica, como bien sostiene Jagoe, la advierta como un peligro que acomete principalmente a aquellas jóvenes lectoras de novelas con escenas amorosas que despiertan sus fantasías, al igual que lo hace el teatro o el roce íntimo de la piel con los tejidos, y le atribuya a la masturbación femenina una sobreexcitación permanente, el riesgo de enajenación mental y la posibilidad de que la mujer devenga en una ninfomaníaca (337–38). En este sentido, el onanismo se liga a la prostitución femenina, y en consecuencia el satisfacer en la soledad las *malas pasiones* sitúa a la Regenta, desde el discurso médico que regía el seno de la sociedad burguesa, en ámbito de lo monstruoso; y desde la perspectiva religiosa, en el pecado carnal.

Para aliviar la culpa que Ana siente hacia la satisfacción de las malas pasiones y alejarse del aburrimiento, de los peligros del onanismo y del riesgo de cometer adulterio con Álvaro, la protagonista se acoge en la religión y concibe en la figura de su confesor el ideal espiritualista del mundo masoquista que la salve de las garras de sus instintos sexuales: "en la figura de don Fermín estaba la salvación, ... estaba segura de salvarse de la tentación francamente criminal de don Álvaro, entregándose a don Fermín quería desafiar el peligro" (I, 583). Ana es consciente de su entrega a Fermín y de la posición que ella misma se autoadjudicó en su relación con el Magistral, al que vuelve a identificar con la figura crística: "Oh, no; no quería volver a empezar. Ella era de Jesús, lo había jurado" (II, 289) y este juramento le hace ver un cambio de actitud en torno a su tentación puesto que: "Otras veces había desafiado el peligro; ahora temblaba delante de él. Antes la tentación era bella por el contraste, por la hermosura dramática de la lucha, por el placer de la victoria; ahora ... estaban además el castigo, la cólera de Dios, el infierno. Todo había cambiado; su vocación religiosa, su pacto serio con Jesús la obligaban de otro modo más fuerte" (II, 289-90). De este modo, Ana reconoce un antes y un después de la escritura de la carta. Desplaza su pacto con Fermín al ámbito religioso temiendo que con su incumplimiento incurra en la cólera del Señor. No se puede retractar de su palabra escrita, por lo que sabe que tiene unas obligaciones que seguir. De lo contrario, será fuertemente castigada.

Tomando en cuenta la interpretación del pacto masoquista con Fermín como contrato con base en la potestad regia feudal, resulta necesario vincular la cólera y el castigo a la ira regia implícita en el vínculo vasallático: la potestad del soberano para hacer caer en desgracia a sus súbditos si estos faltan a la confianza depositada. Juan García González explica los delitos producidos por alevosía que conducían a la ira regia del soberano en la Alta Edad Media. Entre ellos cabe subrayar: causar daño cuando se ha dado fianza de salvo (330) y el adulterio de la mujer (334). A su vez, junto con otros castigos impuestos por la ira regia figuran la reclusión de por vida y el destierro (Orlandis Rovira 63–64). El temor de Ana a ser castigada tras haber establecido su pacto masoquista con Fermín implica la prevención del delito por miedo al castigo que se le puede infligir, esto es, su destierro al infierno, si cae finalmente en los brazos de Mesía. De ahí que para huir de la tentación de Álvaro, se refugie en la salvaguardia de la fe y la salvación del alma que el amor anafrodítico de Fermín le confiere.

Con todo, una vez pasado el verano, la realidad circundante de Vetusta vuelve a hacer acto de presencia atormentando a los protagonistas con las rebeliones súbitas de la carne, las cuales suponen lapsos desestabilizadores en el contrato masoquista. A tal punto y a través del desdoblamiento de Ana, provocado por su reflejo en el espejo, se proyecta la imagen de una rebelión sexual que atenta contra el juramento que le brindó a Fermín: "El cabello por la espalda, la bata desceñida, y abierta por el pecho, llegó Ana a su tocador; la luz de esperma que se reflejaba en el espejo estaba próxima a extinguirse, se acababa ... y Ana se vio como un hermoso fantasma flotante ... Sonrió a su imagen con una amargura que le pareció diabólica ... tuvo miedo de sí misma ... se refugió en la alcoba" (II, 353-55). Pese a la escena altamente erotizada por la mirada del narrador, corresponde leerla desde el disfrute erótico de la mujer y poder entenderla como un soplo de desahogo femenino.[6] A este respecto, también conviene traer a colación el estudio en el que Benito Pelegrín analiza al personaje de Ana en vísperas de su confesión general. El crítico anota que cuando la protagonista se desnuda en su habitación, se despoja de la rigidez y de la compostura que forman la coraza social (279). En efecto, el cabello suelto y el cuerpo de Ana medio desnudo, que se deja ver por la bata desceñida, implican la relajación de las normas que constriñen normalmente a la protagonista. En cambio, es necesario puntualizar que en esta secuencia la Regenta no está completamente desnuda. Mientras la ilumina tenuemente el *male gaze*, que Charnon-Deutsch muy acertadamente ha caracterizado como mirada voyerista del rol de pornógrafo que adopta el narrador ("Voyeurism" 97), Ana se proyecta a medio camino entre el estar vestida y desnuda, la luz y la oscuridad, la realidad y el ensueño. En lo que puede concebirse como una suerte de espacio liminal, la Regenta se aprecia de manera incorpórea como un fantasma flotante que abandona su cuerpo en la penumbra.[7] Se produce entonces un desplazamiento del plano real al de la ensoñación, donde se origina la que Deleuze explica como la ascensión progresiva masoquista: del cuerpo a la obra de arte y de esta al ideal. El cuerpo semidesnudo de Ana, fragmentado fetichistamente mediante el cabello suelto, los tejidos sugestivos y algunas partes desnudas, se plasma en el espejo para proyectarse como una obra pictórica cimentada en el suspenso estético y plástico masoquista.

El suspenso masoquista se advierte como la adopción de poses rígidas, inmóviles, que en el ademán de descubrir el cuerpo dejan en suspenso el gesto, al verse reflejado en un espejo que congela la imagen (Deleuze, *Presentación* 38). El reflejo de Ana se convierte en un fantasma masoquista. No obstante, lejos de proporcionarle el ideal anafrodítico que ella busca —en su identificación como ángel sin sexo— se revela con toda la fuerza de su pulsión sexual. En su dejarse ir de los sentidos, Ana se topa cara a cara con su yo retador, proyectado en el espejo mediante una sonrisa que hace eco de la denominada *sourire à la Lise*.[8] La sonrisa fantasmagórica de Ana se independiza del cuerpo mediante el reflejo del espejo, en lo que puede entenderse como una representación de los Órganos sin Cuerpo (OsC), según la lectura que Žižek hace de los conceptos expuestos por Deleuze y Guattari. *Violencia en acto* recoge la conferencia titulada "El devenir edípico de Gilles Deleuze" donde el crítico esloveno opone el cuerpo sin órganos (CsO), todavía no estructurado, a los órganos sin cuerpo (OsC) como afecto extraído de su imbricación en un cuerpo. Žižek vincula los OsC a una sonrisa que persiste sola, aun cuando el cuerpo no está presente, y a su vez lo relaciona con la mirada, como órgano autónomo capaz de generar un campo de conciencia propio para cuestionar si la mente puede o no sobrevivir a la desintegración del cuerpo. Este contraste lo ejemplifica mediante la figura del masoquista —que halla satisfacción en el juego de rituales cuya función es posponer para siempre el *passage à l'acte* sexual— y la del esquizofrénico —que se arroja sin reservas en el flujo múltiple de las pasiones— (53–55). Estas dos posiciones parecen cristalizarse en las estrategias que Ana adopta para enfrentar a la imaginería burguesa: bien mediante la vía llamada esquizofrénica, asociada a la peligrosa y pecaminosa sonrisa y, en consecuencia, a la Ana rebelde; bien mediante la vía masoquista, que ansía desprenderse del cuerpo y burlar las leyes sociales que lo organizan.

Al principio de la escena, Ana identifica su reflejo como el de "la Ana rebelde, la pecadora de pensamiento ... Aquella Ana prohibida era una especie de tenia que se comía todos los buenos propósitos de la Ana devota" (II, 351). En efecto, el carácter diabólico de la Ana rebelde se adelanta al compararla con una tenia, gusano que debido a los varios metros de longitud que puede alcanzar se equipara a la forma de serpiente adoptada por el diablo. Pero además la tenia, como parásito que puede llegar a crecer dentro del organismo de una persona, es capaz de debilitar por completo el organismo que la contiene si este no logra expulsarla. De ahí que la Ana prohibida se presente como ese CsO deleuziano que se enfrenta a la Ana de carne y hueso que trata de seguir la organización pre-establecida de sus órganos. Así pues, cabe alejarse del dualismo maniqueo entre la Ana devota y la prohibida y posicionar a ambas ante la Ana inmersa en la imaginería del cuerpo social orgánicamente organizado. Frente a la pasividad hacia lo impuesto socialmente, Ana se resiste al fenómeno de sedimentación que le impone formas, funciones, uniones y organizaciones dominantes y jerarquizadas. Su reacción masoquista funciona como motor en búsqueda de una nueva disyuntiva en la huida. Como disyuntivas, el enfrentamiento de ambas resulta en un intento de expiación de culpas, provocadas por el temor de romper con la voluntad de serle fiel a Dios/Magistral. En este sentido, la tensión entre las dos vías de escape se traduce en lo que Žižek advierte como dos lógicas y prácticas políticas diferentes en la que la conducta masoquista, lejos de ser apolítica, entraña una política propia e independiente en su gestualidad que de todos modos puede resultar crucial en la transformación de la realidad (62).

La parte devota/masoquista castiga su cuerpo para redirigirlo por la senda que optó tomar mediante un acto punitivo del que se desprende, según Foucault, el doble proceso de la descalificación del cuerpo como carne y culpabilización del cuerpo por la carne (*Los anormales* 183). Es decir, Ana juzga su amistad con Fermín como la de dos seres supravetustenses, sin pecado carnal, que quieren defenderse ante la constante lucha de tentaciones carnales:

> Sobre la piel de tigre dejó caer toda la ropa de que se despojaba para dormir. En un rincón del cuarto había dejado Petra olvidados los zorros con que limpiaba algunos muebles que necesitaban tales disciplinas ... Ana, desnuda, viendo a trechos su propia carne de raso entre la holanda, saltó al rincón, empuñó los zorros de ribete de lana negra ... y sin piedad azotó su hermosura inútil, una, dos, diez veces. (II, 355)

De nuevo se emplean aquí palabras de fuertes connotaciones eróticas del subtexto masoquista, con un claro énfasis en el fetichismo que se sirve de los tejidos: pieles, raso, holanda y lana para enmarcar la violencia. La piel de tigre desprende en la obra de Clarín el mismo efecto suntuoso que Sacher-Masoch dona a los tejidos. Como catalizador de la sensualidad de la protagonista, Ana se desnuda sobre la piel de tigre para oprimir y desvigorizar su carne de raso, aquella que evoca de nuevo las capas de raso que el Magistral desflora y marchita en sus manos. De tal manera, la mano que escribe el contrato anulando su yo para fundar un nuevo CsO es la mano que empuña la disciplina de los zorros con ribete de lana negra, color que remite a la sotana del Magistral. Lejos de desasirse de las normas sociales mediante su desnudez, Ana castiga su cuerpo desnudo para someterlo y fortalecer la dimensión contractual que en este momento se enfrenta a otras salidas.

Cabe señalar aquí el paralelismo de esta escena, integrada en el capítulo XIII de la obra, con la que se produce en el capítulo III, antes de que Ana se meta en cama pensando en la confesión general que tendrá lugar al día siguiente. Los elementos comunes y diferenciales de ambas escenas ayudan a explicar el significativo cambio en la simbología del acto de desnudarse de la protagonista.

Se ha de prestar atención al espejo ante el cual Ana se desnuda. A partir de él se despliega un contexto propicio al ideal masoquista, en contraposición a lo que sucede en la escena que remite a la violencia del castigo. En la escena del capítulo III:

> Ana corrió con mucho cuidado sus colgaduras granates, como si alguien pudiera verla desde el tocador. Dejó caer con negligencia su bata azul con encajes crema y apareció blanca toda ... Después de abandonar todas las prendas que no habían de acompañarla en el lecho, quedó sobre la piel de tigre, hundiendo los pies desnudos, pequeños y rollizos en la espesura de las manchas pardas ... Parecía una impúdica modelo olvidada de sí misma en una postura académica impuesta por el artista.[9] (I, 217)

La desnudez de la protagonista, junto con el subtexto sexual que se desprende de su inmersión en la espesura de la piel de tigre y el proceso de suspensión de la impúdica modelo, crean una analogía casi simétrica de las dos escenas. Divergen, no obstante, en la supresión del acto de correr las colgaduras granates. De hecho, y pese a que la mirada voyerística con la que el narrador deleita al lector, en el capítulo III Ana le niega a su yo devoto la mirada. En consecuencia, al no correr las colgaduras granates, abandona la mirada masoquista que castiga el deseo irradiado por su cuerpo.

Para reprimir el deseo sexual, Ana crea su propia vía de sometimiento que —como ya he indicado— burla en su reproducción al poder hegemónico al mismo tiempo que refuerza el *status quo*. Su disciplina pasa por la autoflagelación con un instrumento destinado a limpiar los muebles de la casa, acentuando su posición de objeto y degradándose como sujeto. Mediante la flagelación, el cuerpo pasa a ser el objeto donde la penalidad se aplica en su forma más severa. La escena trasluce la autoafirmación de víctima masoquista. Sin embargo, con su autopunición no consigue liberarse de su cuerpo, sino todo lo contrario. Tras azotarse "entró de un brinco de bacante en su lecho; y más exaltada en su cólera por la frialdad voluptuosa de las sábanas, algo húmedas, mordió con furor la almohada" (II, 355). El castigo, en vez de reducir la cólera causada por la disyuntiva que propone su doble, la aumenta. Su brinco de bacante la sitúa en un ámbito exacerbadamente erótico-carnal, resemantizado por la humedad de un lecho que celebra la sonrisa de la Ana prohibida. De esta manera, la flagelación de la Regenta devota/masoquista se introduce justo en aquella esfera de la que intenta alejarse, causándole un efecto opuesto al deseado.

A propósito de la flagelación, el médico alemán Johann Heinrich Meibom establece un vínculo entre la flagelación y la excitación sexual al apuntar que: "es la región lumbar donde comienzan y están las vesículas seminales y sus ramificaciones. Las descargas de golpes o las friegas de ortigas producen calor en la zona aludida, y de ahí nace la actividad seminal y la erección" (Villena 58). En las obras de Sacher-Masoch se aprecia el postulado de Meibom y Krafft-Ebing no pasa tampoco por alto la excitación que el látigo suscita en los casos de masoquismo que él estudia, advirtiendo que incluso tales disciplinas pueden llegar a provocar el orgasmo del sujeto (121). De hecho, los azotes que Ana se autopropicia corresponden a los tormentos prohibidos anteriormente por el Magistral. La flagelación y el cilicio resultan ser las herramientas punitivas por excelencia compartidas por el masoquismo y el Catolicismo y caben ser leídas en la novela como instrumentos de uso prohibido y devoto. Recordemos, sino, la escena en la que la Regenta se halla en estado convaleciente, después de escribir la carta de tres pliegos al Magistral, "Pensó en el cilicio, lo deseó con fuego en la carne, que quería beber el dolor desconocido, pero el Magistral había prohibido tales tormentos sabrosos" (II, 280). La autopunición que algunos penitentes se infligen al flagelarse o al ponerse el cilicio llega a generar las dudas de la Iglesia ante estos métodos de castigo, ya que la institución tiene conocimiento de las teorías científicas que ligan estos actos a un tipo de incitación sexual. El interés suscitado por la teoría de Meibom dio lugar a la ampliación de sus postulados, especialmente en la descripción de las psicopatías sexuales. Es más, tras la publicación de *Functions and Disorders of the Reproductive Organs* (1857), obra en la que William Acton afirmaba que los azotes en las nalgas excitaban los sentimientos sexuales, los estudios de esta índole, tal y como nos recuerda Moscoso en su *Historia cultural del dolor*, incidieron en el sistema educativo que para evitar los fantasmas de la lubricidad, recomendaba a padres, profesores y enfermeras el destierro de estas prácticas (228–29). Todo esto no hizo más que exacerbar la preocupación de la Iglesia en torno a los penitentes flagelantes. La Iglesia dejó de mostrarse condescendiente con tales disciplinas puesto que, como expresa Havelock Ellis en *El impulso sexual de la mujer*, la Iglesia temía la ambigüedad de sensaciones que con frecuencia promovía la flagelación (111). De hecho, si después de flagelarse repetidas veces, Ana arroja lejos de sí las prosaicas disciplinas (II, 355) es porque el dolor que se infringe no le proporciona ningún beneficio en su sendero educativo. Todo lo contrario, se presenta como una ofrenda de sufrimiento gratuito que la envuelve en la esfera de lo carnal y no le sirve ni para alcanzar su ideal, ni para probar la fe que deposita en él. En otras palabras, la protagonista percibe el flagelarse en privado como una violencia vacua que excita todavía más su cuerpo y que puede ser desechada debido a su prosaico carácter, incapaz de proveerle pruebas de su espiritualidad. Por esta razón, a la mañana siguiente se encamina en busca del Magistral con deseo de verle y de hallar un castigo que remita al ámbito espiritual y que, en vez de relegarla al ámbito del objeto doméstico, la eleve tanto a los ojos del Provisor como a los de toda Vetusta.

Cuando se encuentra con el Magistral en el gabinete de doña Petronila, este le comunica su cansancio y debilidad ante el detrimento y la confianza que Vetusta ha dejado de depositar en él. Además, involucra a Ana en su desprestigio al participarle que lo calumnian por la amistad que mantiene con ella y que incluso enfrentan su poder al del don Juan de Vetusta. Fermín se victimiza y le pregunta a Ana: "¿qué debo temer …? Ayer ese hombre estaba borracho … él y otros pasaron por delante de mi casa … a las tres de la madrugada … Orgaz le llamaba a gritos: '¡Álvaro! ¡Álvaro! Aquí vive … tu rival …' eso decía, tu rival, la calumnia ha llegado hasta ahí …!" (II, 358). Mediante esta estrategia discursiva, el Magistral castiga a Ana que, en su espanto, se arrodilla ante él. Fermín le pide explicaciones acerca de su relación con Álvaro, pues afecta también a su honor. La culpabiliza de su descrédito para empujarla a tomar una posición que le aporte a él el beneficio de poder que, como esposo espiritual, cree merecer. El sentimiento de culpa de Ana aumenta de manera considerable y topa en esta calumnia la oportunidad que estaba buscando para restituir su estatus ante Fermín. Acepta su deuda y su posición desventajada para poder después subsanarla mediante lo que concibe como un sacrificio. Pero a su vez, teme que el decaimiento de su confesor la afecte a ella y no la eleve a la categoría de heroína, por tanto le reclama mediante casi un insulto una posición dominante que no merme la acción de sacrificio heroico que ella presentará. Por ello, lo insta de nuevo a tomar la posición que le confirió:

> Yo soy la que está sola ... usted es el ingrato ... su madre le
> querrá más que yo ... pero no le debe tanto como yo ...Yo he
> jurado a Dios morir por usted si hace falta ... El mundo entero
> le calumnia, le persigue ... y yo aborrezco al mundo entero y
> me arrojo a los pies de usted a contarle mis secretos más hondos
> ... no sabía que sacrificio podría hacer por usted ... Ahora ya
> lo sé ... yo no quiero separarme del mártir que persiguen con
> calumnias como a pedradas ... Quiero que las piedras que le
> hieran a usted me hieran a mí ... yo he de estar a sus pies hasta
> la muerte.[10] (II, 359)

Ana reelabora la imagen de victimismo que Fermín le presenta
para concebirla como la de un heroico mártir. Además, utiliza la
culpa que este le echa para reclamar que se le aplique el mismo
estatus de victimismo: ella es la que está sola y exige ese reconocimiento, concibiéndose así en compañera, heroica mártir. En este
sentido, Ana no se deja eclipsar por la narrativa de Fermín, tal y
como advierte DuPont:

> Once we recognize the mechanisms Fermín uses to manipulate
> Ana, we may also realize that Ana resists this treatment. Ana
> does not allow herself to be eclipsed by Fermín's apparent
> magnanimity. She seems convinced of her own exalted status,
> and of Fermín's, but her conception of Fermín has a self-
> interested quality, and she is eager to be the hero herself of their
> shared discourse of superiority. (*Realism* 207)

A su vez, Ana no solo mitiga sus culpas/deudas sino que saca
provecho de ellas. Si el castigo de la carne a solas en su habitación
resulta en un dolor sin utilidad, incapaz de proveerle el ideal
que busca, sí lo hace la vía de dolor masoquista, entendido en
términos de crueldad guiada y pactada, que permite a Ana el uso
de la representación de dolor útil como herramienta para pagar
sus deudas, equipararse al Magistral y elevarse ante los ojos de
Vetusta. Se presenta entonces como un sistema alternativo con
algunos destellos de lo que dos años más tarde de la publicación
de *La Regenta* teoriza Nietzsche en su *Genealogía de la moral*. Es
importante recurrir a algunos de los postulados que el filósofo
sustenta en su obra para explicar con mayor claridad el sentimiento
de culpa que pesa sobre Ana y cómo esta la integra dentro de un
marco capitalista para salir victoriosa pagando sus culpas.

El filósofo alemán dedica el segundo tratado de su genealogía
a exponer cuestiones relacionadas con la crueldad en torno a la

génesis del sentimiento de culpa. Nietzsche erige su teoría en la unión de los binomios culpa/castigo y deudor/acreedor. Liga estos binomios mediante la raíz de las palabras *schulder* (deudor) y *schuld* (culpa). A partir de ellos desarrolla una tesis, según la cual, el origen de la justicia se instaura en una relación de intercambio sostenido en un pacto. Esto es, el deber se basa en una promesa e incumplirla pone en marcha el dispositivo del sentimiento de culpa, que se mitiga a través de un sistema de crueldad con el que se restituye la deuda.

Dentro del contexto de la obra de Clarín, la promesa se cristaliza en los derechos y obligaciones extendidos en la carta de tres pliegos. La carta ampara el pacto de intercambio de responsabilidades entre el Magistral y la Regenta. Hasta el momento, Fermín no solo ha logrado dominar sus instintos sexuales delante de Ana, sino que la ha llevado en su idilio espiritual prematrimonial a disfrutar de parajes desconocidos, donde la Regenta se siente como un ángel puro, sin cuerpo, que también ansía alcanzar el héroe de *El amor de Platón* de Sacher-Masoch. Esta sensación la lleva a depositar la rosa de Alejandría en manos del Provisor. Por ello, a los ojos de la protagonista su parte acreedora ha cumplido. De todos modos, los percances de la noche pasada, es decir el desdoblamiento de Ana frente al espejo y los gritos delante de la casa de Fermín, suscitan el sentimiento de culpa en la protagonista. Siente que ha dañado el honor de su hermano del alma, mientras que él le ha aportado placeres espirituales. Ana ha contraído una deuda con Fermín. En aras de compensar el daño que le ha provocado a su confesor, debe restituir su deuda. Como bien asevera Adolfo Vásquez Rocca en su artículo sobre la negación, la culpa y la crueldad en torno a esta teoría de Nietzsche, en tales deudas "[e]l dolor se ofrece como compensación, como algo que se entrega para pagar o restituir un daño causado" (3). Ana al huir de su culpa se encauza en el sistema de crueldad que apunta Nietzsche. Se encamina hacia la crueldad de una manera pactada y se encarga de confeccionar su prueba de dolor en búsqueda de un sacrificio que le reporte reconocimiento.

En la concepción de su sacrificio, Ana se humilla ante los pies de su esposo espiritual para brindarle teatralmente su propia muerte, escenificando hasta dónde está dispuesta a llegar. Pero en su posición de víctima masoquista anhela ser la mártir que acompaña al Magistral en su sufrimiento. Por esta razón, en un primer momento y tras las quejas del Magistral, Ana le confiere a Fermín un carácter sagrado análogo al de los mártires perseguidos por la sociedad. Concibe a Vetusta como una sociedad calumniadora que quiere expulsar de sí sus tensiones internas, es decir, sus rencores, venganzas, envidias y rivalidades. Todas ellas desencadenan la violencia social vetustense. Para eliminar esta violencia, la ciudad escoge a Fermín como chivo expiatorio. Entonces Ana se ofrece como víctima sacrificial, entendida en términos girardianos como víctima de recambio sobre la cual la sociedad se arroja para satisfacer su violencia.[11] Para pagar su deuda con Fermín, Ana adopta el papel de víctima sacrificial y pretende sustituir a Fermín, quien excita el furor de Vetusta, con el fin de atraer hacia ella la furia de la devoradora ciudad. Usa el carácter de víctima para elevarse sobre él. Le confiere al Magistral una posición de mártir para acto seguido despojarlo de su estado de víctima sucedánea y adjudicársela a sí misma. Pretende hacerse con el lugar que la sociedad le asignó a Fermín. Cree haber encontrado el sacrificio que estaba buscando: se equipara al Magistral al sufrir las mismas humillaciones y castigos y paga su deuda superándolo con su disposición de sacrificio mortal. De este modo, persigue una forma de sacrificio basado en el sufrimiento con el que pagará la culpa/deuda que ha contraído con su confesor y, entretanto, se eleva heroicamente. La Regenta procura obtener el estatus de deidad de culto venerado, que en ocasiones otorga el sacrificio, y alcanzar mediante un acto masoquista la mitificación que la eleve a icono de bondad y sufrimiento. No obstante y de manera contraria a lo que sucede en el desenlace del mecanismo girardiarno donde la víctima sacrificial —medio de salvación de la sociedad— restituye el orden de la comunidad, el sacrificio de Ana se percibe como un ataque a la escenificación del orden burgués.

Al prestarse al acto sacrificial, Ana quiere ensalzarse a los ojos del Magistral. En sus ansias de diferenciarse de las demás penitentes, examina las posibilidades de una pena que más que hacerla simplemente objeto de compasión, la convierta en sujeto de admiración y reconocimiento. El deseo de ponerse a prueba no opera como un factor que inquiera como fin último experimentar el dolor porque este se concibe como una escenificación y no como un castigo en sí. Funciona entonces como proyección heroica de la víctima masoquista, capaz de soportar los altos grados de dolor que otros temen sufrir. De esta forma, se observa cómo la Regenta no busca mediante su sacrifico la absolución de sus pecados, sino pagar una deuda mediante una prueba que sirva de vía en su camino de perfección para alcanzar un estatus igualitario.

La deuda de Ana con Fermín crece a lo largo del capítulo XXIV, aquel que sigue justo al de esta promesa de sacrificio. Ello se debe al incidente ocurrido en el baile de carnaval donde Ana se desmaya en los brazos de Álvaro mientras bailan:

> Mesía la llevaba como en el aire, como en un rapto; sintió que aquel cuerpo macizo, ardiente, de curvas dulces, temblaba en sus brazos ... Ana callaba, no veía, no oía, no hacía más que sentir un placer que parecía fuego; aquel gozo intenso, irresistible, la espantaba; se dejaba llevar como cuerpo muerto, como en una catástrofe; se le figuraba que dentro de ella se había roto algo, la virtud, la fe, la vergüenza ... El presidente del Casino en tanto, acariciando con el deseo aquel tesoro de belleza material que tenía en los brazos, pensaba ... "¡Es mía! ¡Ese Magistral debe de ser un cobarde!" (II, 381)

El contacto con Álvaro genera en Ana fuertes excitaciones sexuales combinadas con un estado de exaltación místico, anotado en el rapto que la protagonista creer sentir. Las palabras de Moraima de Semprúm Donahue ratifican la inexistencia de una tajante separación entre la seducción física y la espiritual, pues son concomitantes y a veces resultan incluso difíciles de distinguir tanto los motivos que las activa como aquellos que las separa (119).

Mesía se percata de que entre la Regenta y el Magistral no se ha producido ningún tipo de acto carnal. Ana se rinde a Mesía de una forma que apunta a estado espiritual e infringe lo pactado con Fermín en su carta, ya que por un momento se entrega en su pensamiento a Álvaro. Por su parte, Fermín encuentra en este desmayo su deshonra como marido espiritual y como dueño de la Regenta. Esta escena desencadena la furia y los celos del Magistral, quien acaba por perder los estribos que hasta el momento había sabido conservar delante de la Regenta.[12] En ese instante, Ana se da cuenta de que el canónigo la desea de manera carnal y decide alejarse de aquel al que se ha prometido como esclava. Es decir, Ana pone fin al contrato en cuanto ve que Fermín tampoco ha cumplido su parte de lo convenido. Pese a ello, dada su soledad, aburrimiento y, fundamentalmente debido a la angustia de saber perdido el ideal que había edificado con Fermín, Ana decide autoengañarse y considerar la posibilidad de un malentendido ya que:

> Vetusta le [a Fermín] insultaba, le escarnecía, le despreciaba, después de haberle levantado un trono de admiración; y ella, ella que le debía su honra, su religión, lo más precioso, le abandonaba y le olvidaba también … ¿Y por qué? … porque ella estaba rendida a don Álvaro, sino de hecho con el deseo —esta era la verdad— porque ella era pecadora ¿había de serlo también el *hermano de su alma*? (II, 405)

Ana concluye restituir el contrato y examina todas las deudas que tiene con Fermín. Ahora le debe más que nunca, puesto que además de reconocerse pecadora de pensamiento, también lo es de abandono. A su vez, se percata de que ha apoyado a Vetusta en la condena de lo que vislumbra como una figura crística, y que ratifica más tarde al asociar directamente a Fermín con Cristo en la cruz: "La moda y la calumnia le han arrinconado y yo como el vulgo miserable, me pongo a gritar también ¡crucifícale, crucifícale …! ¿Y el sacrificio que había prometido? ¿Aquel gran sacrificio que yo andaba buscando para pagar lo que debo a ese hombre …?" (II, 405). La Regenta juzga haber caído en las intrigas vetustenses y haber actuado no como un ser supravetustense, sino igual que el vulgo, del que presume distinguirse.

Las múltiples deudas que la Regenta concibe con el Magistral, junto con el sacrificio anhelado para restituir una posición que cancele sus deudas y sus ansias por diferenciarse de los demás vetustenses resultan determinantes para que la protagonista disponga la naturaleza de su sacrificio. En esta resolución no se debe dejar a un lado el papel concluyente que tiene la música pues, como indica Ana Cristina Tolivar Alas, el *Stabat Mater* de Rossini provoca en Ana Ozores la decisión de desfilar como penitente el día de Viernes Santo ("La música" 74).[13] Ana aparece entonces como contrincante de la otra figura materna de Fermín, es decir, de Paula. La música y en concreto el tercer verso del *Stabat Mater*, *dum pendebat filius*, se manifiesta como el rasgo singular que se convierte en sustituto representante de toda la composición. Este verso despierta en Ana una fantasía a la que ya había aludido con anterioridad y con la que rememora la promesa hecha al Magistral. De rodillas durante la novena de la Virgen de los Dolores, Ana se sirve de la "música sublime" para trascender su realidad y regresar de nuevo a su ideal masoquista, presentado ahora con tintes de carácter patológico que marcan el pseudomisticismo de Ana para acercarlo a las teorías clínicas de la que se presentará como contracara del masoquismo, la histeria: "La música de Rossini exaltó más y más la fantasía de Ana; una resolución de los nervios irritados brotó en aquel cerebro con fuerza de manía: como una alucinación de la voluntad … Ana a los pies del Magistral, como María a los pies de la cruz … del que no era su hijo sino padre, su hermano … de espíritu" (II, 406). Su resolución nace espontáneamente de una fantasía que más tarde calificará de calenturienta, adjetivo que da lugar a la apreciación de obvias connotaciones sexuales mientras se concibe la fantasía en su mente. Este adjetivo infiere que su ensoñación diurna se configura eróticamente.[14] Ana elabora con detalle su fantasía, "la forma del sacrificio, el día, la ocasión, todo estaba señalado" (II, 406) y se dispone a representarla en esa alucinación de voluntad, relega la escena a la dimensión masoquista; ya que las prácticas masoquistas se presentan como una corporización de las fantasías precedentes, de ensueños diurnos susceptibles de ser transferidos a la realidad. En este sentido, resulta aclaratoria la inversión que Moscoso plantea sobre el orden de ascensión masoquista propuesto por Deleuze: del cuerpo a la obra de arte y de esta a las ideas. Moscoso entiende este recorrido psicológico de manera descendente, es decir, de la idea al arte, y del arte al cuerpo, cuando sostiene que el masoquista quiere inscribir la idea en su carne (*Historia* 207). De tal modo, si en principio, todo se origina en la fantasía, el masoquista da forma a su idea mediante la obra de arte que posteriormente procura experimentar. En el caso de Ana, conviene plantear el recorrido psicológico como uno de ida y vuelta, es decir, en una primera progresión ascendente y posteriormente descendente, pues la música la ayuda inicialmente a concretar su fantasía, pero tras ello quiere representarla y experimentarla —en términos de Moscoso, inscribir la idea en su carne. Por esta razón, procura llevar a escena su fantasía masoquista en la procesión de Viernes Santo.

La procesión supone entonces una puesta en escena del ritual masoquista en la que todos los detalles —el público, los nazarenos, los disciplinantes— son necesarios para la consecución de lo que se concibe como el triunfo de la fantasía masoquista. A propósito del aspecto teatral del masoquismo, Reik señala que corresponde a la puesta en escena de un drama y que está relacionada con la fantasía en la misma medida que la representación lo está a la concepción del dramaturgo (50). Luis Ricardo Alonso, comenta a respecto de Ana que es "la facultad del ensueño, unida a su poder de dramatización, la que la lleva a recorrer las calles de Vetusta, los pies descalzos, disfrazada de penitente, un Viernes Santo. Excitación dramática propia de una representación teatral" (4). Y, bien mirado, como advierte Valis sobre Ana, "The self-martyrdom she displays as she walks like a Christ-figure in the religious procession in Chapter 26 reveals a strong masochistic drive in her personality" (*The Decadent* 79). En efecto, la práctica masoquista llevada a cabo por Ana es el eje que vertebra una de las escenas más referidas por la crítica.

En la decisión de desfilar en la procesión como nazarena, la Regenta no concibe un castigo violento, sino una prueba en la que escenificará su capacidad de sufrimiento. Así pues, logra reformular en el presente la amenaza de un futuro castigo que pesa sobre ella ante la idea de abandonar su idilio con el Magistral y llegar a serle infiel cayendo en los brazos de Álvaro. Con el objetivo de dominar la ansiedad que este temor le origina, calcula por sí misma su condena. Consecuentemente, corta con la espera y la tensión de una expectación que la aterra. Se deshace de esta dilación, en la cual estaba suspendida de forma pasiva, expectante y aprensiva, mediante la exposición de un acto que ella planea. Ana deja a un lado la actitud pasiva que la mantiene en la espera y la sustituye por una activa al concebir su sanción. Hace que la amenaza futura se materialice en el presente mediante una ofrenda que muestre a todos lo que vislumbra como su capacidad heroica de sufrimiento. Esto le confiere la posibilidad de disponer solamente de un castigo parcial, es decir, de una fracción de lo que supondría el verdadero, al que tanto teme.

Debido a la prueba de fidelidad espiritual que Ana está dispuesta a brindar a Fermín, vuelve a persuadir al Magistral. Tras el fortalecimiento del contrato Fermín se reitera como dueño de la Regenta "¡Ana era suya otra vez, su esclava! Ella lo había dicho de rodillas, llorando … ¡Y aquel proyecto, aquel irrevocable propósito de hacer ver a toda Vetusta en ocasión solemne que la Regenta era sierva de su confesor, que creía en él con fe ciega" (II, 415). El notorio placer que el clérigo siente con la humillación de Ana hincada de rodillas a sus pies aumenta con la forma en la que Ana propone pagar sus culpas/deudas a su Señor.

Para componer el ritual masoquista, Ana necesita la participación de su confesor. El Magistral acude al caserón de los Ozores donde Ana le anota la disposición de los detalles que deben constituir el escenario, concretizado en la procesión. Esto es, Ana elabora en su mente la fantasía pero delega en el Magistral el poder y la responsabilidad de dirigirla, manteniendo el vínculo vasallático de antiguos pactos regios. Entonces, Fermín ostenta el poder en una doble dirección: espiritual y escénica. Organiza todos los detalles para ajustar al escenario la fantasía que su sierva le cede y pone en marcha los mecanismos necesarios para reelaborar el montaje del ritual masoquista, bajo la creación masculina. Si anteriormente Ana había cedido su voluntad, ahora cede su capacidad creativa depositándola en manos de su confesor, puesto que no es ella quien va a montar la escena. En su papel de director, Fermín confía a doña Petronila los pormenores de la vestimenta que su esposa espiritual llevará tan señalado día. La alcahueta no espera a la procesión y adelanta los detalles del atuendo que usará Ana, revelando el secreto de las vestimentas de un desposorio público masoquista: túnica de terciopelo morada y el pie desnudo. De esta manera, enciende la imaginación del público vetustense, erotizándola al mismo tiempo que aumenta la expectación. Los elementos con el que el *male gaze* del narrador describía el lecho en el que Ana satisface sus "malas pasiones" se transfieren ahora a la mirada expectante femenina. Ansiosas en su espera, la Marquesa de Vegallana, Visitación y Obdulia, satisfacen juntas otro tipo de malas pasiones tejiendo la imagen de la suavidad de los tejidos en contacto con la desnudez del cuerpo de Ana y la humedad del ambiente, en lo que pronostican como un día lluvioso.

Frente a esta no imaginada expectación, para Ana el público es un componente imprescindible en su ensueño diurno, pues lo necesita para probar su sufrimiento y que se reconozca su carácter heroico. Es ese reconocimiento —y no el dolor—, el que dota de carácter placentero al acto masoquista. En todo caso, el que Ana se ofrezca a ir con los pies desnudos se manifiesta como un fenómeno concomitante al exhibicionismo y, por consiguiente, ligado al público *voyeurista*. Teniendo en cuenta los postulados de Reik, Ana se circunscribe en el denominado factor demostrativo del masoquismo. Su exhibición pretende mostrar su superioridad como penitente sumisa que merece el perdón de los pecados y, por tanto, el prometido reino de los cielos. Es decir, en su imaginario masoquista, la llegada al punto álgido de su placer espiritual con Fermín.[15]

Sin embargo, el desarrollo de esta procesión aleja la mortificación crística original del culto religioso. La fe de los fieles no se eleva en ningún momento, de hecho, queda relegada al olvido. El culto religioso se desplaza hacia el ritual masoquista, deviniendo a su vez en una práctica perversa, sustentada en lo que Iván Bloch denominó el gran fetichismo. El psiquiatra alemán explica este tipo de fetichismo como aquel cuya parte representativa de un todo sustituye a ese todo hasta el punto de adquirir un carácter que por sí solo basta para excitar la sexualidad. En este sentido, el fetiche anula el todo al que originalmente se refiere y pasa a ser él mismo ese todo (744).[16] La figuración parcial, la procesión, se separa de su referencia original —el calvario y muerte de Cristo— puesto que lo único que Vetusta tiene en mente es la representación parcial en sí misma.

La procesión es el objeto del gran fetichismo que echará abajo el idilio masoquista de las almas gemelas. Esto se explica principalmente porque la adaptación de la fantasía de Ana no se realiza del modo idealizado que ella vislumbró, ya que Fermín la usurpa totalmente. Pero además cabe considerar otros dos motivos. Primero, porque Ana estaba dispuesta a sustituir a la víctima sacrificial que había escogido el pueblo: a su calumniado confesor. Sin embargo, una vez que la representación tiene lugar, Fermín ya ha dejado de ser a los ojos del pueblo el usurero vetustense, desacreditado una semana antes y revalorizado ahora tras la conversión del ateo. Después de este supuesto milagro, la imagen de Fermín se transfigura en la de un "ser triunfante," en la de "un Apóstol" (II, 422). En segundo lugar, porque en la adaptación que Fermín hace de la fantasía de Ana integra una serie de detalles que la protagonista pasa por alto, pero que se adelantan al lector en la casa de los Marqueses: "todos los años va en el entierro de Cristo, Vinagre, o sea don Belisario, el maestro más sanguinario de Vetusta, vestido de nazareno y con cruz a cuestas" (II, 425). Estos detalles anuncian el oscurecimiento de la fantasía y la vergüenza que sentirá Ana: "la presencia grotesca de aquel compañero inesperado la hizo ruborizarse y sintió deseos de echar a correr. 'La habían engañado, nada le habían dicho de aquella caricatura que iba a llevar a su lado'" (II, 429). En efecto, en su fantasía Ana se aprecia como compañera del Magistral, como seres supravetustenses, y no del infravalorado Vinagre. Su drama heroico se convierte en caricatura. También la representación del dolor modelado en su fantasía adquiere ahora una forma de castigo cruel que ella no vaticinó:

> Allí iba la Regenta, a la derecha de Vinagre, un paso más adelante, a los pies de la Virgen enlutada, detrás de la urna de Jesús muerto. También Ana parecía de madera pintada; su palidez era como de barniz. Sus ojos no veían. A cada paso creía caer sin sentido. Sentía en los pies, que pisaban las piedras y el lodo un calor doloroso; cuidaba de que no asomasen debajo de la túnica morada; pero a veces se veían. Aquellos pies desnudos eran para ella la desnudez de todo el cuerpo y de toda el alma. "¡Ella era una loca que había caído en una especie de prostitución singular!" ... Recordaba textos de Fray Luis de León en *La Perfecta Casada*, que condenaban lo que estaba haciendo. "Me cegó la vanidad, no la piedad." (II, 433)

Como promete en su carta de tres pliegos, la Regenta se deja dirigir ciegamente por el Magistral que la exhibe bajo una túnica cuyo color morado remite a los guantes que él usa. De tal manera, se potencia la imagen envolvente del poder absoluto del confesor sobre la Regenta, a quien tiene en sus manos. El sufrimiento de Ana no conlleva el goce en la representación que su fantasía había suscitado. Todo lo contrario, su calor doloroso es provocado por la mancha del lodo y no por el pecado carnal que todavía no cometió.[17] Su ofrenda de ir con los pies desnudos no simboliza la entrega anhelada por Ana sino la usurpación que el Magistral hace de su cuerpo y alma. Fermín la desposee públicamente de su voluntad, negándole a su vez su capacidad creativa, y la proclama su esclava sexual ante toda Vetusta. Ana se percibe como el ángel del hogar caído que toma nueva forma en la mujer pública del siglo XIX, es decir, en la prostituta. Es más, Núñez Puente a propósito de esta escena y de los pies desnudos de Ana, señala que no solo constituyen:

> El vértice de la sexualidad de Vetusta, sino que son el indicio de una sexualidad pervertida. Al menos pervertida según el concepto burgués del sexo, porque los pies remiten a una sexualidad no reproductora, sino centrada sobre todo en el goce sensorial, lúbrico. En definitiva, el carácter fetichista de los pies de la Regenta, es por naturaleza opuesto a la sexualidad

reproductora, familiar, encauzada hacia el mantenimiento del
sistema y socialmente aceptada de la estructura lineal del Eros
decimonónico. ("Cuerpos" 21–22)

Las distintas conductas sexuales de la pervertida sociedad
vetustense convergen en este rito donde se presenta el voyerismo
devorador del público resumido en la incitación de Visita a Álvaro
al pronunciar ese "Cómetela," el impulso lésbico de Obdulia en
su "deseo vago de … de … ser hombre" (II, 428) y el sadismo de
Fermín que arrastra por el lodo la desnudez de su esposa espiritual,
violándola y prostituyéndola ante todos como un acto de virilidad
vinculado al abuso conyugal, impasible al dolor de la mujer.

La puesta en escena del sacrificio heroico de Ana se convierte
así en la representación de un sacrificio sexual, en lo que en
otro estudio titulado "La singular prostitución de la Regenta"
planteo como prostitución sagrada. Una vez que la fantasía de
Ana es reconducida a la realidad "su 'entrega' a él [Magistral] en
la procesión de Semana Santa, aunque simbólica y no real, la
llena de repugnancia de sí misma" (Vidal Tibbits 289). El gran
fetiche no le sirve a Ana como vehículo de transcendencia ya que
como comenta Beauvoir en relación al masoquismo, la entrega se
realiza como superación de uno mismo y no como abdicación.
Aun cuando la mujer está dispuesta a aceptar en el imaginario la
dominación de un semidiós, no lo está a sufrir por ello en realidad
la expresión carnal de esa autoridad (*El segundo* 189–90). La falta
de superación, de reconocimiento y en consecuencia de goce,
junto con la vergüenza y el sufrimiento que le produce su entrega,
inducen a una transformación en la conciencia de la protagonista
que la llevará a reconsiderar el rol que desempeña dentro de la
relación masoquista.

Fermín, en su dominio absoluto, acaba por enlodar la carne y
los sueños que Ana trata de buscar bajo la túnica morada, sin hallar
más que su vanidad. La protagonista camina descalza e incluso
circula delante de los ojos de su marido suplantado, Quintanar.
A propósito del deseo por mostrar la dominación que los maridos
ejercen sobre sus mujeres en el siglo XIX, Núñez Puente advierte:
"Las mujeres son no solo el fetiche sexual de los hombres, sino
también su vitrina. Vitrina permanente en la que los individuos
masculinos —dominantes— exhiben su estatus social" ("Cuerpos"
8). El Magistral expone en la vitrina de la calle de la Encimada a

la Regenta. La pasea descalza para que toda la ciudad se dé cuenta del dominio que ejerce en la que ahora se ratifica, a través del acto público, como su esposa/esclava espiritual. Este poder, envidiado por Vetusta, eleva en su jactancia el estatus social del Magistral por haber sometido a la fortaleza inexpugnable de la ciudad. Fermín se alza como aquel que amplía su territorio ante el que se había concebido como enemigo de la fe, Mesía. Pero además, el Magistral goza exclusivamente de los derechos sobre una fortaleza que ahora hace públicamente suya, explotándola directamente como reserva señorial y convirtiéndola en pura mercancía. De esta manera, la Regenta pierde todos los derechos establecidos en el contrato masoquista, así como la capacidad de ejercer cualquier tipo de objeción personal, su sumisión vasallática/masoquista no le reporta ningún beneficio en la reorganización que ella concibe del territorio amoroso y acaba convertida en esclava. El ansia de gobierno de Fermín queda así satisfactoriamente compensada por el voto de Ana y por el reconocimiento que el público ofrece de la gloriosa conquista, advirtiendo este acto como el de un "triunfador romano que lleva a su esclava detrás del carro de su gloria" (II, 431). En consecuencia, la figura de esposa y compañera que trata de defender León XIII en la *Encíclica de Arcanum* se desvanece de nuevo en la obra que hace explícita la pujante imagen de la esposa esclavizada.

Para escapar a la vergüenza de sentirse esclavizada y prostituida por el Magistral, Ana decreta su estado de locura, pues conviene mencionar que, según Foucault, en esta época era imposible declarar a alguien a la vez culpable y loco (*Los anormales* 27). Ana "seguía confesando a menudo con Fermín. Le guardaba ahora una fidelidad consuetudinaria; temía los remordimientos si faltaba a lo que creía deber a aquel hombre" (II, 552), libera así la angustia que le producían antes las deudas con su confesor mediante su castigo anterior al pecado carnal que todavía no había cometido. Sus confesiones se convierten en una práctica automática de los sacramentos y su fidelidad al Magistral se manifiesta dentro de la deuda que supone su contrahegemónico contrato matrimonial. Su relación deviene ahora en otro matrimonio sin pasión, abocado a la rutina.

Por su parte, el Magistral disfruta ejerciendo su rol de verdugo sádico a través de su puesta en escena. En su fantasía, no solo se adueña de la protagonista sino de toda Vetusta:

> Empuñaba el cirio apagado, como un cetro. "Él era el amo
> de todo aquello ... él llevaba allí, a su lado, prisionera con
> cadenas invisibles a la señora más admirada por su hermosura y
> grandeza de alma en toda Vetusta; iba la Regenta edificando al
> pueblo entero con su humildad, con aquel sacrificio de la carne
> flaca, de las preocupaciones mundanas, y era esto por él, se le
> debía a él solo." (II, 433)

En su ritual de dominación, el Magistral se encumbra como
poseedor de la joya cubierta con túnica morada más preciada de
Vetusta y por tanto como conquistador, Pizarro espiritual (I, 161)
de la ciudad, en lo que merece ser leído bajo las negociaciones de
género, clase y nacionalidad anotadas por Tsuchiya. En *Marginal
Subjects*, la investigadora aborda las ansiedades sobre las desviaciones femeninas en relación al discurso masculino en peligro de
afeminización y lo vincula a una ansiedad política sobre la crisis
imperialista:

> Responding to internal social turmoil and the loss of empire
> abroad, Spanish novelists project their anxieties onto the figure
> of the female deviant—or the feminized male deviant—who
> escapes social control and discipline. The female deviant, in
> particular, embodies the complex negotiations of gender, class,
> race, and nationality taking place in Spain at the turn of the
> century. (27)

En la novela de Clarín, en vez de exponerse las ansiedades por
someter el masoquismo femenino procedente de la porosidad
discursiva entre la mística y la histeria, se anulan el deseo y la
voluntad femenina, no para frenar la desviación en sí, sino para
suplantarla por otra que toma cuerpo en la violación pública.
Aun más, las negociaciones sobre el poder patentes en el masoquismo de la obra muestran la sobreimpresión feudal del vínculo
vasallático entre el soberano y el vasallo. Sin embargo en su reformulación masoquista la fusión de beneficio y vasallaje eclosiona
en las relaciones de género y hace explícito que el afán de reconocimiento que sustenta el sujeto posicionado en un rol dominante
no se cede, ni se comparte.

Asimismo, el Magistral adquiere el reconocimiento de una
sociedad perversa, carente de integridad, incapaz de reconocer
las ansias de superación de Ana inmersas en su narcisismo. El

Magistral adapta la puesta en escena de la fantasía de Ana, en lo que Kucich advierte como el cuarto tipo de fantasía, un sentimiento de omnipotencia absoluta. Se apropia de todo el reconocimiento en lo que erige como un rito de virilidad, superando así sus temores al afeminamiento que le producen su madre, el voto de celibato y su vestimenta. En su fantasía, Fermín ha sometido a la ciudad entera por medio de su esposa espiritual, ya que al igual que Ana, "Vestusta era su pasión y su presa" (I, 153). La pasión de Fermín se exacerba en sus ansias de posesión absoluta y se desvía hacia la perversión en los términos propuestos por Sinclair. En su libro *Dislocations of Desire* se sirve de la definición de perversión, como defensa contra el trauma, para caracterizar a Fermín. Sinclair observa que en la progresión de *La Regenta* el deseo se desubica, se frustra y se pervierte. Postula que la relación entre Fermín y su madre hace saltar los resortes hacia el mecanismo perverso erigido en la procesión, en la que Ana se convierte en objeto y es obligada a desempeñar un ritual público de sumisión a Fermín como respuesta de la larga vida de dominación que doña Paula ha ejercido sobre él (197-98). Ana, como sujeto agente, tiene de igual forma un papel importante en el inicio de este ritual de dominación, pero su fantasía se ve traicionada y su voluntad anulada y contrariada. Todo ello sucede en una escena donde la pasión de la alianza masoquista se suplanta por otra pasión esclava, la de la avaricia que prima en la herencia genética y en el medio.

Ahora bien, este ritual de dominación no carece de tintes irónicos que rebajan el triunfo del Provisor. Las connotaciones sexuales que emanan de empuñar el cirio se ponen en tela de juicio al reparar en que el cirio de Fermín está tan apagado como el puro de don Víctor. Mediante este adjetivo se produce la asociación de los dos esposos de Ana, pues ninguno de ellos ha gozado carnalmente de la Regenta. Por consiguiente, la capacidad sexual del clérigo queda mitigada en la acción del matrimonio. María Soledad Fernández resalta esta imagen al indicar que el cirio apagado manifiesta que el poder del Magistral es "hueco, falto de fuerza, incapaz de reproducirse; su triunfo es transitorio y superficial" (267). En efecto, su triunfo termina en la procesión ya que después Ana abandona pasionalmente a su dominador. Con todo, el triunfo del poder incita al triunfo de la fantasía masoquista. Como director y protagonista de la representación del gran fetiche, Fermín consigue el ansiado goce ideal, avanzado previamente en su experiencia con el botón de rosa, por tanto evoca su deseo cumplido:

> [É]l descalzaba los más floridos pies el pueblo y los arrastraba por el lodo ... Allí estaban asomando a veces debajo de aquel terciopelo morado, entre el fango. "¿Quién podía más?" Y después de las sugestiones de orgullo, los temblores cardíacos de la esperanza del amor ... Don Fermín se estremecía ... sentía que lo poco de clérigo que quedaba en su alma desaparecía ... "Él era la cáscara de un sacerdote." (II, 434)

De nuevo se infiere la mezcla de sexualidad, violencia y poder eclesiástico. Esta combinación, corporizada en el gran fetiche de la procesión, origina la llegada del punto álgido de la fantasía masoquista en la figura de Fermín. Los temblores cardíacos que hacen estremecer al Magistral apuntan a los efectos de un orgasmo producido en su fantasía. Fermín sella la representación con un doble triunfo de poder social y sexual. En su agitación libidinosa, y a ritmo de sus temblores cardíacos, se desprende de lo poco que le resta de su parte espiritual. Se delata la degradación del personaje, pues su fachada espiritual se reduce a una cáscara desechable de la que fluye, irónicamente y con más fuerza que nunca, su sensación de virilidad.

El abuso conyugal del Magistral provoca la ruptura del idilio y Ana procede al distanciamiento de quien creyó compañero y la trató como esclava. La reformulación del pacto vasallático en el masoquismo se desarrolla en la novela en el incumplimiento de beneficio que Fermín, como Señor, le niega a su vasalla, por lo que Ana se desnaturaliza de lo que cabe ser leído como representación de subyacentes señoríos territoriales. No obstante, cuando el Señor incumple su parte dentro de la reciprocidad de condiciones que el vínculo establece, el vasallo puede romperlo, salirse del reino y buscar otro Señor. Ahora bien, tal y como anota García González en su estudio en torno a la tradición en la Alta Edad Media, esta acción corre el peligro de ser interpretada por el Señor como una infracción al deber de fidelidad. Consecuentemente, el abandono del vasallo cae en la categoría de traición al Señor y se convierte en un delito a castigar (327). Bajo la reformulación masoquista de este pacto feudal en *La Regenta*, la reacción de Ana sigue las pautas del vasallo abusado, mientras que Fermín procede como Señor que ataja el abandono del vasallo por medio de una declaración de traición a su fe.

En estos términos, Ana rompe su contrato masoquista con el Magistral y se encamina a la búsqueda de un nuevo señor/alma hermana. El Magistral no se resigna al abandono y ratifica el estatus de esposo espiritual que Ana le confirió: "no daba nombre a su pasión pero reconocía todos sus derechos y estaba muy lejos de sentir remordimientos" (II, 464), por lo tanto, Fermín entiende cualquier desafío a su potestad como una rebelión a la fe que él otorga, y esto llega a desencadenar una suerte de ira regia. Con todo, el ritual de dolor conduce a una transformación en la conciencia de Ana, marcada por el desmoronamiento de su fe en el Magistral. Su ideal masoquista muere en la procesión y se niega a admitir el dolor por el que ha pasado de manera gratuita. En compensación al dolor sobrepagado, se cobra la libertad de acercamiento a Mesía para convertirse en su nueva "hermana": "'aquello era una delicia mucho más fuerte que todas las del *misticismo*.' Cuando hablaban así como *otros dos hermanos del alma* empezaba la noche" (II, 490). Al reparar en que a través del castigo no obtuvo el placer deseado, la Regenta no siente ningún remordimiento al lanzarse a los brazos de Mesía, del que goza con plena impunidad moral pues la ha anulado al pagar con creces sus sentimientos de culpa.

Ante este adulterio Fermín reacciona mediante una venganza con reminiscencias a la ira regia pues confina a la Regenta a la reclusión en el caserón de los Ozores, llevándola a una muerte en vida. De acuerdo con Ortega, la furia que experimenta el Magistral proviene "de haber poseído el alma de Ana y no su cuerpo" (213). Así es, la sexualidad contrariada de Fermín desemboca en un acto de violencia que adquiere las mismas dimensiones que posee la energía sexual acumulada en él. La traición de su esposa espiritual la cobra como una deuda eterna puesto que nada de lo que idee Ana podrá reparar el daño. Sin embargo, la Regenta hace un último intento de reconciliación que Fermín rechaza al dar "un paso de asesino hacia la Regenta, que horrorizada retrocedió hasta tropezar con la tarima … Cayó sentada … volvió a extender los brazos hacia Ana … dio otro paso adelante … y después, clavándose las uñas en el cuello dio media vuelta" (II, 597). En su acto agresor, el Magistral se convierte en soberano aplicando su ira a la Regenta haciéndola caer a sus pies para desterrarla de su vida y "reino" sin posibilidad de perdón y mucho menos de renegociación.

Por otro lado, el que Fermín acabe autodirigiéndose el acto agresivo evidencia su sentimiento de culpa por haber sacrificado en su venganza a Víctor, víctima colateral y al mismo tiempo desencadenante de la creación de la alianza masoquista de su mujer. Fermín absorbe el fracaso de la educación guiada desde una posición masoquista tanto por exceso como por defecto. La puesta en escena muestra el carácter de verdugo sádico de Fermín, cuyas ansias de poder borran los designios educativos masoquistas ejerciendo la violencia más cruenta sobre quien soterradamente trató de manipularlo durante el idilio amoroso. Pero Fermín también acoge el fracaso del verdugo desertor, puesto que abandona su papel de dominador por haberle resultado demasiado cruenta para su conciencia la muerte de Quintanar, y renuncia tanto al ilusorio poder que le brinda la masoquista, como a la misma masoquista que lo dominó.[18]

Todo ello da cuenta de cómo el masoquismo transgresor desmonta el discurso moderno en torno al compañerismo conyugal que no se sostiene en la igualdad de los sujetos, sino en una sumisión voluntaria que enmarca la nueva reformulación de antiguas estrategias esclavistas. La organización del rito masoquista supone entonces una vía de concienciación sobre el carácter perverso que alberga el concepto de una sumisión voluntaria, pues esta exige depositar la voluntad propia en la ajena y también la entrega de toda posibilidad de reinvención del sujeto. El fracaso de la puesta en escena del rito masoquista, reclama desde la negación del yo construido socialmente la responsabilidad de cada sujeto para reposicionarse dentro del constructo social con el que no está conforme. Si bien el masoquismo plantea la educación como punto clave en la construcción del sujeto moderno, la puesta en escena advierte de los fallos de una empresa pedagógica sobre la que se reproducen viejos esquemas jerárquicos, mientras se hace visible la falta de procesamiento de nuevas propuestas de renegociación de condiciones que exige el estado moderno.

Pese a ello, la puesta en escena masoquista, como mecanismo de disposición de pruebas dolorosas, es crucial en la transformación del sujeto; pues abre un espacio para la reflexión de lo que se concibe como dolor heroico y que en cambio se sufre de manera gratuita. Así pues, esta vía de reconfiguración personal no reporta los beneficios prometidos en el ideal, debido a que el placer del masoquista queda eternamente relegado. La puesta en escena resalta la formación de los organismos dominantes que se apropian de todas las ganancias, traicionando la renegociación de poderes. Esto insta a sacar provecho del dolor y a buscar nuevas vías de realización personal, donde el sujeto defienda su voluntad y capacidad creativa para obtener el reconocimiento deseado dentro de las políticas de renegociación que implica la modernidad. La dinámica masoquista, en este sentido, transgrede las políticas de sumisión voluntaria, reforzándolas al máximo para exponer su ineficacia en la consecución de un fin placentero. De ahí que si no se convierte en verdugo, el masoquismo pueda ser un gran maestro.

Capítulo cuatro

El imperio masoquista
en la madre iglesia

El espacio de reflexión que abre el masoquismo en la alianza de
Ana y Fermín se completa en la novela por medio de la relación
que doña Paula mantiene con Fermín, con el Obispo Fortunato
Caimorán y con Vetusta en general. Frente a la fantasía del idilio
masoquista en búsqueda de sensaciones eróticas de goce espíritu-
idealista, la pasión avarienta que mueve a esta figura fálica materna
supone la sustitución de todo valor espiritual por valor económico.
La pasión de doña Paula la lleva a esclavizar a aquellos ante los
que se presenta como ente protector con autoridad absoluta en
el imperio masoquista que estratégicamente crea. Su personaje
evoca un poder soterrado que calca las bases de concentración
de poder de antiguos señoríos jurisdiccionales posicionados por
encima de los territoriales para administrar justicia, mantener el
orden y controlar la administración de un imperio en el que ahora
convergen el sistema feudal y el capitalista.

A su vez, esta concentración de poder remite al poder de la
Providencia, usurpado en la novela por doña Paula cuando se
convierte en ama del gobierno eclesiástico. La inversión genérica
en la cúspide eclesiástica parodia la imagen de una institución
que defiende el poder absoluto de Dios y la infalibilidad de la
religión católica en materias de fe imponiendo sobre la ley divina
la materna de carácter inquisitivo, vigilante y fustigador con
aquellos que la desafían. La madre del Magistral, en su representación de Madre Iglesia, opera como una fuerza centrípeta que
erige su potestad sobre el desplazamiento de la doctrina religiosa
y de la voluntad del padre, la manipulación del hijo y el dominio
administrativo de un imperio en decadencia donde pretende
seguir manteniendo el orden, la represión y el castigo.

A diferencia de la erotizada figura materna que a raíz de
obras como *Confesiones* de Rousseau y *La Venus de las pieles*

131

de Sacher-Masoch ha sido tratada en el masoquismo, Paula sigue el retrato de madre no-erotizada presente en otras obras de Sacher-Masoch, como *El amor de Platón*. De hecho, la atención crítica prestada a la figura materna en relación al castigo y a la fantasía erótica (Deleuze, *Presentación*; Johnson; Lohmüller; Musser, "Reading") ha dejado en la sombra a la madre no-erotizada del masoquismo. Los pasajes descritos en *Confesiones* de Rousseau y *La Venus de las pieles*, donde los protagonistas se quedan fascinados ante la sensual figura materna que viene a imponer orden y castigo, ha llevado a la crítica no solo a establecer una correlación entre los distintos tipos de mujer de la obra de Sacher-Masoch y los distintos tipos de madre, sino también a difundir la trasferencia del poder en base al género, esto es, el poder materno trasladado a la mujer *dominatrix*.[1] Sorprendentemente, la constante presencia de la madre no-erotizada en *El amor de Platón*, cuya asexualización y difusa imagen genérica también viene marcada por unos rasgos masculinos que comparten fisionomía con los femeninos, ha pasado inadvertida. Su presencia como receptora de las cartas que le hace llegar su hijo en este relato epistolar a lo largo de toda la novela, contrapuesta al reducido espacio que se le presta en otras obras de Sacher-Masoch, hace notoria la centralidad que ocupa la figura materna en *El amor de Platón* y en relación al resto de la obra de Sacher-Masoch. La madre no-erotizada aparece como una contrincante de poder femenino y por tanto no transfiere su dominio a ninguna figura concebida como opositora, independientemente de su género. Por consiguiente, creo necesario desvincularse de esa transferencia deleuziana referente al poder materno para considerar también el modelo basado en la madre no-erotizada, que asimismo encontramos en *La Regenta*.

Propongo entonces la ruptura entre el modelo de la madre no-erotizada del mundo masoquista, que paso a denominar *imperatrix* —pues impera soberanamente hasta el final de la novela aplicando un método impositivo de enseñanza en el que no se deja guiar ni por las fantasías de su hijo, ni por sus deseos de independencia—, y el modelo de *dominatrix*, expuesto sesgadamente a los designios del masoquista. Aparte del erotismo que siempre caracteriza a la figura *dominatrix* frente a la *imperatrix* y sus diferentes relaciones de dominio sobre el masoquista, conviene no olvidar la cuestión de género. Como he explicado anteriormente, pese a que gran parte de la crítica ha centrado su atención en el modelo *dominatrix* como figura femenina, este rol, al igual que el del masoquista, se presenta en ambos géneros y por tanto no siempre aparece vinculado a la mujer sino también al hombre; no así la *imperatrix*, que acredita su autoridad en el seno que brinda vida, creando una deuda eterna, y distanciándose por completo de una relación bilateral de dominio descompensado, como sucede entre la *dominatrix* y el masoquista. La madre concentra todo el poder y percibe como contrincante a cualquier otra figura que pretenda ejercerlo en su imperio, con lo cual ni lo reparte, ni lo transfiere.

Ahora bien, la diferencia más notable entre estas dos figuras radica en el éxito de la *imperatrix* frente al fracaso de la *dominatrix*. La madre sale victoriosa en su autoridad, ya que sus hijos retornan a ella para pedirle consejos y seguir bebiendo de sus enseñanzas. Al contrario, el modelo *dominatrix* fracasa en la empresa educativa que el personaje masoquista con sutileza le impone, pecando o bien por defecto o por exceso. En este sentido, la que Deleuze, bajo una visión heteronormativa, vislumbra como mujer ideal del masoquismo, aquella que aplica las enseñanzas exigidas por el masoquista en su justa medida, vive únicamente en la esfera de la creencia de un ideal irrealizable. Por otro lado, la *imperatrix* ejerce un juicio sentenciador que la acerca al ámbito de la confesión periódica debido al continuo reporte/confesión de sus hijos. Las sucesivas confesiones epistolares que el protagonista de *El amor de Platón* le envía a su madre para que esta sepa y juzgue su proceder dentro de los encuentros amorosos que él le relata, requieren el veredicto materno sobre los actos del hijo: "[H]as de saber todo lo que me suceda y mis más íntimos pensamientos y cada sentimiento, aún aquellos que puedan producir vergüenza. Todo he de contarte, aunque peque de ser demasiado detallista … Y tú me vas a decir siempre, como me decías en casa, si he obrado de modo irracional o si he tenido razón en comportarme como lo haya hecho" (23). La figura de la madre se instaura consecuentemente en la esfera de la razón y el enjuiciamiento. Su instrucción, lejos de la educación capoteada y persuasiva empleada en el idilio masoquista para moldear al alma gemela, se presenta de modo autoritario y absoluto. En el cierre de la novela, la madre juzga el comportamiento del hijo con dos conclusiones: la primera ratifica el debilitamiento que supone el amor de pareja, donde no hay más que decepciones, dolores y heridas causadas por múltiples traiciones; y en la segunda, determina que el amor espiritual es inverso a la posesión (105). En contraposición al idilio amoroso, el lazo filial entre madre e hijos se contempla como fiel, refugio donde hallar fuerza, razón y protección. La relación madre-hijo del mundo masoquista se traslada dentro de la crítica anticlerical española expresada en *La Regenta* al poder que la Santa Madre Iglesia ejerce sobre sus fieles hijos mediante la articulación de un dispositivo familiar que denomino masoquismo filial.

Por masoquismo filial concibo un masoquismo originado en el imposible desligamiento, por parte del hijo o de la hija, del lazo autoritario que la madre impone en la niñez. La falta de ruptura deriva en una sumisión infinita a los designios de la madre, desde la cual los hijos cuestionan su propia voluntad para someterla al juicio materno.[2] Aun así, en ellos emanan deseos prohibidos que revelan su sentimiento de castración. La tentación desatada por estos deseos origina el sentimiento de culpa ante el posible desacato a la ley materna. Los hijos conservan para siempre el temor infantil hacia la madre y se identifican como víctimas sufrientes. Perciben como maltratos y humillaciones las diversas privaciones y renunciamientos voluntarios que la madre les exige. La tentación surgida ante estos deseos prohibidos despierta en ellos una ansiedad filial que podrá ser aliviada mediante la confesión a la figura materna o por el castigo impuesto por ella.

Ahora bien, el masoquismo filial en el contexto español difiere del propuesto por Sacher-Masoch en el grado de independencia que la madre otorga, pues en el ámbito peninsular es mucho más restringida. Esta reducción afecta proporcionalmente al acto confesional dentro de la estructura materna, donde se busca el consuelo temiendo al castigo. Se produce entonces el temor a la confesión de los hechos más tormentosos que acaban siendo silenciados y relegados a la falta de consuelo, mortificando al masoquista, que en su transgresión busca otras vías de castigo autoimpuesto para paliar el vacío del consuelo materno.

La madre no-erotizada del mundo masoquista supone una burla al discurso eugenésico que atribuye al rol materno el auto-sacrificio y la abnegación, la educación disciplinada y el encauzamiento de los hijos hacia una vida productiva. El masoquismo desliza el concepto de autosacrificio materno hacia la deposición del padre, expulsado del mundo masoquista como bien advierte Deleuze (*Presentación* 64). La madre sacrifica al padre, quien no representa una gran pérdida para ella porque, como señala Le Brun en su prólogo a *El amor de Platón,* el padre ni la hace feliz (5), ni educa a sus hijos productivamente. El alienante amor materno se erige de modo racional, impositivo, asexualizado, productivo y omnipotente. En contraposición, el amor paterno del masoquismo se caracteriza por su debilidad y falta de productividad. La transmisión de la enseñanza que en España se confía a la Iglesia reproduce viejas y tiránicas formas de poder que perpetúan el *status quo* y castran el impulso liberador planteado en la construcción del sujeto moderno.

Dado su paródico carácter omnipotente, la *imperatrix* se integra en la tendencia decimonónica del "endiosamiento de la madre" que para Noble, "Becomes the primary signifier of plenitude, wholeness, and nurture" (75). La investigadora indica que la asociación de la diosa maternal del masoquismo con la esfera de la domesticidad sacra provoca un colapso en la distinción entre la misión sagrada de trascendencia religiosa y la de la unión doméstica ya que la búsqueda de la esposa en términos de unión doméstica se concibe en torno a lo sagrado, mientras que la búsqueda de Dios se hace en términos maternos (67). A propósito, cabe recordar el argumento que Valis sostiene en *Sacred Realism* donde la hispanófila muestra cómo y pese a la creída secularización del género narrativo en este periodo, en España la narrativa deviene en un artefacto notificador de la crisis religiosa del momento. De hecho, la figura de la madre endiosada en *La Regenta* ocupa un lugar central dentro de esta crisis en la que la madre responde también al ansia de poder absolutista de la religión católica promulgado por algunos apologistas del Catolicismo.

La España decimonónica acentúa, dentro de la esfera política y religiosa, una apología del Catolicismo destinada a sentar los pilares de una religión que tiende hacia el poder absoluto. En esta línea se hallan figuras como la de Jaime Balmes y el integrista Juan Donoso Cortés, cuyas ideas revelan el intento de la institución eclesiástica por hacerse con el control de los pensamientos y comportamientos de sus fieles, a través de la anulación de sus libres albedríos. Donoso Cortés, en su *Ensayo sobre el Catolicismo, el liberalismo y el socialismo*, arguye: "[L]a facultad de escoger otorgada al hombre, lejos de ser la condición necesaria, es el peligro de libertad, puesto que en ella está la posibilidad de apartarse del bien y de caer en el error; de renunciar a la obediencia debida a Dios, y de caer en manos del tirano. Todos los esfuerzos del hombre deben dirigirse a dejar en ocio esa facultad" (75). Partiendo de esta apología sobre la anulación voluntaria del libre albedrío, la institución eclesiástica se acoge a los diez mandamientos que Dios entrega a Moisés para asentar encima de ellos los preceptos de la Iglesia Católica. De esta forma, los dogmas proyectan el carácter de ley divina que el fiel ha de cumplir para no apartarse del camino hacia el Señor, incluso si este ofrece la capacidad del libre albedrío.

Asimismo, se fragua la imagen de una sociedad cuyo orden es mantenido por la Iglesia Católica. En palabras de Donoso Cortés, se procura forjar una sociedad bajo el imperio de la Iglesia Católica (29). El autor del ensayo sobre el Catolicismo, confiere a la idea de autoridad un origen católico. A lo largo de su libro, indica que el Catolicismo vino a establecer el orden en el mundo caótico que surgió del pecado original. Estos postulados influyen notablemente en la política religiosa del Papa Pío IX (1846–78), como lo constata al redactar el "Sílabo de errores de nuestro tiempo," y en las celebraciones del I Concilio Ecuménico del Vaticano (1869–70), donde se sostiene el dogma de infalibilidad pontificia en materias de fe que aparece trazado en *La Regenta*.

El reclamo de este dogma levantó a su vez varias críticas a una iglesia que veía mermada su fuerza mediante el auge de nuevas filosofías y movimientos artísticos y literarios que delineaban en sus obras de corte anticlerical un latente deseo de secularismo. Con todo, tal y como precisa José María Laso Prieto en "La religión en la obra cumbre de Leopoldo Alas," pese a que *La Regenta* fue redactada y publicada durante el pontificado de León XIII (1878–1903) —Papa que quiso alejarse de la política establecida por Pío IX— España seguía bajo el influjo ultrarreaccionario de Pío IX (42).[3] Por tanto, la Iglesia continuaba ostentando el espíritu de dominación ante sus seguidores, que debían aceptar de forma obediente los mandatos que se les asignaban, puesto que en ella se encontraba, según el "Sílabo" de Pío IX, la "Verdadera Religión."[4] Este absolutismo descansa en la idea de que la Iglesia Católica se manifiesta como la esposa de Dios, y como tal, su esposo delega en ella la educación de sus fieles hijos, a quienes la Santa Madre debe guiar hacia el camino trazado por Dios Padre. Así expresa este razonamiento Donoso Cortés cuando afirma: "la autoridad altísima, infalible, fundada para la eternidad, y en quien se agrada Dios eternamente, es la santa Iglesia católica, apostólica y romana, cuerpo místico del señor, esposa dichosa del Verbo, que enseña al mundo lo que aprende de boca del Espíritu Santo" (30). Las aseveraciones del tradicionalista se asientan en la noción de la familia propuesta en el Libro de San Pedro, cuya alegoría le sirve para identificar a Dios Padre con el esposo de la Iglesia y, en consecuencia, a la Iglesia no solo como esposa de Dios, sino como madre de los fieles. En estos términos, la Iglesia se configura bajo una entidad femenina que se erige para dictaminar las leyes que se han de seguir.

La diferencia entre la alegoría familiar del masoquismo y del Catolicismo radica principalmente en la figura del padre. Deleuze nota cómo la expulsión del padre en la alegoría familiar del masoquismo da lugar al orden ginocrático (*Presentación* 56), mientras que en el Catolicismo el padre persiste como la del Todopoderoso. Ahora bien, de acuerdo con Yvan Lissorgues, la novela de Clarín muestra a un Dios ausente, a pesar de que Vetusta vive alrededor de su culto. La vida religiosa del rito es puramente exterior, rutinaria e inconsciente, y en última instancia está hueca de espiritualidad ("Ética" 22).[5] Alas recrea alrededor del universo de *La Regenta* un mundo desprovisto de los designios de Dios, donde el imperio eclesiástico emplea el símbolo de la Iglesia para ejecutar el poder según su conveniencia, lejos de los valores como la bondad o la tolerancia. El armazón familiar eclesiástico de *La Regenta* opera de acuerdo al del mundo masoquista, donde la figura paterna acaba siendo desplazada por una madre que expulsa a su esposo del imperio ginocrático que ella funda.

Clarín expone así la otra cara de una iglesia que, como bien argumenta Nerea Aresti Esteban, se sostiene en la feminización de la religión. De acuerdo con Aresti Esteban, en la segunda mitad del siglo XIX la religión pasó a ser vista como parte de un destino biológico, en el que las creencias religiosas eran consecuencia del organismo y la emancipación del pensamiento religioso pasaba a ser un privilegio masculino: "Urbano González Serrano supo extraer la consecuencia lógica de este organicismo aplicado a materias religiosas. El autor se apoyó en Ferrero para defender que la mayor religiosidad de las mujeres no se debía a la educación 'sino a algo más fundamental, a su propia naturaleza' y, en concreto, a su supuestamente natural pasividad" (388). La novela de Clarín subvierte la docilidad y pasividad en la que se basa esta idea mediante la proyección de una inversión de roles genéricos dentro de la jerarquía de poderes que sustenta la Iglesia en España, colocando en la cúspide del poder religioso a una mujer, doña Paula. De manera similar a la madre de *El amor de Platón*, donde la progenitora es retratada a la vez con rasgos de hombre y mujer, y en consonancia con el movimiento naturalista, la descripción física y gestual de doña Paula refleja su composición psíquica, su interior, alejándose de las atribuciones con las que se delinea comúnmente a las figuras femeninas:

> Debajo de un pañuelo de seda negro que cubría su cabeza, atado a la barba, asomaban trenzas fuertes de un gris sucio y lustroso; la frente era estrecha y huesuda, pálida, como todo el rostro; los ojos de un azul muy claro, no tenían más expresión que la semejanza de un contacto frío, eran ojos mudos; por ellos nadie sabría nada de aquella mujer. Parecía doña Paula, por traje y rostro, una amortajada. (I, 497)

La masculinización de este personaje, plasmada en su barba y una espalda de mayor robustez que la de su hijo, se refuerza con la dureza de sus rasgos faciales a través de una cara cortada a hachazos. Conjuntamente, la referencia a colores como el negro y el gris sucio apuntan a un poder oculto, conseguido de forma sucia, deshonesta. La oscuridad con la que se envuelve destaca la palidez de su rostro y el azul claro de sus ojos. Ambos tonos remiten a la frialdad de un carácter inexpresivo pero, sobre todo, dan a conocer uno de los rasgos que mejor definen a este personaje, su silencio. La descripción de la madre de Fermín casa con la de la madre del mundo masoquista. Ambas se caracterizan tanto por su autoritarismo, robustez, fortaleza y frialdad, como por una actitud a la vez "oral y muda" (Deleuze, *Presentación* 61). Esto es, su autoridad se impone a través de varios actos de comunicación que remiten al verbal —oral— y al no verbal, a través del silencio, de la gestualidad y de las acciones.

En una de las ocasiones en las que doña Paula intimida a Fermín y le obliga a leer delante de ella la primera carta que Ana le envía como penitente, ella adopta una superioridad apoyada en su actitud viril: "se sentó en el borde de una silla, apoyó los codos sobre la mesa, que era de las llamadas de ministro, y emprendió la difícil tarea de envolver un cigarro de papel, gordo como un dedo. Doña Paula fumaba; pero desde que 'eran de la catedral' fumaba en secreto" (I, 498). La carga fálica impresa en el cigarro liado sobre la mesa de ministro otorga a la figura materna el mando. Siguiendo la coherencia narrativa con la que Clarín diseña a los personajes que fuman en esta novela, y como bien lo demuestran los personajes fundadores del casino, el acto de fumar se emplea en muchos casos como recurso comunicativo. Se fuma para hacer gala de una autoridad antes de exponer una opinión, a la que se le da peso con el humo del cigarro.[6] En contraposición a los miembros del casino que utilizan el cigarro con el fin de mostrar su poder en lugares públicos, doña Paula debe restringirse al espacio privado de su casa. De lo contrario, su acción se manifestaría de modo subversivo y su hegemonía quedaría al descubierto, expuesta a la amenaza que evita ejerciendo su control soterradamente.

Por otra parte, Nimetz ya ha advertido que en *La Regenta* existe "una alianza tácita entre la mujer [madre] y la iglesia, por la cual los niños varones comparten usualmente un matriarcado dual … [De Pas] Al enamorarse de Ana, traiciona simultáneamente a la iglesia y a su madre" (195). Doña Paula intenta evitar a toda costa que esta traición mental de su hijo se materialice. Para ello recurre a los beneficios monetarios que tanto ella como la Iglesia le han reportado a Fermín. Le recuerda lo bien que siempre le ha ido dejándose guiar por ella: "¿te fue bien toda la vida dejándote guiar por tu madre en estas cosas miserables de tejas abajo? … ¿Te saqué yo o no de la pobreza? … —¡Sí, madre mía, sí! … Fermo, si siempre ha sido así, ¿por qué te me tuerces? ¿Por qué te me escapas?" (I, 635). También cuando Fermín era joven, buscaba en la unión con la Madre Iglesia el beneficio económico: "el seminario, la sotana, que era la toga del hombre libre, la que le podría arrancar de la esclavitud a la que se vería condenado" (I, 643). Así pues, ante la afirmación de Nimetz: "[e]n una iglesia tan dominada por los intereses mundanos la ley del celibato es un anacronismo" (199) se debe considerar de qué manera la Iglesia nutre la moral utilitaria de Paula, seguida por Fermín, ya que refleja la preservación de la herencia en sus tres sentidos, genético, ambiental y económico. Doña Paula custodia su principal interés: el económico. De este modo, su codicia está a buen recaudo pues sabe que todos los frutos que su hijo recoja gracias a la Iglesia irán a parar a sus manos, siempre y cuando siga recayendo en ella toda la concentración de poder:

> La madre de don Fermín creía en la omnipotencia de la mujer.
> Ella era buen ejemplo … "Pero a una mujer otra mujer" …

"Su hijo era joven todavía, podían seducírselo como ya otra vez habían intentado y acaso conseguido." Ella creía en la influencia de la mujer, pero no se fiaba de su virtud. "¡La Regenta, la Regenta! dicen que es una señora incapaz de pecar, pero ¿quién lo sabe?" Algo había oído de lo que se murmuraba. (I, 503–04)

A propósito de esta escena, Charnon-Deutsch señala que Paula reconoce el peligro que supone Ana ya que, a diferencia de otras mujeres, ella tiene reputación de ser virtuosa, una mujer superior. Por lo tanto, el mantener a su hijo alejado de Ana significa preservarlo en una perpetua niñez, en otras palabras, conservarlo para ella por siempre (*Gender* 88). En efecto, Paula no está dispuesta a que el poder que su hijo le reporta sea transferido a ninguna otra mujer y utiliza el dogma del celibato para atar a su hijo eternamente a ella. Como resultado, la trasposición del sentido de familia se propone bajo una religiosidad ilusoria. La madre endiosada ampara a su hijo mediante la imposición de un estado de sumisión filial que nada tiene que ver con la salvaguarda de la fe, sino con la alienación y la obediencia a la institución educativa que rige el imperio de la Madre Iglesia. Sobre ella, la figura femenina se alza como *imperatrix* con ansias de poder absoluto, ocupando uno de los lugares que conforman el sentido discursivo del masoquismo en España en la concentración de poderes que Paula logra, entre otras formas, sirviéndose de su hijo.

Tal y como advierten Tsuchiya y Stewart respectivamente, Clarín emplea, al igual que sus coetáneos nacionales e internacionales, la novela como espacio para expresar las fantasías de la cultura dominante, sus ansiedades, sus deseos y sus miedos sobre el género femenino, feminizando incluso actos e identidades que se salen de la norma (*Marginal* 214). Doña Paula se convierte en símbolo de una sórdida institución eclesiástica, madre castradora que instaura en el gobierno representante de la espiritualidad del reino de los cielos, el reino mineral, es decir, el materialismo relacionado con el infierno.

La asociación del apellido de Paula, Raíces, con la tierra y la mina (Valis, *The Decadent* 43) la vincula con otra figura materna, la madre tierra, donde se atesoran los bienes materiales. El retrato que Clarín ofrece de Paula invierte la estructura del poder planteando la codiciosa dirección de la institución representante del reino de los cielos mediante la procedencia subterránea de su dirigente, que emerge demoniacamente de las entrañas de la tierra para imponer su ley sobre el reino de los cielos. Clarín presenta la ascensión social de Paula conforme a la herencia del medio. Paula es hija de un miserable labrador que gasta el poco dinero que gana en la taberna y en el juego, desde pequeña observa la miseria de una casa donde falta el pan. En seguida se percata de que el dinero proviene de las entrañas de la tierra, de donde salen los mineros manejando plata entre sus sucios dedos. Partiendo de un origen humilde y una posición totalmente baja en la disposición jerárquico-social de la pirámide del poder, Paula "fue aprendiendo lo que valía el dinero, por la gran pena con que los suyos lo lloraban ausente" (I, 636). Desde niña es "la reina de la codicia … la codicia la hizo mujer antes de tiempo; tenía una seriedad prematura, un juicio firme y frío … hablaba poco y miraba mucho" (II, 636–37). Del juicio firme y frío, rasgos contrarios a la esencia natural de la mujer según las teorías esencialistas, saca provecho de la pena que rodea a su familia para lanzarse a la vía de ascenso dentro de la pirámide social. A los nueve años sisa dinero a su padre para esconderlo en un agujero del corral, creando su pequeña mina. Años más tarde, observa que la institución eclesiástica reporta más dinero que las minas a base de menos esfuerzo, por lo que comienza a frecuentar la iglesia hasta hacerse pasar por santa y ser el ama de llaves del viejo cura de Matarelejo:

> El cura habló a la chicuela, y aseguró a Rita que [Paula] era una Teresa de Jesús en ciernes. En una enfermedad del ama, el párroco pidió a Raíces su hija para reemplazar a Rita en un servicio. Rita sanó, pero Paula no salió de la Rectoral. Se acabó el ir y venir con el cesto de tierra. Se vistió de negro y por amor a Dios se olvidó de sus padres. A los dos años, la señora Rita salía de la casa del párroco enseñando los puños a Paula y llevándose en un cofre sus ahorros de veinte años. (I, 637)

Se presentan aquí dos maneras distintas de percibir la religión según la clase social y los intereses de los distintos personajes (Valis, *Sacred* 13).[7] Para Paula, su vinculación al icono nacional de Santa Teresa supone el primer eslabón en su camino de ascenso al poder. Su pasional avaricia, reflejada en su anhelo de volar sobre la miseria con alas de oro (I, 637), se contrapone a la pasión pseudo-mística y masoquista de Ana, cuyas ansias de volar vienen dadas por el deseo de salirse de las estrechas paredes del caserón de los Ozores, que oprimen sus impulsos de realización del personal, sus ansias universales de sentir con más fuerza (II, 132). Además, el fragmento ofrece una explicación al temor de Paula a ser sustituida por Ana, como ella misma sustituyó a Rita en su servicio de ama de llaves del párroco. El tono irónico del narrador sobre el olvido de los padres por el amor a Dios, apunta también a la facilidad con la que Paula destierra a las figuras paternas de sus dominios.[8]

Por otra parte, la mirada de Paula representa un mecanismo imprescindible en su ascensión a la cúpula del poder. Su mirada no es detectada por la mayoría de la sociedad, lo que le permite una extraordinaria movilidad para llegar a todos los recodos de Vetusta. Su casa deviene en un centro operativo y disciplinario desde donde controla tanto lo que sucede en su interior, como fuera. Su concentración de poder se sostiene en el saber y, tal y como Foucault indica, poder y saber se presentan como elementos correlativos en la formación de un sistema disciplinario, planteado mediante el ejemplo clásico del panóptico (*Vigilar* 198). En *La Regenta*, este aparato disciplinario se rige por una doble dirección en la mirada, desde abajo y desde arriba. La madre de Fermín forja lo que Foucault denomina un aparato disciplinario que permite a una sola mirada verlo todo permanentemente (*Vigilar* 178). Desde este espacio pone en funcionamiento su microfísica del poder mediante un dispositivo de vigilancia con el cual puede acceder a cualquier tipo de información. De esta manera, cuando el Magistral regresa a su casa después de haber pasado parte del día con la Regenta, su madre lo espera en las escaleras: "'[l]o sabe todo.' Pensó el Provisor" (I, 629). Fermín es consciente del control de información que su madre tiene dentro y fuera de casa, induciendo en él "un estado consciente y permanente de visibilidad que garantiza el funcionamiento automático del poder. Hace que la vigilancia sea permanente en sus efectos, incluso si es discontinua en su acción" (Foucault, *Vigilar* 202).

Paula posee una red de informantes sobre los que articula su ángulo de visión. Dirige varios focos de control diseminados en la sociedad vetustense, entre los que se encuentran: sus "familiares"; las beatas con las que se relaciona, ya que "tienen un pie en la iglesia y otro en el mundo; son las que lo saben todo, a veces aunque no haya nada" (I, 504); las sirvientas de carácter arribista, como Teresa en su casa y Úrsula en la del Obispo; y Campillo, apodado el Chato, "favorito de la madre del Provisor" (I, 479). Su predilección por el Chato reside en su capacidad de moverse por espacios sociales vetados a la presencia femenina: "[e]l Chato iba y venía, espiaba en todas partes, y dos o tres veces al día entraba en casa del Provisor a dar parte de las murmuraciones a su jefe, a doña Paula" (II, 222). La madre del Magistral emerge como figura omnipresente capaz de acceder a lugares a los que ella nunca acudió. Así, cuando Fermín está en el despacho que tiene en la Catedral, el narrador advierte que "[n]unca había puesto los pies allí doña Paula, pero su espíritu parecía presidir el mercado singular de la curia eclesiástica. Ella era el general invisible que dirigía aquellas cotidianas batallas; el Magistral era su instrumento inteligente" (I, 560). Y en última instancia, Paula tiene un "superior instinto; veía más que nadie en lo que interesaba al poderío de su hijo" (I, 505). Su abarcadora mirada resulta sin embargo problemática cuando percibe como única realidad posible la del interés, denotando la estrechez de miras de la que todo lo ve.

Para mantener su imperio en orden confecciona un cuerpo militar organizado dentro de una estructura familiar como un ejército perfecto. De hecho, la terminología a la que tanto ella como el narrador recurren para describir los componentes de su mecanismo disciplinario apunta en diversas ocasiones a un organismo militar. A su vez, este evoca paródicamente la dinámica coercitiva utilizada por los señoríos jurisdiccionales para hacer cumplir la ley y mantener el orden en los señoríos territoriales. Paula aparece por un lado como centinela de su casa, empleando una disciplina de bloqueo que remite a antiguas formas de organización de poder, y por otro lado como general invisible, sirviéndose de un mecanismo de adiestramiento basado en sutiles coerciones. La *imperatrix* tiene a su cargo lugartenientes, como Úrsula, que siguen sus ordenanzas y obedecen sus consignas. Pero además cuenta con una galería de rangos vinculados con la institución militar que indican su capacidad de gran estratega en el mantenimiento del orden. La imposición de orden y la continua vigilancia vuelve a asociar a la madre de Fermín con la madre Iglesia, pues cuando Fermín y Ana se dan cita en el cenador del jardín de los Ozores: "[l]a torre de la catedral, que espiaba a los interlocutores de la glorieta desde lejos, entre la niebla que empezaba a subir por aquel lado, dejó oír tres campanadas como un aviso. Le parecía que ya habían hablado bastante. Pero ellos no oyeron la señal de la torre que vigilaba" (II, 135). La torre centinela representa el ojo de la providencia que todo lo ve. Pero además, en algunas instancias se describe como un ente femenino con rasgos masculinos, es decir, tal y como es descrita Paula. A este propósito, Marta Ruiz de Garibay Olaechea y Beatriz Monreal Huegun advierten que:

> Las características que atribuye Clarín a la catedral se resaltan por contraposición a lo que no es. Y no es "una de esas torres cuya aguja se quiebra de sutil, más flacas que esbeltas, amaneradas como señoritas cursis que aprietan demasiado el corsé" ... Abandonando esta contra-descripción tan relacionada con el tópico femenino, Clarín casi concede rasgos de masculinidad a la torre. (676)

Si anteriormente establecí la relación entre la mirada, la bóveda de la catedral y Paula, cabe también considerar aquí los rasgos que Paula comparte con la torre, su dureza, frialdad y carácter arribista, trepador: "subía como fuerte castillo ... inimitable en sus medidas y proporciones. Como haz de músculos y nervios, la piedra enroscándose en la piedra trepaba a la altura" (I, 138). En ella se aúnan el régimen disciplinario y el concepto del ojo que todo lo ve. Es más, la torre de la catedral, al igual que en la construcción arquitectónica de Bentham que analiza Foucault, se sitúa en el centro de una construcción en forma de anillo que remite a la alianza establecida entre Fermín y su madre desde la cual se ejerce un poder visible e inverificable. Visible porque a Fermín le acompaña incesantemente la elevada silueta de la torre desde donde es observado, y desde donde él observa. Inverificable, porque pese a no saber en qué momento se le mira, está seguro de que se halla bajo el ojo de la Providencia materna.

Para engranar esta estructura, Paula se sirve de los tres grupos que conforman en la época decimonónica la cúpula del poder en las ciudades de provincia: la aristocracia, la burguesía, y el clero. Este dominio se apoya bien en el caduco esquema social procedente del feudalismo, bien en la adquisición monetaria que introduce el sistema capitalista, o bien en el estamento clerical, cuyas relaciones con los otros dos grupos determinan en gran medida su estabilidad como grupo social de poder. La interrelación de los grupos ofrece la permanencia de su dominio sobre los restantes niveles de la jerarquía social. A su vez, dentro de cada grupo existe una jerarquía interior determinada por el mayor o menor prestigio social y económico. Consciente de esta jerarquía, doña Paula se las ingenia para introducirse sesgadamente en el estamento eclesiástico desde el cual se concebirá como seno de una estructura familiar dispuesta por la *imperatrix* del masoquismo, imponiendo a su hijo una relación de masoquismo filial, mientras humilla o expulsa de su imperio a todas las figuras paternas, incluida la de Dios.

La autoridad, respeto y temor que infunde doña Paula se manifiesta desde su primera aparición: "Cuando Petra iba a atravesar el umbral, ocupó la puerta por completo una mujer tan alta casi como el Magistral y que parecía más ancha de hombros; tenía la figura cortada a hachazos. Era doña Paula" (I, 497). El narrador la sitúa como un obstáculo dentro de un punto muy estratégico de la casa, el umbral de la puerta, anunciando el inicio de una crisis filial. Mijail Bajtín señala este espacio como cronotopo cuyo "principal complemento es el de la crisis y la ruptura vital. La misma palabra 'umbral' ha adquirido en el lenguaje (junto con su sentido real) un sentido metafórico, y está asociada al momento de la ruptura en la vida, de la crisis, de la decisión que modifica la vida (o la falta de decisión al miedo a atravesar el umbral)" (399). Paula ocupa el umbral de su casa evitando el cruce. Ella otorga o no el paso. A Petra la deja pasar e irse. En cambio, a su hijo lo retiene negándole la salida para que proceda en su presencia a la lectura de la carta que la Regenta le envió.

La madre de Fermín mantiene el orden en su casa no solo bloqueando físicamente la salida, sino también psicológicamente y reclamando el conocimiento de todo cuanto sucede allí. De ahí que Sinclair observe "[h]er presence signals not only the heights to which she has elevated ... but the power relationship in which she is dominant" ("The Force" 185). La voluntad sumisa de Fermín ante los designios de su madre frustra su deseo de atravesar el umbral. Esta acción significaría enfrentarse a la figura materna y con ello romper el lazo de dependencia y total sumisión que ella ha creado. Como madre fálica y castradora se coloca como obstáculo en el umbral para evitar los brotes de deseo de independencia que asoman en Fermín.

El masoquismo filial en esta novela se relaciona con lo que en "El problema económico del masoquismo," Freud bautiza como masoquismo femenino en el género masculino. En su intento por reforzar las divisiones genéricas, el psicoanalista las problematiza cuando señala que la "esencia natural" del género femenino puede actuar en el masculino. Esta noción resulta útil para indagar en los miedos que generan el masoquismo filial de Fermín. Según el psicoanalista, el masoquismo femenino en el género masculino se produce cuando el hombre pierde su agencia sexual, bien a través de la idea de la pérdida funcional del pene, bien mediante la castración impuesta por la madre. A este respecto, Deleuze anota que en el caso del masoquismo:

> [L]a pulsión viril se encarna en el papel del hijo, mientras que la femenina se proyecta en el papel de la madre; pero, precisamente, ambas pulsiones constituyen una figura, por cuanto la feminidad es postulada como no carente de nada y la virilidad suspendida en la denegación (así como la ausencia de pene no es falta de falo, su presencia no es posesión de falo, al contrario). (*Presentación* 72)

El efecto fálico estriba entonces en la ejecución del poder y de acuerdo a lo que en "Un diálogo sobre el poder" argumenta Foucault en su conversación con Deleuze, nadie es titular del poder sino que este se profesa en una determinada dirección (31). Dentro de la representación de la dinámica masoquista de fin de siglo en España, esa dirección va más allá de una relación particular entre madre e hijo, pues extiende su trazo a la imagen de un imperio ginocrático, ostentado por la Iglesia en su dominio sobre sus diversas comunidades feligresas. Por ello, planteo la lectura de la relación filial entre Fermín y su madre como microcosmos de la relación filial masoquista que se trata de inculcar en la época y ante la cual reaccionaron los escritores españoles de fin de siglo.

En *La Regenta,* la madre de Fermín ejerce el poder y Fermín lo ejecuta según los designios maternos:

> Fermín era el instrumento de que ella, doña Paula, se valía para estrujar el Obispado. Fermín era la ambición, el ansia de dominar; su madre la codicia, el ansia de poseer. Doña Paula se figuraba la diócesis como un lagar de sidra de los que había en su aldea; su hijo era la fuerza, la viga y la pesa que exprimían el fruto, oprimiendo, cayendo poco a poco; ella era el tornillo que apretaba; por la espiga de acero de su voluntad iba resbalando la voluntad, para ella de cera, de su hijo. (I, 503)

De ahí que el poder sobre Vetusta del que Fermín de Pas alardea a lo largo de los diez primeros capítulos de la novela, así como el papel autoritario en su relación masoquista con Ana, se vean contrarrestados una vez que el lector se percata del tipo dominio que Paula ejerce sobre Fermín. "¡Él, que con los demás era un hombre que solía convertirse en león!" (I, 505), muestra su voluntad sometida a la de su madre. El capítulo XI brinda otra reveladora imagen de esta sujeción. En él, al clérigo se le dificulta escribir un discurso acerca del dogma de la infalibilidad pontificia mientras "[t]enía los pies envueltos en el mantón viejo de su madre" (I, 472).[9] El carácter de dominación y autoridad absoluta implicado en este dogma hace que a Fermín le resulte difícil escribir algo sobre esta apología del Catolicismo que reclama el carácter absoluto de la religión Católica como la "Verdadera." Su parálisis discursiva se debe principalmente a la sentencia *Prima salus est rectae fidei regulam custodire*, esto es, "la salvación estriba en guardar la regla de una fe estricta" (Oleza nota 14; *La Regenta* I, 484). Como el personaje percibe antes de ponerse a escribir este discurso y pensando en la creencia espiritual de Ana, su fe es estrictamente utilitarista. Pero su idea de salvación se propone desde el autoritarismo, aplastando en él sus otras reflexiones. La dificultad de escribir el discurso manifiesta su inconformismo con las imposiciones maternas que albergan toda la ejecución del poder. De ahí que Fermín transfiera la noción de infalibilidad a su propia persona para poder empezar a relatar su discurso "como si el infalible fuera él" (I, 485). No obstante, sus pies siguen enredados en el confortable mantón, impidiéndole su libre caminar al ejercer sobre él un estricto control que pretende ser infalible.

Los efectos de la potestad de doña Paula en Fermín pueden ser explicados mediante los postulados del psicoanalista Richard Irons cuando señala que los hombres que ya en una edad adulta se hallan sometidos al control de su madre, desarrollan un comportamiento neurótico que los lleva de víctimas a victimarios (126). Esta transferencia sucede después de la primera de las riñas que Fermín tiene con su madre sobre la Regenta. El Magistral sale de su casa "con el placer de un estudiante que se escapa de la férula de un dómine implacable" (I, 504) y se encamina hacia la de los Carraspique, "donde su imperio no tenía límites" (I, 521), pues en ese hogar es "el pontífice infalible" (I, 521). Una vez allí, somete a todos los habitantes de la casa con su doctrina pronunciada en "estilo terrorista" (I, 521). Con ello, Fermín goza del "placer fuerte, picante, del orgullo satisfecho; el dominio de las almas que allí ejercía en absoluto, le daba al amor propio una dulce complacencia" (I, 522). De tal manera, y ya antes de desvelar su despotismo con Ana, da muestras de su tiranía sobre otros feligreses que también le ayudan a compensar el complejo de inferioridad que siente en su hogar, al verse obligado a someter su dominio territorial al jurisdiccional de su madre.[10]

En su casa, doña Paula administra la justicia e impone las leyes, todo lo que ella disponga ha de considerarse como un dogma de infalibilidad a seguir: "la castidad de ella, que era viuda, y la de su hijo, que era sacerdote, se tenían por indiscutibles; eran de una evidencia absoluta; ni se podía hablar de tal cosa. 'Don Fermín continuaba siendo un niño que jamás crecería para la malicia.' Éste era un dogma en aquella casa" (I, 489). El hecho de que doña Paula propugne como dogma de evidencia absoluta la abstención sexual de su hijo denota por un lado la castración sexual de Fermín, y por otro, la falsedad de los dogmas ya que Fermín goza en su propia casa de los favores sexuales de Teresina, que hipócritamente administra doña Paula. Además, la identificación de Fermín con una figura infantil niega cualquier instancia de independencia de la ley materna. Dada la educación que la madre le proporciona a su hijo, este se ve guiado por la vanidad materna a ejercer el sacerdocio y por consiguiente, a jurar los votos del celibato. Su deseo sexual se halla así doblemente negado, primero, por la castración a la que su madre lo somete al atarlo eternamente a la figura infantil, y segundo, por unos votos eclesiásticos con los que Fermín renuncia a su libertad sexual.

En los juicios a los que somete a la que pretende convertirse en hermana del alma del Magistral, doña Paula emplea un lenguaje directo y claro, expresando de forma transparente lo que piensa: "[Doña Paula] sabía que le [a Fermín] lastimaba el alma, pero a su juicio era un dolor necesario" (I, 503). Las primeras palabras con las que tacha la conducta de la Regenta son las de *tonta y loca*. Ante la defensa que Fermín intenta hacer de Ana, doña Paula se burla "Vamos, que es una pagana que quiere convertirse" (I, 499). Frente al lenguaje elaborado con el que Fermín pretende dar peso a su defensa de Ana, se opone el de Paula, cuyo tono sarcástico le sirve para superponer su palabra a la de su hijo, el cual "calló. Con su madre no disputaba" (I, 499). De tal manera, el uso del lenguaje caracteriza a Paula como una mujer directa que, lejos de emplear la retórica envolvente y utilitarista de Fermín, aplasta la palabra de su hijo mediante el sarcasmo.[11] Incluso llega a insultar a la Regenta calificándola de gigantona, ante lo cual Fermín exclama: "—¡Señora! ¡Si la oyeran a usted! ... —¡Ta, ta, ta! Si me oyeran me callaría" (I, 634). Este lenguaje crítico y directo lo emplea únicamente en su casa y con su hijo. Fuera de su casa y en presencia de otras personas, doña Paula juega con el silencio para hacerse soslayadamente con el poder. Es consciente de que el uso de su palabra puede echar a perder su ambición. Por consiguiente, oculta el poder que ejerce sobre su hijo y, a través de él, sobre el resto de los vetustenses.

Desde su casa Paula ejerce el mando absoluto y se impone sin tapujos como la máxima figura de poder, en lo que Sinclair señala como una compañera subyugadora (*Dislocations* 183). De hecho, resulta significativo que Fermín, en las discusiones más fuertes con su madre, no solo recurra a la palabra *Señora*, sino también a "madre del alma" (I, 635), estableciendo sutilmente un lazo entre sus distintas relaciones de dominador/dominado mediante su parentesco con las almas. También su necesidad de consuelo vincula a las dos mujeres. Fermín busca consuelo a través de la confesión con Ana, pero reprime su deseo de confesarse con ella para no desvelar su verdad, es decir, el uso utilitarista que hace de la fe. En otra instancia, tras descubrir la infidelidad de su hermana del alma, Fermín busca consuelo en su madre del alma:

> [D]isimulando muy mal su dolor que era el más hondo, el más frío y sin consuelo que recordaba en su vida, salió De Pas de la sacristía, y anduvo por las naves de la catedral vacilante, sin saber encontrar la puerta. Ignoraba a dónde quería ir, le faltaba en absoluto la voluntad ... su soledad le horrorizaba ... tenía miedo del aire libre, quería un refugio, todo era enemigo. "Su madre, su madre del alma." Salió del templo, corrió, entró en su casa ... "Allí estaba el consuelo único posible, allí el regazo en que llorar ... allí la única compasión verdadera, allí el único contagio posible de la pena; ... Era una crueldad de su madre no adivinar los tormentos del hijo. Doña Paula le miraba como los demás, como la gente con que había tropezado en la calle, sin conocer que moría desesperado. ¡Y no podía él hablar!" (II, 384–85)

En contraposición a las confesiones escritas del protagonista de *El amor de Platón* de Sacher-Masoch, la situación en la que se encuentra Fermín y las advertencias que su madre le había hecho sobre la Regenta, hacen que le sea imposible pronunciarse. La confesión de sus actos se relega entonces al ámbito de lo inocuo, del comunicar unos actos sabiendo que no reportarán grandes penitencias mientras sean confesados. De tal manera, las grandes pasiones que esclavizan a Fermín, bien sea la masoquista o la de la avaricia, desean encontrar consuelo en una confesión que, sin embargo, aparece coartada, temida y, por tanto, silenciada. En consecuencia, si bien Ana no confiesa su deseo por Mesía, prefiriendo la angustia a la confesión del objeto de su deseo, Fermín tampoco libera su dolor mediante la confesión, que irónicamente le pasa desapercibido a la madre que todo lo ve.

El silencio cubre esta otra escena para castigar también a Fermín, aunque en ella se advierte el poder de visión que alcanza su madre:

> En lo alto de la escalera, en el descanso del primer piso, doña Paula, con una palmatoria en una mano y el cordel de la puerta de la calle en la otra, veía silenciosa, inmóvil, a su hijo subir lentamente con la cabeza inclinada, oculto el rostro por el sombrero de anchas alas ... Le había abierto ella misma, sin preguntar quién era, segura de que tenía que ser él. Ni una palabra al verle. El hijo subía y la madre no se movía, parecía dispuesta a estorbarle el paso, allí en medio, tiesa, como un fantasma negro, largo y anguloso ... [Fermín] Reparó que su madre traía parches untados con sebo sobre las sienes ... Cuando su madre callaba y se ponía parches de sebo, daba a entender que no podía estar más enfadada. (I, 629)

De mirada casi omnipresente, y de nuevo a modo de obstáculo, doña Paula aguarda la llegada de su hijo, al que ha estado esperando durante todo el día tras haberse enterado de que ha comido en casa de los Vegallana con la Regenta, que se ha subido en coche descubierto con ella y que la ha estado rondando. La escena desprende así una densa tensión dramática por medio de uno de los diálogos del silencio más enérgicos de toda la obra. El intenso silencio que emana de la escena entre frases entrecortadas se carga de preguntas suspendidas en los ojos de doña Paula, donde confluyen la mudez y la oralidad. A su vez, los parches de sebo se presentan como marcas discursivas que expresan la furia materna, anunciando también señales inequívocas de la violencia que ejecuta la madre. La madre se posiciona en lo alto de la escalera. Desde allí, a la luz de la palmatoria, proyecta con su falta de movimiento, su rigidez y frialdad. Está dispuesta a castigar a su hijo. Aun cuando "la ira con la que le aguarda, se expresa al principio por lo que no se dice, por su apariencia, modales" (Barroso 196), el cordel de la puerta de la calle que sostiene Paula en la mano resulta indicativo de la fustigación silenciosa que ejerce en la mente de su hijo. El cordel adquiere así un sentido de instrumento punitivo, aportando tensión a una escena cargada de violencia simbólica.

Fermín, situado en un plano inferior, con actitud sumisa y acobardada, inclina la cabeza, que se oculta entre sombras. Esta oscuridad subraya los restos de un pensamiento pasional que le ha acometido momentos antes de regresar a su casa: "¡Estoy loco! ¡Estoy borracho …! ¡Si mi madre me viera!" (I, 626). Su deseo libidinoso por Ana lo ha alejado de la razón y de la luz materna que lo ha guiado durante toda su vida. Fermín sube despacio hasta toparse con la figura deshumanizada, fantasmagórica de su madre. A propósito de este fragmento, Sinclair advierte que doña Paula "is perceived from a perspective of a child, towering above him, so that Fermín's perception of her is presented not as that of a man in his mid-thirties with considerable local importance, but as that of the child under an omnipotent mother's control" ("The Consuming" 184). El masoquismo filial invade la escena para mostrar la incapacidad de Fermín de romper con los lazos establecidos en su infancia. Su voluntad se achica, de ahí que tema y acepte con resignación el castigo impuesto por su madre.

Este control hace que Fermín se acuerde de su madre en el momento en el que reconoce haber desobedecido la ley que ella impone: "¡Había comido fuera de casa sin avisar! Doña Paula consideraba esta falta de disciplina doméstica como pecado de calibre" (I, 617). Ante la desobediencia de uno de los dogmas de su madre, el Magistral se acobarda y se percibe "with the sense of guilt and powerlessness a small child might feel in an unmediated relationship with her mother" (Sinclair, "The Consuming" 184). Por consiguiente, el Magistral, justo antes de dirigirse a su casa, no tiene valor suficiente para enfrentarse a su madre y reconoce "[a]quella esclavitud en la que vivía … contento, sí, contento, no le humillaba … pero no convenía que la conociese el mundo" (I, 616). Sin embargo, mantiene su carácter de víctima sufriente en secreto y ante los demás aparenta enfado y una postura de indignación contra su madre: "¡Mi madre … mi madre me trata como a un niño! … Pero esto es demasiado!" (II, 619), mientras se piensa confortablemente a salvo con la protección materna.

De hecho, el Magistral acepta estar bajo la férula de un dómine implacable cuando advierte en su madre a:

> [S]u tirano: un tirano consentido, amado, muy amado, pero formidable a veces. ¿Y cómo romper aquellas cadenas? A ella se lo debía todo. Sin la perseverancia de aquella mujer, sin su voluntad de acero que iba derecha a un fin rompiendo por todo ¿qué hubiera sido él? Un pastor en las montañas, o un cavador en las minas. Él valía más que todos, pero su madre valía más que él. El instinto de doña Paula era superior a todos los raciocinios. Sin ella hubiera sido él arrollado algunas veces en la lucha de la vida. Sobre todo, cuando sus pies se enredaban en redes sutiles que le tendía un enemigo, ¿quién le libraba de ellas? Su madre. Era su égida. Sí, ella primero que todo. Su despotismo era la salvación; aquel yugo, saludable. Además, una voz interior le decía que lo mejor de su alma era su cariño y su respeto filial. (I, 505)

El lector se percata de que el que pretende dominar a Vetusta es, a su vez, esclavo de los intereses maternos. De acuerdo a los parámetros de la madre del mundo masoquista en la relación con su hijo, pese al dominio y frialdad que doña Paula emplea con Fermín, este acepta su tiranía en el seno protector, reproduciendo las dinámicas de vasallaje feudal que él disfruta sobre Ana. Sin su madre se piensa perdido. Tras ser guiado a lo largo de toda su vida por doña Paula y considerarse incapaz de romper con el cordón umbilical que lo ata a una fe utilitarista, Fermín decide permanecer alimentando sus ansias de poder, guiado por su madre y sometiendo su voluntad a la de ella "ansiaba lo mismo que para él quería su madre" (I, 643). Esta alimentación sostenida resulta en una deuda que solo se puede pagar mediante una servidumbre imperecedera. Cualquier intento de ruptura con el lazo materno causa un sentimiento de culpa por impago de la deuda materna.

Fermín se da cuenta muy tarde de que bajo el matriarcado se esclaviza doblemente. Por un lado, su sustento económico es muy relativo, ya que su dinero no es realmente suyo sino de su madre: "¡Oh, si yo echase a volar mi dinero …! Pero mi dinero es de mi madre" (I, 487). Con lo cual, aunque posee dinero, no goza de independencia económica. Y, por otro lado, la sotana oprime emocionalmente su deseo sexual por Ana, expresado cuando en presencia de Ana "[e]l Magistral se sacudió dentro de la sotana, como entre cadenas, y descargó un puñetazo de Hércules sobre el testero del sofá" (II, 391). La impotencia y la rabia del Magistral quedan simbolizadas por un puñetazo cuyo sonido apaga su acatamiento al matriarcado dual en el testero del sofá. Ahora bien, estas cadenas aparecen reforzadas por las que Fermín se autoimpone, su orgullo, su presunción, su codicia y su ira, que lo hacen "esclavo de sus pasiones humanas" (Vidal Tibbits 269). No obstante, Fermín nunca manifiesta un deseo firme de entrega a Ana, como alma hermana, pues esto resultaría doblemente contraproducente en sus ansias de conquista y dominio. Primero, porque supondría la pérdida de soberanía en el territorio conyugal que él reclama. Y segundo, porque desharía el nudo de fidelidad vasallática rendida a la madre del alma, que impera triunfantemente en el fomento del poder.

El ansia de poder conforma a la figura materna que educa a su hijo en esta misma dirección. La entrada de Paula en el Rectoral marca la senda de objetivos que en su función de ama de llaves se propone: convertirse en Ama y Señora del orden masculino que lo dirige. Para lograrlo, aplasta y expulsa de él a otras figuras femeninas que puedan resultarle competidoras en su dominio, como por ejemplo Rita. También, aprovecha los impulsos sexuales masculinos para abrirse camino en su ascenso hacia la cúpula del poder eclesiástico, mientras deja a su paso múltiples víctimas. La primera víctima masculina es el párroco de Matalerejo, un joven cura que sustituye al viejo párroco que le había dado el primer trabajo a Paula dentro del Rectoral. A sus treinta años, el cura sufre un ataque de deseo sexual que trata de satisfacer con el ama de llaves, la cual emplea el intento de violación para imponerse como soberana implacable: "Paula fue el tirano del cura desde aquella noche sin mengua de su honor. Un momento de flaqueza en la soledad le costó al párroco, sin saciar el apetito, muchos años de esclavitud" (I, 638).[12] Paula chantajea al párroco para prevenir cualquier desacato a la voluntad que ella pasa a imponer. Saca provecho de su silencio, empleando un discurso donde el saber, junto al no-decir, le otorgan el dominio absoluto. Como postula Charnon-Deutsch, este personaje se hace con el poder:

> [T]hrough the use of speech but not exactly by *speaking up*
> … She possesses knowledge about others that could upset the
> order of their existence (ruin careers and reputations). She gains

> power then, by exacting a bribe in order not to speak what men
> would keep silent. Silencing her with favors is the only way
> for men to avoid too much knowledge about themselves from
> being spoken. ("Speech" 498)

Su mudez se expresa en términos económicos como moneda
de cambio para alcanzar una vida holgada, "[l]a transacción le
costó al clérigo humillarse hasta el polvo, una abdicación absoluta.
Vivieron en paz en adelante pero vio siempre en ella a su señor de
horca y cuchillo; tenía su honor en las manos; podía perderle" (I,
638). Su silencio funciona entonces como piedra angular de su
tiranía, ubicándola en la posición del verdugo capaz de perder o
salvar el honor del cura.

Si Paula vence en la lucha de su honor femenino al párroco de
Matalerejo, no lo hace con Francisco de Pas, licenciado de artillería
que frecuenta a Paula. Fermín es producto de una violación y
aunque Paula "[d]esde esa noche le cogió ojeriza [a Francisco de
Pas]" (I, 639), de acuerdo a Tomsich "pronto descubre la manera
de aprovechar la preñez induciendo al seductor, Francisco de Pas,
a cohechar al cura de Matalerejo … de quien De Pas había sospe-
chado que tuviera amores con su prometida Paula" (9). A partir
del momento en que se casa con De Pas y gracias al dinero del
cura de Matalerejo, el matrimonio se dedica a la venta de vino. No
obstante, y pese a que Paula maneja con gran diligencia el negocio,
su dominio en el terreno conyugal se desvanece, pues es incapaz
de combatir los vicios que comparte De Pas con el padre de Paula:
el alcohol y el juego. Las deudas de su esposo devuelven a la mujer
a las penurias de su infancia, hasta que madre e hijo reciben la
noticia de la muerte del padre de Fermín.

Esta ausencia paterna allana el camino en el ascenso en la escala
social de Paula y afianza más la relación entre madre e hijo dentro
de un sistema de deudas. Paula se sirve de la idea de sacrificio
personal para imponer una deuda de intereses eternos a su hijo,
convirtiéndolo no solamente en el vasallo de cuyas rentas se nutre,
sino también en objeto de su deseo de producción:

> Ella le había hecho hombre, a costa de sacrificios, de vergüenzas
> de que él no sabía ni la mitad, de vigilias, de sudores, de
> cálculos, de paciencia, de astucia, de energía y de pecados
> sórdidos; por consiguiente no pedía mucho si pedía intereses al
> resultado de sus esfuerzos … su hijo era de ella, debía cobrar los

réditos de su capital, y si la fábrica se paraba o se descomponía, podía reclamar daños y perjuicios, tenía derecho a exigir que Fermo continuase produciendo. (II, 636)

Paula acude al discurso capitalista para ponerlo al servicio de la relación vasallática feudal en la que posiciona a su hijo, negándole los derechos de libertad por la que clama el sujeto moderno. Para ella, su hijo ha de vivir por y para enriquecer el doble seno materno. De tal manera, si dentro de la matriz eclesiástica tiene que atender a las peticiones que su madre le hace, en el del hogar debe ayudarla a cosechar riquezas de forma deshonesta. Desde este espacio, ambos, madre e hijo, regresan a los fondos subterráneos, en los que doña Paula se mueve con familiaridad. En el bajo de su casa, Paula instala el negocio conocido como *La Cruz Roja*, nombre que remite a la salvación, y en donde realiza de manera ilegal la venta de artículos religiosos. Dado el vínculo de Fermín con la Iglesia, no le está permitido regentar de este tipo de negocios, puesto que a través de las relaciones inter-eclesiásticas pueden gozar de beneficios especiales. Doña Paula se sirve, precisamente, de estos beneficios para desarrollar su negocio suciamente, traficando con la religión y ofreciendo una competencia desleal que lleva al cierre de sus contrincantes. El carácter ilegal de este comercio hace que Paula descienda a "su mina de carbón," sirviéndose de otra de sus piezas en la instauración de su poder, Froilán Zapico. Paula emplea la información que tiene sobre Zapico para chantajearlo y manipularlo a su antojo. Tomando en cuenta los postulados que Nietzsche expresa en "La voluntad de poder," conviene recordar que el propósito del conocimiento se determina por la voluntad de dominar así como de apropiarse de la voluntad del ser dominado: "Froilán Zapico, el propietario de *La Cruz Roja* ante el público y el derecho mercantil. Froilán era un esclavo blanco de doña Paula; a ella se lo debía todo, hasta el no haber ido a presidio; le tenía agarrado, como ella decía, por todas partes y por eso le dejaba figurar como dueño del comercio, sin miedo de una traición. Le llamaba de tú y muchas veces animal y pillastre" (I, 651-52). De nuevo, la madre de Fermín emplea su conocimiento para imponer su voluntad mientras humilla a sus víctimas para gozar del control que mantiene sobre ellas.

En cambio, los sacrificios maternos que habían tenido lugar en la taberna que había regentado a la boca de una mina, implican la adquisición de unos beneficios sobre lo que a manos de su padre y esposo había supuesto su pérdida: el alcohol. Este estadio de su vida corre parejo al de la madre uterina del mundo masoquista que Deleuze recupera del libro de *El matriarcado* de Bachofen, también llamada madre de las cloacas, y caracterizada por aceptar prostituirse. Los clientes de Paula se describen como inmundicias del mundo subterráneo, sucios y con los ojos hinchados, imagen que los vincula con el mundo de las cloacas. La semejanza se estrecha todavía más con los deseos lujuriosos que tienen por robarle un beso a la que llaman *La Muerta*:

> Aunque ya no era joven, su cuerpo fuerte, su piel tersa y blanca, sus brazos fornidos, sus caderas exuberantes excitaban la lujuria de aquellos miserables que vivían en tinieblas. "*La Muerta* es un buen bocado" se decía en las minas … los ataques de lujuria animal solían ser a altas horas de la noche … No despedía al borracho, aunque conocía su propósito, porque mientras estaba allí hacía consumo, suprema aspiración de Paula. Y entonces empezaba la lucha. Ella se defendía en silencio … nunca vencían. A lo sumo un abrazo furtivo, un beso como un rasguño. (I, 644)

La escena de la taberna de Paula establece una fuerte analogía con la del beso del sapo, cuando el sucio Celedonio roba un beso de la desfallecida Ana bajo la mirada tenebrosa de la bóveda de la catedral, seno materno que, mediante la recreación de su sacrificio, se venga sádicamente de la tentadora masoquista.

Por otra parte, Ortega señala que Paula "se ha prostituido por el bienestar material de su hijo" (210), pero sobre todo lo ha hecho por el suyo propio. La madre de Fermín admite su degradación a cambio del beneficio económico que le reporta "aquel tráfico repugnante" (I, 645) que mantiene mientras Fermín estudia como seminarista en su cuarto, desconociendo el grado de sacrificio de su madre. Paula exige entonces a Fermín la deuda de interés eterno que la hará acceder a la cúpula del poder. Claro que tal y como indica Tomsich, ya antes de que Paula dé a luz empieza a utilizar a su hijo como pieza clave de su codicia aprovechando la preñez para sobornar al párroco de Matalerejo (9).

Pasados los años y en cuanto Fermín está preparado para entrar en un colegio religioso, Paula abandona su taberna para servir como ama de llaves a Don Fortunato Caimorán, párroco de la Virgen del Camino. El nombre del lugar connota las intenciones de Paula, pues Don Fortunato Caimorán prefigura la otra pieza clave del andamiaje que alza la madre de Fermín en su escala al poder. De ahí que se sirva de él y lo convierta en otra de sus víctimas. El narrador comenta que este personaje es "incapaz de traiciones. Le propusieron un ama de llaves y aceptó sin sospechar que a los pocos meses sería él su esclavo" (I, 647). La imposición de dominio sobre Caimorán se hace posible por la falta de voluntad que lo caracteriza.[13] Sin embargo, su debilidad de carácter no obedece ahora a los vicios presentes en las figuras paternas anteriores, sino a la excesiva bondad e idealismo que se desprende de él. Dentro de *La Regenta*, Caimorán encarna una caridad, piedad y religiosidad de fuerte exaltación mariana "[s]u corazón todavía se abrasaba en fuego de amor a María Santísima … sabía alabarla … en estilo familiar con frases de cariño paternal, filial y fraternal. … En limosnas se le iba casi todo el dinero que le daba el gobierno y mucho de lo que él había heredado" (I, 526). Pero este tipo de devoción amorosa asentada además en la imagen de la Santísima Trinidad bajo el cariño paternal, filial y fraternal que compone la triada del padre, hijo y espíritu santo, no tiene cabida en una sociedad donde prima la avaricia:

> Nada convenía a Paula como un amo santo. Al año de servir al canónigo Caimorán se vanagloriaba de haberle salvado varias veces de la bancarrota: sin ella hubiera tirado la casa por la ventana: todo hubiera sido de los pobres y de los tunantes y holgazanes que le saqueaban con la ganzúa de la caridad. Caimorán se lo agradeció y siguió dando limosna a hurtadillas, pero poca; lo que podía sisar al ama. Era el canónigo incapaz de gobernarse en las necesidades premiosas de la vida, no entendía palabra de los intereses del mundo, y al poco tiempo llegó a comprender que Paula era sus ojos, sus manos, sus oídos, hasta su sentido común. Sin Paula, acaso le hubieran llevado a un hospital por loco y pobre. (I, 647)

Caimorán se convence de la necesidad de tener un ama que administre el poder y el dinero del que dispone y Paula se presenta como su salvadora. Desde entonces, el Obispo pasa a depender de ella, sin la cual se piensa perdido, al igual que Fermín. Se inicia entonces el imperio ginocrático de la madre *imperatrix* "[a]quel imperio fue el más tiránico que ejerció en su vida el ama de llaves" (I, 647). Cuando a Caimorán le proponen el obispado en Vetusta lo acepta principalmente para favorecer a Fermín en su carrera, pero con ello también consigue no perder a su ama de llaves, que amenaza con abandonarlo si no acepta el cargo. El Obispo se convierte, a partir de este momento, en la figura paterna de la que Fermín nunca había gozado; ya que se esfuerza por el bienestar del que es, a su vez, su hijo de confesión. De tal modo, se forja la estructura familiar que sirve de base al imperio materno del universo masoquista.

Doña Paula funda su imperio sobre el seno de la Madre Iglesia. Dentro de la jerarquía eclesiástica, Fortunato Caimorán llega a ocupar el puesto de mayor prestigio, seguido por Fermín que, al sustentar tres cargos eclesiásticos distintos, obtiene poder en labores episcopales y canonicales. El poder que Paula ejerce en ambos provoca una inversión de la estructura jerárquica eclesiástica, puesto que ella manipula a sus máximos representantes y concentra todas las funciones logrando dominar y esclavizar a los representantes de la cúpula del poder eclesiástico. Ambos clérigos son conscientes de este dominio y manipulación, como nota Caimorán: "[t]iene razón el muchacho —se quedó pensando el Obispo que trataba al Magistral como un padre débil a un hijo mimado. Esa Paula nos maneja a todos como muñecos" (I, 619). Al situarse por encima de las figuras de máximo poder eclesiástico, Paula pasa a encarnar en *La Regenta* el orden intra-materno que rige en el mundo masoquista de fin de siglo.

A su vez, Fermín emplea el cariño paterno que el Obispo deposita en él para hacerse con el control de la diócesis ya que "[e]l Ilustrísimo Señor don Fortunato Caimorán, Obispo de Vetusta, dejaba al Provisor gobernar la diócesis a su antojo; pero en su salón no había de tocar" (I, 523). El Obispo delega sus funciones en el Magistral mientras él se encierra en su salón claro, único lugar en el que se detecta su presencia. De ahí que el carácter negativo de este personaje resida en su falta de voluntad y en la tolerancia, no solo consciente, sino gustosa de la manipulación a la que es sometido; pues según el narrador, "aquella mujer de hierro había dominado al pobre santo de cera. El hijo, ayudado por la madre, continuó la tiranía, y, como decían ellos, 'le tenían en un puño.' Y él estaba así muy contento" (I, 524), tanto como admitía Fermín estarlo bajo la tiranía de su madre.

Pese a que el Obispo se presenta como el único personaje eclesiástico positivo dentro de la institución de la Iglesia, su índole negativa radica en su fervor religioso, que utiliza como vía de escape de la realidad. Jan Luxemburg percibe la negatividad del personaje en la oposición entre el espacio en el que se recluye, su salón claro, y el resto del palacio. A este respecto la crítica señala que el salón refleja su personalidad y arguye que:

> [It] tells quite a different story about the palace and about its owner, a story not of joyfulness but decadence and of make-believe … There is not authenticity here. Using a reflectional or metonymic theory we might construct an antithesis between the inner room (the bishop's—authentic—joy) and the rest of the palace (decadence or inauthenticity) but the inauthenticity parts also belong to the bishop's palace (and so, on this metonymic theory, to the bishop's character). (81–82)

Aun cuando la claridad expresa su carácter bondadoso, se percibe una inclinación a las figuras femeninas dominantes, así como la mirada perpetua a la que tanto Fermín como Paula, representados por las figuras de Cristo y de su Santa Madre, dirigen al Obispo:

> [G]randes grabados ingleses con marco de ébano. Allí estaban Judit, Ester, Dalila y Rebeca en los momentos críticos de su respectiva historia. Un Cristo crucificado de marfil, sobre una consola, delante de un espejo, que lo retrataba por la espalda, miraba sin quitarle un ojo a su Santa Madre de mármol, de doble tamaño que él, colocada sobre la consola de enfrente. No había más santos en el salón ni otra cosa que revelase la morada de un mitrado. (I, 523)

Como Frances Weber nota, a lo largo de *La Regenta* se produce varias veces, y por parte de diferentes personajes, la identificación del Magistral con la figura de Cristo (123). No obstante, la imagen crística se relaciona con el protagonista siempre bajo la invención irónica del narrador (127). A su vez, Irene Simón ve en Paula la caricatura de la Virgen puesto que se le arrebata la virginidad en un acto de violencia, es madre de un falso Mesías y su gran pasión es la económica (29). Estos personajes, ligados a las figuras religiosas en su representación paródica, apuntan sin embargo a una repetida estructura discursiva masoquista dentro del contexto español que nos ocupa. Es más, el ambiente del salón claro recrea una atmósfera donde las figuras religiosas femeninas predominan en su carácter de *dominatrix* o *imperatrix*. De tal manera, si los grabados remiten a mujeres del Antiguo Testamento que rompieron con la imagen de sumisión y pasividad femenina, el gran tamaño de la Santa Madre de mármol enfatiza una posición preeminente dentro de la habitación. Su ubicación frente al Obispo y al Cristo de marfil marca el control de la mirada que sostiene sobre los dos, evidenciando la posición sumisa del Obispo y Fermín bajo la mirada omnipresente de la madre *imperatrix*.

En contraposición a la oscuridad que reina en la casa del Magistral, el salón claro se presenta como espacio abierto y lleno de luz. Pero esta luminosidad en vez de iluminar a Caimorán lo ciega, pues no se percata de lo que sucede a su alrededor. El Obispo vive aislado y sin relacionarse apenas ni con la aristocracia ni con la burguesía. Su ausencia en los círculos sociales vetustenses es palpable. No aparece en ninguna clase de tertulia, ni en la del cabildo que tiene lugar en el segundo episodio de la novela, ni en las numerosas reuniones que hay en casa de los Marqueses de Vegallana, ni tan siquiera en un paseo por el Espolón. En oposición a lo que sucede con el resto del cabildo catedralicio, el Obispo apenas interactúa socialmente con los depositarios del poder. Dado que el clero depende en gran medida de las conexiones sociales con los otros dos grupos que conforman la cúspide del poder social, la ausencia del Obispo es algo más que física, ya que su falta de comunicación y conocimiento son dos de las causas fundamentales de su deposición de poder.

Mariano Baquero Goyanes en "Exaltación vital de la Regenta" sostiene que Fortunato Caimorán "es la contrafigura del Magistral, la encarnación del vitalismo clariniano en el mundo religioso de Vetusta" (216). Pero cabe añadir que este personaje opera también como contrafigura del resto del cabildo catedralicio, pues todos están inmersos en una sociedad donde las ansias de poder, las envidias y las intrigas los tocan en mayor o menor medida. Ante ello, Caimorán resulta la antítesis del dominio religioso. Hombre humilde, sincero, bondadoso y débil, no obedece ni en su indumentaria al prototipo de su cargo, ya que su ropa y calzado están llenos de zurcidos y remiendos:

> El Obispo tenía sus motivos para exigir que los remiendos del calzado no se conocieran. El Provisor todos los días le pasaba revista, como a un recluta, mirándole de hito en hito cuando le creía distraído: y si notaba algún descuido de indumentaria que acusara pobreza indigna de un mitrado, le reprendía con

> acritud … ¿Hace usted eso para darnos en cara a los demás
> que vamos vestidos como personas decentes y como exige
> el decoro de la Iglesia? ¿Cree usted que si todos luciéramos
> pantalones remendados como un afilador de navajas o un
> limpia-chimeneas, llegaría la Iglesia a dominar en las regiones
> en que el poder habita? (I, 527)

El Magistral amonesta al Obispo y requiere el seguimiento de un protocolo en relación con la vestimenta como uno de los eslabones que la Iglesia ha de asentar para lograr su potestad. En este sentido, "el hábito hace al monje" y a él se adscribe la creencia religiosa de gran parte de los clérigos de Vetusta. El motivo del Obispo para que no se le noten los remiendos reside en el miedo a la reprimenda de Fermín. Este temor y subordinación de recluta al Magistral vuelve a surgir cuando Caimorán, ante la petición de Olvido Páez y Visitación, da su palabra de honor, pese a su desgana, de acudir al reparto de los premios otorgados por el círculo de *La Libre Hermandad*, institución presidida por el ateo Pompeyo Guimarán. La ironía de la escena radica en que la única vez en la que el Obispo interactúa socialmente asiste a una asociación que intenta desvincularse de "todo yugo religioso" y, por tanto, su presencia pone en ridículo a la posible imagen de poder del Obispo y de la institución que representa, pero sutilmente alude al yugo que sobre él ejercen doña Paula y Fermín. Por esta razón, el Magistral no solo "en cuanto entró al salón lo reprendió [al Obispo] con una mirada como un rayo" (I, 544), sino que este "al ver al Magistral se ruborizó, como un estudiante de latín sorprendido por sus mayores con la primera tagarnina" (I, 545).

Si doña Paula reprende con su postura a Fermín en lo alto de las escaleras, su hijo emplea de igual modo su mirada con el Obispo que, ante el Magistral, adquiere también un temor infantil. El Magistral impone su castigo, tal y como lo entiende Foucault: "Con la palabra castigo, debe comprenderse todo lo que es capaz de hacer sentir a los niños la falta que han cometido, todo lo que es capaz de humillarlos, de causarles confusión: … cierta frialdad … una humillación, una destitución del puesto" (*Vigilar* 183). Tras los primeros indicios de enfado, el Magistral grita al Obispo y califica su actitud de imprudente, en lo que supone un acto de virilidad y superioridad expuesto delante de las damas vetustenses, suscitando la envidia en Visitación: "'¡Cómo le trata!' pensó, envidiando a un hombre que osaba llamar imprudente al

Obispo ... Las damas salieron: S. I. quedó corrido; y después de indicar al Magistral que las acompañara por los pasillos estrechos y enrevesados, se puso en salvo, encerrándose en el oratorio, para evitar explicaciones" (I, 548). Caimorán no solo queda humillado y avergonzado delante de Olvido y Visitación, sino que además el Magistral lo degrada en su posición y se sitúa por encima de él, mostrando claramente quién ostenta un mayor mando en la catedral.

En cualquier caso, el temor que Caimorán siente ante el Provisor hace que se recluya en un encierro que lo descalifica como figura paterna. Queda así expatriado en su encierro dentro el imperio que Paula erige. Su imagen se presenta tan solo como parapeto detrás del que se esconde la *imperatrix* materna, aquella que soterradamente impone su orden en Vetusta. De hecho, sin que el prelado lo sospeche, Paula lo tiene completamente sitiado, relegado al confortable asilo religioso de su salón claro. Y al igual que hace con su hijo, utiliza a la ama de llaves de Caimorán como fuente de información. Incluso va más allá cuando: "Su lugarteniente Úrsula, el ama de llaves del Obispo, tenía orden de no dejar a ninguna persona sospechosa llegar a la cámara de su dueño; los familiares, gente devota de doña Paula, hechuras suyas, obedecían a la misma consigna" (II, 222). Paula también obstruye la puerta del Obispo, negándole la comunicación con la sociedad. De este modo, le mantiene contento en su encierro y al margen de cualquier decisión importante que pueda hacer tambalear el poder que ella ejerce.

La figura del padre aparece humillada y destituida en el imperio masoquista, por lo tanto, relegada al olvido y sin potestad alguna. En el mundo creado por Clarín, la distribución de poder adquisitivo y los valores espirituales de esta bondadosa figura paterna se ligan a los ensueños románticos que ahora son sometidos a un juicio de valor donde prima el beneficio económico. Caimorán cede su libertad de acción y su voluntad a los designios de la que se presenta como su salvadora y opresora, su ama de llaves. Su avanzada edad, junto con su falta de carácter para enfrentar las imposiciones de Paula, suponen su fácil deposición. Al igual que él, la imagen de un Dios que abraza la tolerancia y el amor al prójimo también ha sido destituida. Se la ha expulsado mediante su encierro en la catedral, la falta de espiritualidad y los ritos vacíos. En lugar de él, su mujer, la Santa Madre Iglesia se ha hecho con el poder simbólico, con un Logos que no comunica espiritualidad, sino que la recluye. Su lenguaje, además de expresarse mediante el silencio, lo impone. La palabra de Dios se emplea únicamente para maravillar al pueblo, tal y como le advierte Paula a Fermín cuando le dice "Tú predicas, tú alucinas al mundo con tus buenas palabras y buenas formas … yo sigo mi juego" (I, 635).

La ley materna cambia el Logos por una astigmática mirada panóptica llevando a cabo un discurso utilitarista que termina facilitándole a la madre el poder absoluto y punitivo sobre sus hijos. En otras palabras, logra esa infalibilidad que algunos de personajes como don Víctor ponen en tela de juicio; que a otros como Ronzal les cuesta pronunciar, haciéndolo mal y entre signos de interrogación ¿la infalibidad? (sic); y que para otros, como Fermín, representa un terrible, pero valentísimo dogma: un desafío formidable de la fe. La fidelidad de los hijos masoquistas a la figura materna sustituye el consuelo de la salvación del alma por el de la salvación económica. No obstante, la necesidad de imaginarse salvado, incluso cuando la salvación se presenta en forma de tiránica *imperatrix* que exige a sus hijos la sumisión ciega y voluntaria, recorre los textos finiseculares en los que se presenta la dinámica masoquista. Dentro del contexto peninsular, la madre en el masoquismo posee una mirada distorsionadamente abarcadora bajo la que ofrece una educación torcida pues, en vez de incitar al pensamiento libre y crítico, lo coacciona vedando la iniciativa personal e igualitaria del sujeto. Los dogmas de infalibilidad vienen así a obstaculizar el paso por el umbral de la época feudal a la moderna, generando la crisis del sujeto al negarle su independencia y el cuestionamiento de los mandatos de la que se yergue como insan(t)a madre iglesia dentro del panorama narrativo español de fin de siglo.

En última instancia, la usurpación y concentración de poder que representa Paula dentro de la jerarquía eclesiástica como figura regia impasible sirve para engrosar las ansiedades en torno al control eclesiástico. De hecho, la destitución de Dios no solo viene marcada por la feminización de la Iglesia, sino que además esta se proyecta mediante una masculinización necesaria para imprimir esa imagen femenina monstruosa y desviada de la que se servirá la clínica para borrar la propuesta subversiva del masoquismo. De tal modo, la masculinización de la figura materna y la ruptura de roles establecidos aumenta peyorativamente la imagen de su acceso a la cúpula del poder, advirtiendo de las "peligrosas inversiones" que la falta de control genérico puede llegar a ocasionar. La *imperatrix* se conforma entonces según la avaricia que incrimina el ansia de gobierno de la mujer, mientras niega la redistribución de fuerzas reclamada por el incipiente feminismo. La feminización de la Iglesia plantea la usurpación y concentración tiránica del poder redoblando las ansiedades sobre los abusos de la potestad materna y la educación que impone, mientras paradójicamente refuerza el *status quo*.

Conclusión

Aproximarse a una obra canónica como *La Regenta* desde el estudio del carácter agente del masoquista inmerso en una dinámica de poder que busca estrategias para renegociar las desigualdades genéricas, supone romper con la idea de la pasividad de su protagonista. Con ello no niego que el final de la novela suprima la agencia de Ana como resultado de la ansiedad social concentrada en la venganza de todos aquellos que la observan. Es decir, una venganza de tipo amoroso, institucional religioso y, por supuesto, narrativo, que castiga las desviaciones genéricas y los intentos de renegociación del poder femenino en la época contemporánea. Sin embargo, la disposición de Ana a lo largo de la novela me lleva a concluir que *La Regenta* se desarrolla como un *bildungsroman* del masoquismo transgresor en la España finisecular. El camino que toma Ana, si bien no se presenta como uno de perfección en la época moderna, sí lo hace como uno de aprendizaje dentro de las relaciones de sumisión y dominio, las ansias por realizarse y las traiciones amorosas, sociales e institucionales. Su largo recorrido por la senda masoquista —léase civil y religiosa— no la priva de seguir buscando nuevas vías de satisfacción personal tras el fracaso de su alianza con el Magistral. Su paso por el dolor no supone entonces la vuelta al hogar, anulándose en el restablecimiento del orden. Ana no se refugia en Víctor. De hecho, rechaza la tediosa sumisión al trato paterno que le ofrece su marido, incapaz de producir en ella ese deseo constante, universal, "de sentir más, con más fuerza, de vivir para algo más que vegetar como otras" (II, 132). Relega a la figura paterna y sigue su búsqueda de sensaciones placenteras optando ahora por la sexual, desde la cual potenciará su deseo.

Frente a las novelas de ficción doméstica que, según ha indicado Charnon-Deutsch en *Narratives of Desire*, exponen el masoquismo como discurso de domesticidad aceptada y cuyo desarrollo se contempla bajo un masoquismo social que no deja prácticamente espacio a propuestas feministas (68); *La Regenta* plantea el masoquismo como una práctica política y religiosa subversiva en conexión con las esperanzas que traen los brotes de secularización nacional y los temores ante el incipiente feminismo. La alianza que une a Ana con Fermín se asienta en la posibilidad de realización de un nuevo yo concebido en la fantasía femenina. A diferencia de otras novelas de ficción doméstica, la fantasía de Ana no se posterga hasta el infinito sino que será duramente aplacada por la de Fermín. Pero incluso así, Ana la expresa y mediante ella observamos cómo la protagonista ejerce soterradamente su agencia para formular la reconfiguración de un yo femenino que quebranta los rigurosos límites de las jerarquías y roles de género.

Bajo la pluma de un crítico implacable con muchas de las imaginaciones noveleras, la propuesta de Ana no se erige dentro de un programa social sino que se perfila como una fantasía egoísta cuya sola concepción traerá duras consecuencias. Ahora bien, indagar en la fantasía masoquista que Ana formula sobre una relación de sumisión proporciona una de las ideas temidas por Clarín, el co-protagonismo de la mujer en la sociedad moderna, que Ana representa. A propósito de la fantasía masoquista, Charnon-Deutsch llama la atención sobre su escasa exposición en las obras que integra dentro del masoquismo social. De hecho, señala a la fantasía masoquista como el único punto interesante sobre el cual se podría profundizar acerca de qué esperan encontrar las protagonistas tras el paso por el dolor (*Narratives* 68). Tomando en cuenta esta reflexión, podemos concluir que Ana, en su senda masoquista con Fermín y ya antes de su paso por el dolor, se introduce de modo sutil en una suerte de espacio de escritura prohibida para ella, el legislativo, que irónicamente se expone en un contrato de sumisión. Por primera vez, Ana en su rol de escritora hace confluir en una carta la imaginación romántica con el mundo de las alianzas contractuales instauradas en el realismo. La escritura de su carta revela su maestría para deshacer las fronteras entre el romanticismo y el realismo a través de su autoría, dando voz a esa otra voz dialógica que enfrenta, según demostró Stephanie Sieburth en *Reading "La Regenta,"* el discurso del narrador. Ana brinda así una configuración de nuevos espacios, no solo de resistencia, sino también de realización creativa. Desde aquí anuncia una firme intención de realizar su fantasía, y de acuerdo con DuPont, Ana demuestra su peso creativo como escritora, su agencia y su capacidad de competencia con el mundo de autoría masculina (*Realism* 220).

Por otro lado, la Regenta vislumbra su paso por el dolor como un acto *performativo* de heroica espiritualidad y no como dolor físico y psíquico en sí mismo. Por medio de la representación busca un reconocimiento que suscite la admiración social en la procesión de Semana Santa ante la prueba de su co-protagonismo con Fermín. Ana se imagina como compañera, alma gemela, y no como esclava. Su fantasía promueve el empoderamiento femenino en la búsqueda de la igualdad y el reconocimiento de su yo como sujeto, no como objeto. Pese al carácter egoísta que Clarín le imprime en ocasiones, la fantasía de Ana, como sujeto inadaptado, supone lo que Tsuchiya ha visto en las fantasías de los seres marginales, esto es, una productividad, un rol fundacional que permite a los sujetos marginales la creación de nuevos espacios de subjetividad y deseo en los términos pronunciados por Judith Butler en *Deshacer el género*: la fantasía no se opone a la realidad, es lo que la realidad deja a un lado (*Marginal* 215). Ana no llega a hacer realidad su fantasía con Fermín, pero esta sí se plantea al lector. Su fracaso, al igual que el fracaso de los protagonistas de las obras de Sacher-Masoch, apunta a una toma de conciencia sobre la propia complicidad en la adjudicación de un dolor verdugo. La configuración de la puesta en escena que con esmero se concibe mediante varias conversaciones entre las dos partes de la alianza masoquista, acaba finalmente en manos de un único miembro, lo que resulta en el abuso y traición de la puesta en escena, suplantando la fantasía del yo por la del Otro.

Como hemos visto, lo expuesto denota el miedo de la figura dominante al cambio de posición —de hermano mayor del alma a alma gemela—; miedo a representar también una producción que acabe situando su dominio al margen, o como sucede con la figura paterna en la dinámica masoquista, relegándolo o expulsándolo de escena. En la novela, la violencia desprendida de estos temores se presenta como el efecto de una opresiva educación materna que acaba dominando la vida de los hijos. Clarín condensa en la herencia genética del protagonista la rabia social que termina aplastando a Ana en la categoría de heroína romántica. La mirada clariniana fustiga así la inclusión del deseo de autoría femenina en el ámbito del realismo. El autor, a veces condescendiente con su literata protagonista, aplaca finalmente las fantasías creativas de una escritora de imaginación romántica que trata de abrirse camino en el mundo del realismo. De este modo, desecha las pretensiones de algunas escritoras feministas de la época y calma la ansiedad de la autoría masculina que se niega a compartir espacio con la femenina.

Las esperanzas de la educación femenina guiada por el hombre como una posibilidad de integración y renegociación dentro del compañerismo intelectual aparecen suspicazmente mermadas por el proteccionismo paternalista e incluso truncadas por la dinámica genérica que sigue imperando. Aun cuando la educación femenina resulta útil y fundamental para la mujer en búsqueda de espacios para la renegociación de poderes, es preciso notar que el término de compañerismo intelectual se delinea sobre la educación que necesita la mujer prácticamente para poder educar mejor a sus hijos. La función materna en la que se asientan las reformas krausistas del nuevo organismo pedagógico resulta entonces imprescindible en la perpetuación del sistema patriarcal apuntalado, pese a su notable variación de grados, tanto por el organismo laico como por el eclesiástico.

Con todo, el anticlericalismo clariniano marca el cierre de la novela con un alarmante mensaje de denuncia sobre la desviada educación impartida por una Iglesia maternalmente corrompida. En su feminización de la institución eclesiástica, el autor depone las imágenes de la santidad materna sustituyéndolas por las de una tenebrosa madre que acoge y engendra en su vientre/bóveda los deseos perversos de sus representantes. Clarín muestra sus ansias de secularización implantando una estructura familiar masoquista en el seno eclesiástico, en el que la madre instituye el masoquismo filial y aísla a la figura paterna. Con la proyección de un Dios bondadoso, desterrado y suplantado por la imagen de una opresiva madre, el autor formula en primer lugar, la depravación del poder eclesiástico y lo nocivo de su educación. En segundo lugar, niega la ofrenda de salvación espiritual en la que la iglesia se apoya. Y finalmente, reafirma la moraleja del personaje masoquista de *La Venus de las pieles*, según el cual: "la mujer, tal como la naturaleza la ha creado y tal como la educa ahora el varón, es enemiga de este y solo puede ser o su esclava o su déspota, pero nunca su compañera"

(181). En *La Regenta* el compañerismo propuesto tanto desde las distintas instituciones laicas como desde la religiosa sigue atado a viejos esquemas de jerarquía genérica que reproducen la sumisión femenina. Y dentro de ellas, conviene hacer hincapié en la nefasta complicidad de la figura materna que desde ambas esferas educa a sus fieles hijos en este mismo empeño.

Por esta razón, y a diferencia de Ana, es preciso retomar el lugar de enunciación de la protagonista de la obra de Sacher-Masoch, tal y como invita a hacer la adaptación teatral de *La Venus de las pieles* (2014) de David Serrano, al plantear el desafío de la auto-realización y la necesidad de asumir la responsabilidad de idearse a uno mismo:

> Wanda: —En nuestra sociedad una mujer solo tiene poder por medio de los hombres. Su personalidad es su falta de personalidad. Es una página en blanco que rellenarán criaturas que en el fondo la desprecian. Quiero ver qué surgirá cuando deje de ser la esclava del hombre, cuando tenga los mismos derechos que él. Cuando ella sea su igual en educación y su compañera en el trabajo. Cuando llegue a ser ella misma. Un individuo. (Diálogo 00:37:29–00:37:48)

Cabe entonces subrayar el importante espacio de reflexión que nos deja el final de *La Regenta*: delegar la responsabilidad de idearse a uno mismo en manos del Otro con la esperanza de que siga los deseos comunicados de reconfiguración del yo —bien atienda a cuestiones de género, de sexo, de raza, de identidad nacional o de clase social—, conduce irrevocablemente al fracaso.

El masoquismo transgresor se emplea como rito fundacional donde la representación de la violencia implica una ruptura con formas precedentes y la concepción de un nuevo yo. La *performance* que atenta contra el cuerpo como organismo establecido no debe verse entonces como una simple búsqueda de llamada de atención, pues tal y como se observa en *La Regenta*, Ana no necesita actuar como lo hacen muchos de los otros personajes para llamar la atención. De hecho, desde su primera aparición se presenta como uno de los mayores centros de interés en Vetusta. Su actuación tiene, como se ha sostenido, otra finalidad: la del reconocimiento del "yo" sobre todos los roles genéricos apoyados en organismos estatales y religiosos, y un claro objetivo de realización personal con el que romper y superar las construcciones impuestas por otras imaginaciones noveleras. En este sentido, y en respuesta a lo que Pérez Galdós afirma en su prólogo a *La Regenta*, Ana más que "víctima de su propia imaginación" (xv), lo es de la imaginación de los otros.

Apéndice uno

Contrato entre Wanda y Sacher-Masoch

Mi esclavo,

Las condiciones bajo las cuales os acepto como esclavo y os sufro junto a mí son las siguientes:

Renuncia totalmente absoluta a vuestro yo.

Fuera de la mía, no tenéis ninguna voluntad.

Sois entre mis manos un instrumento ciego que ejecuta todas mis órdenes sin discutirlas. Si en algún caso olvidárais que sois mi esclavo y no me obedeciérais absolutamente en todo, tendré derecho a castigaros y a corregiros a mi capricho, sin que podáis osar quejaros.

Todo cuanto os conceda de placentero y feliz será una merced de mi parte, y por consiguiente deberéis recibirlo con gratitud. Obraré siempre sin culpa hacia vos y no tendré ningún deber.

No seréis ni un hijo, ni un hermano, ni un amigo; seréis tan solo mi esclavo yaciendo en el polvo.

Al igual que vuestro cuerpo, vuestra alma también me pertenece y, aunque llegárais a sufrir mucho por ello, deberéis someter a mi autoridad vuestras sensaciones y sentimientos.

Me está permitida la más grande crueldad y, si os mutilo, tendréis que soportarlo sin quejas. Deberéis trabajar para mí como un esclavo, y si me sumerjo en la frivolidad librándoos a la privación y pisoteándoos, tendréis que besar sin rezongos el pie que os haya pisoteado.

Podré despediros a toda hora, pero vos mismo no tendréis derecho a dejarme contra mi voluntad; y si alguna vez huyérais, me reconocéis el poder y el derecho de torturaros hasta la muerte utilizando todos los tormentos imaginables.

Fuera de mí no tenéis nada; para vos lo soy todo, vuestra vida, vuestro futuro, vuestra fortuna, vuestra desgracia, vuestro tormento y vuestra alegría.

Deberéis ejecutar todo cuanto yo demande, esté bien o mal, y si exijo de vos un crimen, tendréis que volveros criminal para obedecer a mi voluntad.

Vuestro honor me pertenece, así como vuestra sangre, vuestro espíritu, vuestra energía de trabajo. Soy vuestra soberana, dueña de vuestra vida y vuestra muerte.

Si en algún momento no pudiéseis soportar más mi dominación y vuestras cadenas se os hiciesen demasiado pesadas, tendréis que daros muerte: jamás os devolveré la libertad.

"Me obligo bajo palabra de honor a ser el esclavo de la señora Wanda de Dunaiev, por entero como ella lo demanda, y a someterme sin resistencia a todo cuanto me imponga."

Doctor Leopold, caballero de SACHER-MASOCH.

Presentación de Sacher-Masoch, de Gilles Deleuze, 144–45.

Apéndice dos

Contrato entre la señora Wanda von Dunajev y el señor Severin von Kusiemski

El señor Severin von Kusiemski deja de ser en el día de hoy el prometido de la señora Wanda von Dunajev y renuncia a todos sus derechos de amante; se obliga, en cambio, como hombre y como caballero, bajo palabra de honor, a ser en lo sucesivo el esclavo de ella, y eso hasta el momento en el que la señora Wanda von Dunajev le devuelva la libertad.

Como esclavo de la señora Von Dunajev el señor Von Kusiemski llevará el nombre de Gregor, cumplirá incondicionalmente cada uno de los deseos, obedecerá cada una de sus órdenes, tratará sumisamente a su dueña y considerará como una gracia extraordinaria cualquier favor que ella le conceda.

La señora Von Dunajev no solo podrá castigar a su antojo a su esclavo por la más pequeña falta o el más mínimo descuido, sino que también se reserva el derecho a maltratarlo a su capricho, o solo para pasar el tiempo, es decir, tal como a ella le plazca. Incluso puede matarlo si quiere. Él es, en suma, propiedad absoluta de ella.

Si la señora Von Dunajev otorga alguna vez la libertad a su esclavo, el señor Severin von Kusiemski olvidará todo lo que ha experimentado o soportado como esclavo y *nunca ni en ninguna circunstancia pensará en venganzas o represalias.*

La señora Von Dunajev, dueña del esclavo, se compromete a presentarse tantas veces como le sea posible vestida con un abrigo de pieles, particularmente, cuando sea cruel con él.

La Venus de las pieles, de Leopold von Sacher-Masoch, 112–13.

Notas

Introducción

1. Con este capítulo Arenal también enfrenta las ideas que circulaban en la época acordes a planteamientos como los realizados por Cesare Lombroso y Guglielmo Ferrero en *La mujer delincuente: la prostituta y la mujer normal* (1893). Bajo un estudio fisionómico, teorías atávicas y proverbios populares, la obra de los italianos teorizaba la inferioridad de la mujer, su alta capacidad para el sufrimiento y un carácter delincuente, capaz de conducirla al "vicio sexual."

2. Cabe recordar que los artículos 438, 448 y 452 del Código Penal del siglo XIX trataban el delito del adulterio de forma distinta en base al género sexual. Se ejercía una pena mayor y más dura de prisión si el delito lo llevaba a cabo la mujer, a quien le bastaba cometer una vez adulterio para encerrarla, y se minimizaba el castigo si el ejecutor era un hombre, juzgado adúltero en caso de tener *manceba* a su cargo, bien dentro de la casa conyugal o fuera (Enríquez de Salamanca 263, en Jagoe).

3. Parte de la crítica feminista, entre la cual se hallan Alda Blanco, Cristina Enríquez de Salamanca, Catherine Jagoe y María del Carmen Simón Palmer, ha insistido en cómo el discurso de domesticidad supone un arma de doble filo para escritoras de la talla de Pilar Sinués, Ángela Grassi y Faustina Sáez de Melgar, que se acogen a él como pretexto para echarse a la prensa y como defensa de sus motivos por haberlo hecho (Jagoe 39). Lou Charnon-Deutsch muestra sin embargo su escepticismo frente a este argumento, recalcando el masoquismo de estas escritoras ("The Social Masochism"; *Narratives of Desire*). Tomando en cuenta el epígrafe que abre este estudio y el carácter subversivo de la reformulación masoquista del sufrimiento que explico a lo largo de esta introducción, cabe considerar el uso del masoquismo como una estrategia de conquista femenina en el vetado campo de la escritura. Mediante el masoquismo, estas autoras se sirven de la utilidad del dolor para superarse a sí mismas y alcanzar sus propias metas.

4. Los estudios de Gabilondo ("Masculinity's *Counted Days*"; "Masculine Masochism"; "Towards a Postnational"; and "Terrorism as Memory") lo ubican como uno de los críticos más destacados dentro de los estudios del masoquismo en el contexto español, principalmente en las obras literarias producidas en el siglo XX y XXI. Su aproximación biopolítica recoge categorías como el reconocimiento y la renegociación de poder inmersas en la dinámica masoquista para tratar cuestiones de masculinidad, clase social e identidad nacional y dilucida su incidencia en las posiciones que las obras literarias ocupan a nivel regional, estatal y global. Frente a sus reflexiones en el ámbito decimonónico, y en especial sobre Emilia Pardo Bazán, la cuestión de la mujer y la cuestión literaria-nacional, cabe tener en cuenta también las consideraciones que Carmen Pereira Muro expone a lo largo de su libro *Género, nación y literatura*.

5. En consonancia con la propuesta del masoquismo como dinámica defensiva y vehículo de desafío ante la imaginería establecida en torno a la concepción de roles genéricos, dialogaré con los trabajos que sobre esta novela, y sus coetáneas nacionales e internacionales, han formulado el adulterio en términos de desintegración de las fronteras del orden social. Entre ellos conviene destacar el estudio de Tony Tanner, *Adultery in the Novel*, como uno de los pioneros al advertir la crisis del contrato social en relación al matrimonio. A través del estudio de la novela europea de adulterio, Tanner concibe el contrato matrimonial como barrera para resguardar armónicamente la estructura familiar y los principios que sustentan la estructura burguesa ligados al principio patriarcal de propiedad (5). En esta línea, se han desarrollado numerosos y valiosos estudios de los que subrayo, entre otros, el de Bill Overton, *Novel of Female Adultery*, que advierte de la capacidad de subversión del adulterio al enfrentar y cuestionar el matrimonio como pilar de continuidad en el mantenimiento de las clases sociales; los de Biruté Ciplijauskaité, *La mujer insatisfecha*, y Charnon-Deutsch, *Gender and Representation* que atienden al adulterio en su desintegración del matrimonio y la familia; así como los de Jo Labanyi, "City, Country," *Género y modernización* y "The Problem" y Akiko Tsuchiya, "El adulterio," que apuntan a la desintegración de las fronteras entre convención y naturaleza, centro y margen y legitimidad e ilegitimidad. Si el adulterio influye en la desintegración de barreras económicas, genéricas, sexuales, raciales y de clase contra las que la mujer burguesa ejerce su capacidad de subversión, mi estudio sobre el masoquismo expone, en esta misma línea de resistencia, la posible movilidad dentro de los adjudicados roles genéricos de pasividad y sumisión femenina frente al de actividad y autoridad masculina desarrolladas en torno al poder.

6. De los estudios que hacen referencia a la histeria como acto transgresor, es necesario resaltar, entre muchos otros, aquellos que guardan concomitancias con la transgresión masoquista; por ejemplo, *Unbearable Weight* de Susan Bordo, que formula la rebelión histérica como encarnación de la feminidad mística de carácter destructor (169). La mística sirve de puente entre la histeria y el masoquismo puesto que ambos se relacionan con el misticismo partiendo de su capacidad transgresora. En torno a la histeria y a la mística, Labanyi considera la liberación y la constricción como experiencias de la pérdida del yo, no por afirmar una esencia femenina definida en oposición y rechazo a la establecida por el hombre, sino debido a la desestabilización del concepto de la esencia del yo en sí mismo ("Mysticism" 42). Por su parte, María Giovanna Tomsich estudia la histeria en relación a la narración y la ve como una transgresión que se oculta bajo formas más o menos impecables de acatamiento (496). A propósito de la histeria de Ana Ozores, Tomsich subraya el proceso de lectura por una parte como catalizador del paroxismo histérico, que conduce al recuerdo, al análisis del pasado y a la desintegración del ser; y, por otra parte, como estimulador de un proceso de tratamiento centrado en la escritura, esto es, en un proceso de reflexión, orden y forma que lleva a la recomposición del ser

(505). Entretanto, Alison Sinclair observa la histeria como acto transgresor en *La Regenta* en relación a una doble narrativa terapéutica, la médica y la confesional y como resultado de un autocastigo (*Dislocations* 157 y 165), mientras que Antonio Vilanova plantea la histeria de la protagonista fuera del terreno de la enfermedad como un desahogo normal de la mujer defraudada amorosa y sexualmente (355). Como se verá a lo largo de este libro, el proceso de narración dentro del masoquismo resulta también fundamental en el proceso de formación del yo masoquista que busca librarse de una vida llena de insatisfacciones.

7. De la crítica que destaca la dimensión erótica de *La Regenta* desde un punto de vista feminista quiero detenerme en aquellos trabajos que atienden a la dimensión erótica de las pieles, imprescindibles en el mundo masoquista. Entre ellos figura el de Noël Valis que llama la atención sobre el vínculo entre la piel femenina y los tejidos y pieles de animales que Alas, como muchos de sus coetáneos, recoge de la tradición romántica para proyectar el exotismo de la protagonista (*The Decadent* 79). Charnon-Deutsch atiende al exotismo de las pieles felinas sobre las que se recuesta una figura femenina en la imagen que ofrece Eduardo Tofano en "La odalisca," publicada en *El Mundo Ilustrado* (1881?) para exponer la política discursiva en torno al género sexual bajo parámetros religiosos católicos que alaban la imagen angelical de la mujer católica en contraposición a la que ofrece la impúdica modelo del mundo oriental (*Fictions* 186–87). Acerca de la Regenta sobre la piel de tigre, Charnon-Deutsch profundiza en las técnicas de deseo de dominación y objetivación femenina de la mirada masculina para ofrecer una explicación al binomio pornografía y masoquismo, sirviéndose, entre otros elementos, del papel pasivo y silente de la mujer ("Voyuerism" 94). En contraposición, Rosa Montero acude a la intensidad sensual y erótica que Ana, como mujer inquieta, inteligente y sensible, proyecta en el lector, reemplazando la asociación carne/pecado por la de piel encendida/placer y primando el efecto de las sensaciones que emanan de la obra y contagian al lector (90 y 97). Mientras que en la edición crítica a *La Regenta* elaborada por Maite Zubiaurre y Eilene Powell, las investigadoras brindan otra mirada feminista que defiende la existencia de una feminidad gozosa mediante los elementos de los que se sirve la protagonista para disfrutar de su sexualidad (xvi) al mismo tiempo que se apoyan en el estereotipo erótico comentado por Valis para vincular la obra de Alas con *La Venus de las pieles* de Leopold von Sacher-Masoch.

8. Krafft-Ebing apoya esta ley general en el análisis de treinta y cinco casos que se presentan bajo el epígrafe de sadismo y treinta y siete bajo el de masoquismo. El que la patología denominada sadismo se ejerza en treinta y tres casos por hombres y solo en dos por mujeres le lleva a argüir las razones con las que sella el carácter masculino del sadismo. Explica que la subyugación del sexo opuesto se realiza por parte del hombre porque es propio del carácter masculino, es decir, ligándola a su naturaleza. Aduce que los obstáculos que se imponen a los impulsos monstruosos son mayores grandes en la mujer que en el hombre (117). Por el contrario, Louise Kaplan señala en *Female Perversions* unas estadísticas muy distintas en el transcurso del siglo XX cuando sostiene que de veinte casos de masoquismo masculino hay uno femenino (25). En el terreno español y concretamente en la novela que nos atañe, me remito a los reveladores trabajos de Charnon-Deutsch ("Voyeurism" y "Between") en los que dialoga con los trabajos más relevantes sobre el desmantelamiento del sujeto femenino publicados a lo largo de los años ochenta y noventa bajo un enfoque psicoanalítico.

9. Sacher-Masoch perteneció a la aristocracia liberal, fue nacionalista y católico anticlerical. Su ascendencia española sale a relucir en sus autobiografías *Memorias* (1887) y *Cosas vividas* (1887–89) en la biografía que escribe su secretario Carl Felix von Schlichtegroll, *Sacher Masoch y el masoquismo* (1901) e incluso en la autobiografía de su primera esposa, Wanda von Sacher-Masoch, *Confesiones de mi vida* (1906). Su procedencia española lo lleva a escribir su tesis sobre la Historia del siglo XVI español y a manifestar gran interés por la mística. Tras su defensa de tesis doctoral, ejerce como profesor de Historia en la Universidad de Viena y varios años más tarde se traslada a Francia.

10. Dentro de los considerados sujetos marginales, Tsuchiya incluye a Ana Ozores, dadas sus atribuciones místicas e histéricas, advirtiendo cómo estas conductas suponen espacios de resistencia frente al idealismo normativo de construcción masculina (*Marginal* 12).

11. Zubiaurre y Powell examinan el importante diálogo que esta novela establece con sus coetáneas nacionales. En su análisis de *La Regenta* y *El cura* (1884) de López Bago, las investigadoras ofrecen la comparación de los mecanismos transgresores de las novelas de histeria y disolución del celibato.

12. Los primeros estudios teóricos sobre las pasiones se refieren al ámbito literario de Homero en la *Ilíada*. Esta obra sirve de base a los filósofos griegos para escudriñar en las múltiples pasiones presentadas en el gran poema. Los resultados de tales interpretaciones han llevado a reconocer a Platón y Aristóteles, entre otros filósofos, como precursores de las teorías cognitivas del afecto. Cabe considerar asimismo la teoría cartesiana de las pasiones como el estudio a partir del cual se puede empezar a hablar del desarrollo de la teorías cognitivas del afecto (Kenny). Ahora bien, debo aclarar que el estudio que planteo no tiene por objeto explicar qué es una pasión ni profundizar en las teorías cognitivas de los afectos para referirlas y examinar por medio de ellas la obra cumbre de Clarín. Eso daría lugar a otro libro que todavía está por escribirse.

13. Phillips recoge con gran sentido del humor varios clichés asociados con el término (15–31) y advierte sobre la falta de precisión de todas las concepciones dentro de la cultura popular ya que:

> La palabra "masoquismo" se ha convertido en un comodín útil, que abarca una infinidad de pecados pero también de virtudes. Diría que la incomprensión de la conducta masoquista constituye un hecho generalizado por motivos fundamentalmente históricos. Con el paso del tiempo, con progresivos cambios de aplicación, de

redefiniciones teóricas, y de reapropiaciones, los significados se han ido diluyendo, lo cual resulta confuso para todo el mundo. (14)

La investigadora ofrece una propuesta contracultural del masoquismo, se aleja de los discursos clínicos y sitúa el término en el peculiar contexto de la experiencia humana y creatividad artística.

14. Sacher-Masoch, autor comprometido con la Revolución de 1848 y con los grupos minoritarios, entre los cuales incluía a la mujer, se convirtió en defensor de la cuestión femenina lanzando varias propuestas de liberación de la mujer ante el yugo masculino.

15. También Deleuze en "Re-presentación de Masoch" opta por distanciarse de la aproximación psicoanalítica cuando afirma: "Masoch no es un pretexto para hacer psiquiatría o psicoanálisis, no es siquiera un personaje particularmente relevante en el masoquismo. Y ello porque la obra mantiene a distancia cualquier representación extrínseca" (*Crítica* 78). El texto de "Re-presentación" supone una vía que posibilita la proyección del masoquismo en otros ámbitos, alejados de la literatura y de la clínica. Deleuze amplía horizontes en su avance de la interpretación del masoquismo sin borrar por ello lo que sostiene en su libro sobre la obra del escritor austriaco. Esta medida le sirve para establecer en *Mil mesetas* una nueva concepción de masoquismo vinculada a contextos político-sociales. En esta obra, el masoquismo deleuzeano sufre su mayor viraje con la integración del llamado "cuerpo masoquista" en el "cuerpo sin órganos" al que me referiré en el capítulo 2. Pero en todo caso, tal y como Homero Santiago afirma, "la diversidad de puntos de vista [deleuzianos] y los estatutos significativamente diferentes de los trabajos deben ser atribuidos a la transformación del propio proyecto deleuziano" (Web). En efecto, Deleuze no deja de prestar atención al masoquismo a lo largo de sus estudios, pero sus intereses lo llevan a plantear diversas reformulaciones aplicables a diferentes ámbitos extrínsecos al literario.

16. Así lo demuestra la asidua divulgación de sus escritos en publicaciones como *Le Figaro*, *Le Gaulois*, *Le Journal des Débats* y en la prestigiosa revista literaria a la que Clarín estaba suscripto, *Revue des Deux Mondes*. Estas publicaciones favorecieron su llegada a lo que Ricardo Gullón denomina la atalaya ovetense de Clarín (184). Simone Saillar, en "Clarín y Europa," indica algunos de los títulos de la prensa francesa que le sirvieron de fuente informativa a Alas, entre los que se topan los mencionados anteriormente.

17. Dentro del ámbito de la crítica literaria española de la época, Alas sobresale con agudas reflexiones en el campo de la literatura comparada que reflejan su interés por la cultura europea. Sus *Paliques* recogen las impresiones de un atento y agudo lector sobre muy diversas producciones literarias de distintas nacionalidades. Su empresa sobrepasa las fronteras españolas tal y como han indicado entre otros Ricardo Gullón, Yvan Lissorgues, Simone Saillard y Gonzalo Sobejano en sus estudios acerca del dominio de las literaturas y lenguas extranjeras que Clarín poseía, y entre las cuales destaca el francés.

18. Dentro de la numerosa lista de obras que a lo largo de estas dos centurias han sabido exponer la problemática que arranca en el siglo XIX en torno al masoquismo como acto transgresor, la agencia impresa en él, las jerarquías de género, clase y nación, el ansia de trascendencia, la esclavitud contractual, el erotismo y el dolor utilitario figuran, entre otras muchas reformulaciones, las planteadas en *Los ojos dejan huellas* (1952) de José Luis Sáenz de Heredia, *Belle de Jour* (1967) de Luis Buñuel, *La Venus de las pieles* (1969), de Salvador Dalí —que comprende 20 grabados que rinden tributo a la obra de Sacher-Masoch—, *Reivindicación del Conde Don Julián* (1970) de Juan Goytisolo, *Ederra* (1982) de Ignacio Amestoy, *La vieja sirena* (1990) de José Luis Sampedro, *Átame* (1989) y *La flor de mi secreto* (1995) de Pedro Almodóvar, *Teresa: el cuerpo de Cristo* (2007) de Ray Loriga, *Oviedo Express* (2007) de Gonzalo Suárez, *Camino* (2008) de Javier Fesser y la adaptación teatral de *La Venus de las pieles* (2014) de David Serrano basada en la versión del dramaturgo David Ives. Estas reformulaciones carecen en su mayoría de una investigación minuciosa bajo la discursividad masoquista en España. Queda entonces un campo abierto de investigación y profundización en las diversas reconfiguraciones de la dinámica masoquista ofrecidas en una variada, amplia y rica gama de obras dentro del contexto peninsular en los siglos XX y XXI en diálogo con otras extranjeras.

Los ejemplos de la transfiguración de la dinámica masoquista en el extranjero también han recorrido un largo camino y han llegado a esta centuria con flamantes e inquietantes resultados que han venido nutriendo el imaginario social sobre el masoquismo hasta hoy día. Así se refleja en un gran número de obras sobre las que destaco por cuestión de espacio algunas de las realizadas en el siglo XXI, *Un método peligroso* (2011) de David Cronenberg, *La profesora de piano* (2001) de Michael Haneke, *La Venus de las pieles* (2013) de Roman Polanski, *Ninfómana: Vol. I* (2013) y *Ninfómana: Vol. II* (2014) de Lars von Trier y *Psicopatía Sexualis* (2006) de Bret Wood.

19. Para el estudio del desarrollo de la dama despiadada resulta conveniente consultar, entre otros, los estudios de Erika Bornay, *La cabellera femenina*; Bram Dijkstra, *Ídolos de perversidad*; Barbara Fass, *La Belle Dame Sans Merci and the Aesthetics of Romanticism*; y Mario Praz, *La carne, la muerte y el diablo en la literatura romántica*.

20. En el capítulo que titula *La belle dame sans merci*, dedicado a la imaginería decimonónica en torno a la *femme fatale*, Praz hace una única mención a Leopold von Sacher-Masoch y la reduce a una nota a pie de página para reconocer que la tendencia sexual que da nombre a ese capítulo de su libro procede de la obra del autor austriaco. En un rápido comentario a la novela de *La Venus de las pieles* (1870) y el nombre de Sacher-Masoch Bornay apunta la importante contribución de la novela al desarrollo de la imagen de la mujer fatal del siglo XIX (121). Fass lo omite en su estudio, mientras que Dijkstra, a través de un agudo análisis literario de la novela, señala la notable aportación que el novelista brinda a un tipo muy específico de mujer fatal (Dijkstra 393–94).

21. El título original de la obra en francés, *Une Vieille Maîtresse,* ofrece un doble significado que la traducción española trata de reflejar. El término *maîtresse* se refiere tanto a "ama" como "maestra." El resultado de la traducción hace que se pierda tanto la connotación de poder del ama como su experiencia, borrada con la supresión del término *vieille,* vieja.

22. "El monte de las ánimas" y "La ajorca de oro" ven la luz por primera en 1861 en *El Contemporáneo,* nueve años antes de ser publicadas de nuevo en 1870 en *Leyendas,* coincidiendo con el año de publicación de *La Venus de las pieles* y *El amor de Platón.* Ambas leyendas siguen una estructura muy similar en la que sobresale el carácter masoquista de los personajes masculinos ante los deseos de las *femme fatale.* En la primera de las leyendas mencionadas, se profana el espacio sagrado de los Templarios para recuperar un lazo perdido por la amada. En la segunda, a la violación del espacio sagrado de la Iglesia se le añade el pecado del robo a la Virgen ya que el siervo del amor debe hacerse con la ajorca de oro que lleva la Virgen para entregársela a su demandante amada.

23. Cito por la edición de Juan Oleza a *La Regenta.*

24. Petra, la baronesa e incluso doña Anuncia califican de orgullosa a Ana cuando se aleja de las convenciones sociales.

25. El castigo al intento de conquista y dominio francés avanza en "El monde de las ánimas" lo que a lo largo de *Marginal Subjects* Tsuchiya advierte en obras del realismo/naturalismo como una ansiedad social en torno a la identidad nacional ante la precariedad del imperio español.

26. La analogía entre el vientre materno y la bóveda de la catedral remite a la imagen que a lo largo de este libro se desarrollará dentro de la identificación entre doña Paula y la catedral, en lo que leo como feminización del poder de la Iglesia Católica mediante la cual Clarín traza su anticlericalismo.

27. Dentro de esta era epistemológica, no es extraño que la obra literaria de Sacher-Masoch recoja también en numerosas ocasiones la figura de una *imperatrix* que expulsa a la figura del padre del universo masoquista para acoger en su seno las confesiones de su hijo, tal y como sucede en *El amor de Platón* mediante la relación epistolar que el protagonista mantiene con su madre.

28. La relación entre el amor cortés, masoquismo, feudalismo y capitalismo la he abordado anteriormente en mi estudio sobre "El monte de las ánimas" y *La Venus de las pieles* para señalar los puentes que Bécquer establece entre el posromanticismo y el vigente realismo (69).

29. En *Dulce Dueño* se agudiza esta problemática pues el ofrecerse a los pies de una prostituta. Lina rompe con el *status quo* no solo social, sino también religioso, pues la protagonista se postra ante la que describe como a una sacerdotisa. Raquel Medina ha advertido sobre la novela de Pardo Bazán la importancia de carga ideológica de una escena que acude a una prostituta como agente para ejercer el castigo (297). El acto masoquista de Lina sirve para equiparar, dentro de la jerarquía religiosa a la que se somete la protagonista, a la prostituta y al sacerdote Carranza mediante intereses comerciales, tal y como sostiene Powell (103). Ahora bien, Pardo Bazán enfatiza los beneficios de una transacción comercial que además de reportar beneficio económico a quien acepta el pacto contractual, sirve para comprar la liberación de remordimientos de quien lo propone.

30. Sobre el desarrollo del masoquismo trangresor y el social en esta novela he publicado recientemente un estudio, ver "Masoquismo transgresor: Género, sexualidad y clase social en *Marta y María* de Armando Palacio Valdés."

31. Dentro del contexto homoerótico, Powell lee esta escena de prostitución comercial como renuncia simbólica de la virginidad de Lina (107).

32. Obviar este dato sería caer en una separación tajante, en una guerra de géneros, que en ningún caso concuerda con la propuesta y creación de Sacher-Masoch. Basta atender a sus cartas, especialmente a la relación epistolar que mantiene con la joven escritora Emilie Mataja para evidenciar el cambio de rol genérico que desempeña en su vida pues si con su mujer opta por desempeñar el de víctima masoquista, ante Emilie desempeña el de tirano. Mataja toma la iniciativa de escribirle una carta a Sacher-Masoch para pedirle consejos en su emergente carrera como escritora. El lenguaje que emplea refleja su lectura de *La Venus de las pieles,* pues le pide repetidas veces a Sacher-Masoch que "tenga piedad de ella" y "sea su amigo, maestro y amo, que la aparte de una vida vacía, desolada y repulsiva, y la dirija en sus escritos" (Sylvère Lotringer 2–3). La respuesta del escritor no se hace esperar y acepta la petición de la mujer reconociendo que en esa relación "le corresponde a él representar el rol del tirano y, de esa manera, resultarle útil a ella" (8). Es decir, la pupila debe acatar el sufrimiento, al que será sometida por su tirano, no de manera gratuita sino utilitariamente, como un camino por el que ha de transitar en su ascenso hacia la gloria, esto es, hacia el compañerismo de corte krausista dentro del ámbito literario. Llegado este punto, cabe reinterpretar en términos masoquistas la frase de Arenal que inicia este estudio: "El dolor, cuando no se convierte en verdugo, es un gran maestro." Esto es, aprender del dolor para lograr una buena educación, incluso si para ello hay que asumir los riesgos del mayor verdugo —léase sentimiento de culpa— que acecha y recrimina. En última instancia, la educación resultará fundamental para romper no solo con el yugo que la falta de instrucción supone, sino también con una instrucción jerarquizada, no igualitaria, inculcada de manera mucho más sutil por medio de nuevas reformas de educación.

Capitulo uno

1. Se lleva al límite el Positivismo propuesto por Augusto Comte en su obra *Curso de filosofía positiva* (1830–42). Andrés Poey comenta a lo largo de su libro *El positivismo,* cómo según Comte la naturaleza es susceptible de ser observada mediante métodos empíricos con los que se llegará al conocimiento que proporciona la experiencia, desechando cualquier método que se relacione con las creencias teológicas o metafísicas. Tomando en cuenta también la entrada que proporciona el tomo 15 de la décima edición del *Diccionario Enciclopédico Espasa* del año 1988, el interés del positivismo se centra en cómo se producen los fenómenos en aras de sintetizarlos y clasificarlos para establecer unas reglas generales capaces de englobar los hechos analizados mediante el método inductivo. La creación literaria se resiste a ser analizada bajo el método inductivo, sin embargo durante esta época surgirán obras que tratan de amoldarse al método y otras que al enfrentarlo o no prestarle atención sufrirán duras críticas.

2. También el neurólogo francés, Jean-Martin Charcot, y sus pupilos leen la autobiografía de Teresa de Ávila a través de la escultura de Bernini con el propósito de exponer su iconografía clínica de la histeria en la serie de publicaciones de la *Iconografía fotográfica de La Salpêtrière*. Arrastran así el misticismo religioso y con él las palabras expuestas en la obra de la monja abulense al campo científico para explicar un tipo de histeria relacionada con una disfunción sexual bajo la cual elaboran un modelo de feminidad en el que la rebelión ante un estado pasivo se asocia a la locura.

3. La obra de Krafft-Ebing se convirtió no solo en una de las más reconocidas de la época dentro de este campo científico, sino en una de las más famosas dentro del ámbito popular ya que era la primera obra en la que se exponía, de una forma muy narrativa, un catálogo de las denominadas anomalías sexuales. Esto incitó la curiosidad de toda clase de lectores en una época en la que las obras eróticas y pornográficas gozaban de gran auge. El carácter científico de la obra y la fácil asimilación de estos términos asociados a autores como Sade y Masoch considerados pornologistas (Deleuze, *Presentación* 22) supuso el punto de partida para la expansión de un concepto que creció significativamente hasta hoy en día.

4. La exposición de síntomas y el diagnóstico de los desórdenes mentales que según Nordau sufren los artistas se articula una vez más a través de la indignación moral burguesa que algunas manifestaciones artísticas de esta época provocan. Nordau observa una decadencia del cuerpo social en el periodo caótico que, en su opinión, sufre el arte. Percibe las composiciones de muchos autores como anomalías y a sus autores como degenerados de los que incluso llega a afirmar: "esas gentes que son peligrosas para sí mismas y para los demás, deben ser puestos en tutela por gentes razonables, en lo posible en los asilos de dementes" (262). Aquellos autores que habían protestado ante el uso que Krafft-Ebing hacía del nombre de Sacher-Masoch, se vieron incluidos en las páginas de *Degeneración*, entre muchos otros escritores, filósofos, músicos, pintores y escultores. En España las críticas a Nordau también se hicieron oír rápidamente. Aunque la obra no fue traducida al español hasta 1902, su difusión en alemán y en francés provocó que entre otros autores Alas y Pardo Bazán hiciesen una calurosa defensa del arte que Nordau denigraba. De ahí que la Condesa comente: "Nordau parece ignorar que una obra de arte, es ante todo y sobre todo, una obra de arte, y que se la debe juzgar como tal, y no con el criterio aplicable a un tratado de filosofía o de sociología o de economía política, ni como se estudia un caso de tifus o el proceso de sarcoma" (Pardo Bazán, *La vida* 1175). Las palabras de la autora subrayan la capacidad creadora y libre del artista que no se basa en datos ecuánimes para desarrollar su obra artística, capaz de escapar a toda lógica. Por su parte, Clarín condena públicamente en *Paliques* las ideas expuestas en *Degeneración* (449).

5. El knout es una fusta con múltiples cintas a las que se incorporan ganchos o anillos metálicos que aumentan el suplicio. De origen ruso, fue empleado durante la formación del imperio de este país como instrumento punitivo que, dependiendo del número de latigazos propiciados, conllevaba la mutilación de la persona e incluso su muerte. Ver la caricatura de Clarín en la portada del libro sosteniendo un knout.

6. Entrevista concedida en abril del año 1967 con motivo de la publicación de *Presentación de Sacher-Masoch. Lo frío y lo cruel.*

7. La crítica ha tocado el bovarismo en la figura de Ana Ozores, pero opta frecuentemente por hablar de deseo quijotesco en ambas novelas y no de bovarismo, integrando a las novelas en su marco literario y no del uso que la clínica hizo de ellas (Alfani 303; Rubio Cremades 92). En cuanto a las concomitancias y analogías entre ambas, cabría añadir a los numerosos estudios que ya existen sobre las dos obras, una nueva aproximación bajo la teoría masoquista en su vertiente literaria.

8. Los numerosos casos descritos en la obra de Krafft-Ebing bajo la denominación de patologías apuntan, por un lado, al deseo de tratar médicamente las denominadas enfermedades sexuales. Para ello se necesita que el paciente explique todo lo que le pasa, es decir, que confiese sus actos y pensamientos alrededor de su sexualidad para que el psiquiatra le pueda proporcionar un tratamiento con la intención de curarlo.

9. Sigo la definición de erotismo propuesta por Georges Bataille pues creo que es la que más se ajusta al caso de *La Regenta*. Según el crítico francés "Hablamos de erotismo siempre que un ser humano se conduce de una manera claramente opuesta a los comportamientos y juicios habituales. El erotismo deja entrever el *reverso* de una fachada cuya apariencia correcta nunca es desmentida; en ese *reverso* se revelan sentimientos, partes del cuerpo y maneras de ser que comúnmente nos dan *vergüenza*" (115).

10. Mucho se ha escrito sobre el tedio presente en Ana Ozores y uno de los mejores trabajos hasta el momento en torno a este tema lo ofrece Sonia Núñez Puente con su estudio *Ellas se aburren. Ennui e imagen femenina en La Regenta y la novela europea de la segunda mitad del siglo XIX*. A lo largo de su investigación, la crítica apunta a la idea de la domesticidad como apoyo esencial de la categoría del *ennui*, entendida como la monotonía de lo insignificante o como la voluntad llorosa anhelante de cadalsos, de novedad. Según Núñez Puente:

> El movimiento circular implícito en la representación temporal del *ennui* experimentado por el dispositivo femenino decimonónico conlleva, sin lugar a dudas, una presencia más que constante de una falla de voluntad. Si consideramos en este sentido la voluntad como el impulso vital conducente a una expresión de cambio

regeneradora, podemos concluir que la construcción del *ennui* lleva consigo una negación de la voluntad. (65)

La ruptura del tedio que supone la confesión de Ana con el Magistral abre entonces la posibilidad de manifestar los impulsos vitales sobre los que construir nuevas voluntades.

11. La característica del contrato parte de aquellos que Sacher-Masoch escribió y que llevaron a establecer varios nexos entre la vida y la obra del autor. El primero, "Contrato firmado entre la Sra. Fanny de Pistor y Leopold von Sacher-Masoch" (1869), va dirigido a la mujer sobre la que se inspiró para crear a Wanda von Dunajev, la protagonista de *La Venus de las pieles*. Aurora Rumelin, la primera esposa del autor, se cambia de nombre en cuanto contrae nupcias con el novelista el 13 de octubre de 1872 y pasa a llamarse Wanda von Sacher-Masoch, nombre que recoge de la protagonista de *La Venus de las pieles*. Leopold realizará con ella muchas de las aventuras narradas en su novela más conocida, incluyendo la del contrato de esclavitud que establecen y firman los protagonistas de esta novela. El autor acaba escenificando sus textos literarios en el "Contrato entre Wanda y Sacher-Masoch." Ambos se incluyen en el libro de Gilles Deleuze (*Presentación* 143–45) y creo importante reproducirlos en unos apéndices ya que en ellos se dictan muchas pautas sobre las que se desarrolla la relación masoquista en el ámbito literario.

12. Deleuze presta especial atención a este componte del que llega a afirmar en su primer ensayo corto sobre el autor austriaco: "no hay masoquismo sin contrato" ("De Sacher-Masoch" 2).

13. Según Deleuze, el otro elemento que dispara el funcionamiento del mecanismo contractual que formaliza el pacto masoquista se halla en el "aviso clasificado" (22), es decir, en un mensaje codificado en el discurso que se origina entre los dos miembros que posteriormente firmarán el contrato.

14. Deleuze defiende el término de masoquismo al separarlo de aquel otro al que en muchas ocasiones se une: el sadismo. Postula por primera vez la complementariedad entre sadismo y masoquismo como un "monstruo semiológico" (135) ya que la amalgama de estos dos vocablos funde los dos conceptos en uno imposibilitando su distinción. De hecho, los sujetos que se presentan en las llamadas perversiones necesitan interactuar con elementos de sus mismas perversiones y no con los de la contraria. Un masoquista no soportaría a un verdugo procedente del mundo sádico porque se rige por reglas diferentes a las del mundo masoquista.

15. La abolición de la Inquisición interviene en el proceso de manera sutil ya que, aunque desaparece la persecución organizada de los pecados de los fieles para castigarlos, inculca en sus penitentes la idea de un tribunal divino omnipresente que vigila cada uno de los actos del ser humano. Así pues, la figura del confesor adopta un nuevo rol convirtiéndose, en palabras de Haliczer, en un "doctor de almas" que trata de dirigir de manera sigilosa la conciencia de sus penitentes.

16. Foucault afirma que en las sociedades modernas existe una red de múltiples centros disciplinarios. Estos focos de control, desde donde se ejerce una vigilancia generalizada que mantiene una sujeción continua y discreta sobre el individuo, se hallan diseminados por la sociedad y funcionan como una suerte de panóptico al actuar de manera difusa, múltiple y polivalente en el cuerpo social entero (*Vigilar* 212–15). El objetivo de este dispositivo es moldear la conducta de los individuos. Sobre ellos no se ejerce solo el control de sus acciones, sino también de sus pensamientos. De modo que los mecanismos disciplinarios que se utilizan para lograr este fin abarcan al sujeto desde todos los ángulos posibles, tanto aquellos que remiten a lo personal y privado, como a lo público y social.

17. La incidencia de modelos religiosos católicos que se hallan en la obra de Sacher-Masoch proviene en parte de su ascendencia española así como de su interés por la historia religiosa y política del Siglo de Oro español, sobre la que el historiador escribe su tesis doctoral.

18. Los cuatro tipos de fantasía propuestas por Kucich son aquellas en las que aparece: (1) un control total sobre otros; (2) la aniquilación total del otro; (3) un deseo de omnipotencia sobre otros; (4) un sentimiento de omnipotencia absoluta.

19. Los escritores místicos hacen un fuerte uso de la alegoría para poder referir los éxtasis con los que trascienden la realidad. En la búsqueda de palabras que expliquen sus estados espirituales, emplean símbolos eróticos con los que pretenden transmitir a los lectores la íntima unión que el místico logra con Dios. Por esta razón, la unión se describe según los gozos de un desposorio, empleando un lenguaje cargado de erotismo.

20. *Imitación de Cristo* (1472) se convierte en el libro de aspecto religioso más leído, después de la Biblia. Ciriaco Morón Arroyo en *La mística española I. Antecedentes y Edad Media*, afirma que la traducción al español que hizo Fray Luis de Granada (1504–88) se imprimió más de treinta veces durante el siglo XVI (204), lo que demuestra el auge de su lectura a la que ya el pueblo podía acceder gracias a su traducción en lengua vernácula.

21. *Las confesiones* de Rousseau, llevaron a Krafft-Ebing a encuadrar la creatividad de este autor dentro de la conducta masoquista (110–11). Las confesiones relatadas tras la muerte de Sacher-Masoch por su exmujer, *Confesión de mi vida* (1907), las escritas a un amigo confidente en *La Venus de las pieles* o a la madre en *El amor de Platón*, suponen el reclamo de un público ante el cual mostrar, entre otras cosas, los fantasiosos tormentos de sus vidas por medio de la narración. Para una profundización del masoquismo en relación a la escritura resultan relevantes los estudios de Lohmüller y Musser ("Reading").

22. El historiador y etnógrafo William Pietz a lo largo de sus estudios sobre el fetiche hace un recorrido por su historia y concibe cuatro concepciones del fetichismo que delinean sus cuatro etapas: la primera, como idea existente en las culturas indígenas, antes de la teorización del concepto; la segunda, según la teorización que hace la ilustración que vincula el fetiche al culto religioso; la tercera, la que lleva a cabo la ciencia de la psiquiatría a partir del siglo XIX en relación a lo sexual; y la cuarta, apoyada en la concepción marxista sobre el carácter fetichista de la mercancía dentro del contexto del capitalismo.

23. Los primeros en tratar el fetiche dentro de los estudios médicos pertenecientes al campo de la psiquiatría fueron Jean-Martin Charcot y Valentin Magnan. En "Inversion du sens genital" (1882) formulan las bases que definen al fetiche en su enunciación científica. Lo caracterizan como una desviación sexual vinculada a las perversiones en las cuales no se puede acceder al placer sin pasar por un objeto que guarde una relación metonímica imprescindible con la persona deseada, con lo que también queda fijada la cualidad de abstracción que se requiere.

24. Beauvoir no profundiza en las implicaciones de esta precisión dado que su obra versa sobre el mundo literario del Marqués de Sade y no de Sacher-Masoch. Sin embargo, rompe con la vinculación del mundo de los dos autores al afirmar que a diferencia de Sacher-Masoch, "el mundo de Sade es esencialmente racional y práctico. Los objetos —materiales o humanos— que sirven a sus placeres, son útiles, carentes de misterio" (56) y así lo podemos ver en obras como *Las ciento veinte jornadas de Sodoma* y la *Historia de Julieta*, entre muchas otras de sus novelas. Uno de los fines de su ensayo es singularizar y explicar el mundo literario de Sade, pero ello repercute también en la singularización del de Sacher-Masoch cuando de manera tajante separa ambos mundos literarios con una contundente aseveración: "Sade no es Sacher-Masoch" (*¿Hay que quemar?* 56). Deleuze da un paso más en la disociación de ambos mundos literarios cuando publica "De Sacher-Masoch au masoquisme." Este ensayo sirve de contrapeso al de Beauvoir ya que en su escisión entre el mundo masoquista y el sadista, el crítico equilibra la balanza al centrarse mucho más en la figura de Sacher-Masoch. Deleuze expone aquí la importancia del contrato como elemento ligado particularmente al mundo masoquista y empieza a delinear un concepto que alcanza su máximo desarrollo con la publicación, seis años más tarde, de *Presentación de Sacher-Masoch. Lo frío y lo cruel.* La distinción de mundos literarios que defiende Beauvoir será también retomada por Slavoj Žižek en sus contribuciones a la teoría masoquista.

Capítulo dos

1. Así sucede en el primero de los dos contratos masoquistas que escribe Sacher-Masoch, "Contrato firmado entre la Sra. Fanny de Pistor y Leopold von Sacher-Masoch," en el cual se establecen los derechos y obligaciones por los que se ha de regir la relación masoquista. El segundo, "Contrato entre Wanda y Sacher-Masoch," se redacta en base a la ampliación del primero pero la diferencia reside en la cláusula de vencimiento, presente en el primero y carente en el segundo, lo que le otorga a este último un carácter eterno e indisoluble. (Véanse los apéndices de este libro.)

2. Cuando en 1870 Sacher-Masoch publica *La Venus de las pieles* y *El amor de Platón*, el lazo conyugal en Austria se somete por entero a la jurisdicción eclesiástica manteniéndose el carácter sagrado del vínculo. Sin embargo, otros países europeos, entre los que cuenta España, implantan el matrimonio civil e incluso alguno como Francia resuelve en 1884 restablecer el divorcio. España, por su parte, plantea el divorcio junto al matrimonio civil en 1870, coincidiendo con la publicación de estas dos obras de Sacher-Masoch. No obstante, si bien se consigue decretar el matrimonio civil, según sostiene Geraldine Scanlon, el divorcio es rechazado por considerarse que socavaría la estabilidad del hogar (114). El matrimonio civil se deroga en España en 1875 y vuelve a la agenda política del Partido Radical en 1883, un año antes de la publicación de *La Regenta*.

3. Para un estudio en profundidad del tema del adulterio femenino, del divorcio y del honor en la obra, así como de su recepción crítica y de las repercusiones sociales y literarias que produjo la pieza teatral de Sellés en la sociedad española, véanse los trabajos de Concepción Fernández Soto, *Claves socioculturales y literarias en la obra de Eugenio Sellés y Ángel (1842–1926)*, y el elaborado junto a Francisco Checa Olmos sobre el adulterio femenino.

4. La concepción clariniana de lo que debería ser el matrimonio concuerda con la de Georg W. Friedrich Hegel, a quien Alas menciona en su análisis de la obra de Sellés. Para el filósofo alemán, el matrimonio es un hecho moral inmediato en el que la vida natural se transforma en unidad espiritual, en el amor consciente que constituye el vínculo moral. El derecho solo interviene en el momento de la descomposición de la familia, cuando cada uno de sus miembros se vuelve persona independiente. El matrimonio se despliega esencialmente en el espacio de la moralidad, es una acción moral y libre y no una unión inmediata de individuos naturales y de sus instintos (Fraisse 74). De acuerdo con Geneviève Fraisse, la postura filosófica de Hegel se enfrenta a la de Fichte, para quien la unión perfecta del matrimonio descansa en el instinto sexual de ambos sexos, y a la de Kant según el cual el matrimonio se da como un contrato (73-74). Finalmente, cabe advertir que las ideas de los tres filósofos descansan en la premisa del sometimiento de la mujer al hombre.

5. Claudio Sánchez Albornoz sostiene la influencia del cristianismo en la Península Ibérica dentro del marco de una potestad real que perseguía, entre otras cosas, la salvación del alma salvaguardando la fe por medio de la defensa y ampliación del territorio frente a sus enemigos. Con este propósito, el monarca concede a los nobles y al alto clero la inmunidad con la que, según el historiador, se les otorga, entre otros derechos, la administración de la justicia dentro de sus señoríos y la exigencia de tributos y servicios a sus habitantes (263–88).

6. Bajo la ola del llamado feminismo ilustrado llega a la Asamblea Nacional francesa en 1790, el manifiesto de *Quejas y denuncias de las mujeres malcasadas*. En él se vindica el derecho liberador de la mujer que sufre el yugo de un marido que se comporta como su dueño y a quien debe rendir sumisión y obediencia pese a los malos tratos que le propicia (Puleo 132). En 1791 la Constitución restringe el matrimonio a un contrato civil y al año siguiente se establece el divorcio por mutuo consentimiento. No obstante, el derecho revolucionario francés y el Código Civil de 1804, si bien parecían dirigirse hacia la libertad del individuo, no aplicaron el mismo derecho a las mujeres, que por un lado seguían bajo la posesión de sus maridos o padres y por el otro debían tener cuidado con la ley del adulterio que castigaba en mayor grado a la mujer que al hombre. De tal manera, la disolución matrimonial se forjó en beneficio de los deseos del hombre que en 1815, con la Restauración borbónica, ve suprimido el divorcio hasta su nueva legislación en 1884 (Ferrer 218).

   7. Los movimientos de mujeres que defendían su libertad se apoyaban, en cierta medida, en la utopía social propuesta por Fourier que proclamaba la libertad del individuo mujer (según él, solo la cuarta parte de las mujeres es apta para la vida doméstica); libertad de emulación con el hombre (sana rivalidad —dice—, contrariamente a sus contemporáneos); libertad en la 'atracción pasional' y la 'asociación' entre el hombre y la mujer (la relación sexual no culmina en un contrato) (Fraisse 78–79).

   8. A propósito de la figura de Fermín de Pas en relación a la discusión sobre la subjetividad en la modernidad y de los diferentes discursos que construyen al personaje, resulta interesante el estudio que José David Sánchez Melero dedica al personaje. En "Un sujeto en *La Regenta*," Sánchez Melero propone las distintas voces integradas en la subjetividad como las melodías de una sinfonía compleja cuyo final resulta cacofónico, pues el Magistral como sujeto moderno, al igual que Ana, "se mueve en la contradicción de las voces intentando conciliarlas en un *yo*, torturado y auto-justificado, que se deja llevar en sus discursos por las voces que le impelen" (129).

   9. La crítica ha tratado ampliamente los rasgos de su escritura femenina de la monja abulense como modos de auto-interpretación y construcción del sujeto femenino bajo varios ángulos, entre los que cabe subrayar: la inscripción del cuerpo femenino en el texto (Cixous), las estrategias discursivas femeninas para escapar del *logos* masculino (A. Weber), la subversión de las prácticas del sí (Carrera), el uso de un discurso *performativo* místico como eje en la transformación del discurso (Tyler) o como producción discursiva precursora del barroco (Rodríguez-Guridi). El denominador común de estos enfoques reside en la importancia del texto escrito para construirse mediante un nuevo modo de escritura. En cuanto a los estudios enfocados en el proceso de formación de la subjetividad que relacionan a la Regenta con Santa Teresa, la bibliografía es también amplia y destacan entre muchos otros los de DuPont (*Writing*); Ezama Gil; Labanyi ("Mysticism"); Mandrell; Saillard ("Louvain"); Tomsich; y Valis ("Hysteria").

   10. José Manuel González Herrán advierte que la vocación literaria de Ana surge de la estimulación de escritores como San Agustín, Fray Luis de León y sobre todo San Juan de la Cruz ("Ana Ozores" 163) y que su deseo de realización da lugar a una imaginación novelera, con la que crear ámbitos ficticios en los que refugiarse de una sociedad eminentemente represora (165). Por tanto, en esta segunda lectura, la autorrealización femenina estará sometida a la una escritura guiada por la imaginación masculina y llevada al ámbito de la fantasía fabuladora desde la cual poder huir.

11. Conviene recordar aquí la aguda interpretación que Mandrell ofrece de los celos que Fermín llega a tener de Santa Teresa en su temor de perder parte de su influencia sobre Ana quien, guiada por Santa Teresa, puede llegar a reclamar su carácter autosuficiente para lidiar con su deseo (20).

12. La historia del idolillo se relata en el capítulo V de la obra de Santa Teresa, *Libro de su vida*. La situación de Ana presenta varias similitudes con la narración de este capítulo: la gran enfermedad que a las dos acomete, la amistad con sus confesores y sus ansias de ganar los bienes eternos. Con lo cual, este se advierte como otro de los capítulos de la obra de Teresa de Ávila que sirvieron de inspiración a Clarín para la escritura de *La Regenta*.

13. Ver el contrato integrado en *La Venus de las pieles*, reproducido en el Apéndice 2 que aparece al final de *La pasión esclava*.

14. Ver el Apéndice 1 integrado al final de *La pasión esclava*, donde se reproduce el contrato de la vida real de Sacher-Masoch sobre el que elaborará el contrato que incluye *La Venus de las pieles*.

15. Ver el contrato reproducido en el Apéndice 1.

16. Tampoco se muestra de acuerdo con las teorías de Thomas Hobbes y John Locke a este respecto. Hobbes contempla el contrato social dentro del marco del absolutismo en el que el hombre coaccionado debe someterse a la voluntad de una fuerza superior. En este sentido, la literatura del Marqués de Sade se puede leer siguiendo muchos de los postulados de la teoría hobbesiana. Para mayor profundización en los vínculos entre la teoría contractualista de Hobbes y la obra de Sade, ver el trabajo de Klaas Tindemans.

17. Villaverde emplea el término de utopía realista de Jean Fabre para caracterizarla como "una utopía encarnada en la historia, que ha existido realmente, que puede situarse en un tiempo y espacio concretos" (*El contrato* 16).

18. Faycal Falaky en *Social Contract, Masochist Contract* ofrece una lectura del contrato social sirviéndose de la dinámica que opera en el deseo masoquista, en los términos de enajenación del yo a una voluntad superior, para explicar la organización política expuesta en el contrato social rousseauriano. Por su parte, Ignacio Falasca en "El yugo de la felicidad" propone un análisis de las similitudes entre *El contrato social* y *La Venus de las pieles* mediante la pérdida de la libertad individual que se advierte en ambas obras. Su análisis comparativo entre la teoría de Rousseau y la dinámica masoquista elaborada en esta novela le lleva a concluir que ambas se hallan destinadas al fracaso.

19. Con el motivo del tercer centenario de la muerte de Santa Teresa y ante el debate que en torno a ella mantienen la Iglesia y la ciencia, Clarín lanza duras críticas a ambas. Denise DuPont recoge estas críticas en el capítulo que dedica a Clarín dentro de su excelente libro *Writing Teresa*. DuPont da cuenta de cómo Clarín destapa la hipocresía religiosa de aquellos literatos conservadores que cantan al celestial arrobo de la Santa, mientras el autor critica a su vez a los escritores que se sirven de la imagen de la Santa para invertirla y situarla dentro de un desorden patológico, calificándola de perturbada y peligrosa *femme fatale*. De ahí que Clarín rechace el trato que

Ramón Mainez ofrece en la obra que amistosamente le regala, *Teresa ante la crítica* (DuPont, *Writing* 50-52).

20. Los krausistas entienden la sociedad de manera organicista, por lo que lejos de conformarse como un mero aglomerado de individuos, al estilo atomista o inorgánico, lo hace como un todo, como un ser esencial en sí mismo. Los órganos que comprenden ese todo social son cada una de las esferas de la vida del hombre: la religión, la moral, el derecho, la economía, la ciencia y el arte, entre otras (Capellán de Miguel 193).

21. De manera similar opera en otro contexto el feminismo conservador católico representado por Concepción Arenal cuando defiende las ideas sobre la educación articuladas por el círculo krausista. Si bien estas suponen para el poder falocéntrico un modo de contención de las nacientes aspiraciones feministas, la parte más conservadora del feminismo se sirve de ellas para posicionarse estratégicamente y ejercer una fuerza activa dentro del sistema educativo que conforma a la mujer. La autora confía en la utilidad de la educación para lograr un mayor nivel de independencia, igualdad y por consiguiente dignidad. Dada la imposibilidad de imponerse y vencer a la sociedad patriarcal en la centuria decimonónica, Arenal vuelve a servirse del concepto de utilidad del aprendizaje dentro del contexto de la educación femenina para reformar desde una posición sumisa el andamiaje de desigualdad social. Así lo manifiesta en *Memoria sobre la desigualdad* (1898) cuando comenta:

> No queremos entre la mujer y el hombre la igualdad *absoluta* sino la *suficiente* para la armonía que hoy no puede existir por las desigualdades excesivas … no queremos lo que se entiende por mujer *emancipada* sino por mujer *independiente*; no queremos el amor libre, sino el matrimonio contraído con libertad, y en él, con las diferencias naturales y convenientes, las semejanzas necesarias para que sean la base firme de la virtud y prosperidad de los pueblos. (164-65)

Apoyándose en el concepto de armonía familiar que encamina a la nación hacia su prosperidad, Arenal clama por adquirir unos derechos bajo el mandato del poder hegemónico. Le confiriere superioridad para convencerlo de la conveniencia del compañerismo que proclaman tanto León XIII como los krausistas. La Regenta también intenta conseguir inicialmente el compañerismo mediante la hermandad espiritual con Fermín, confiriéndole la posición superior de hermano mayor del alma.

Capítulo tres

1. En 1887, Binet retoma la idea de Charcot y Magnan sobre el fetichismo para ampliarla en su artículo "Le fétichisme dans l'amour: Étude de psycologie morbide." Aquí estudia la excitación sexual producida por el fetiche y ratifica la idea de fetichismo como perversión, al considerarlo contrario al amor *normal*, que tiene por objeto la totalidad de la persona (69). No obstante, advierte una diferencia entre el gran fetichismo y el pequeño, dependiendo de la intensidad con la que se exprese, pues asevera que en el fondo los hombres son "más o menos fetichistas" (4). Ante ello, cabe preguntarse si el ser humano es inherentemente perverso, en mayor o menor medida. La problemática surge cuando se hermanan los términos *perverso normal*.

2. Más adelante, en el capítulo XXV, el Magistral reconoce abiertamente el deseo sexual que siente por Ana. Después de la disputa que mantiene con la Regenta, en la que esta se percata del amor carnal que Fermín siente hacia ella, el narrador desvela los pensamientos más profundos de Fermín: "La conciencia le [a Fermín] recordó a Teresina. A Teresina pálida y sonriente que decía, dentro del cerebro: "'¿Y tú ...?' 'Él era hombre' se contestaba. Y apretaba el paso. 'Yo la quería para mi alma ....' 'Y su cuerpo también querías, decía la Teresina del cerebro, el cuerpo también ... acuérdate.' 'Sí, sí ... pero ... esperaba ... esperaría hasta morir ... antes que perderla'" (II, 391). La represión que se autoimpone viene marcada por su contrato masoquista con Ana, aunque es evidente la fuerza que los instintos sexuales ejercen sobre el pacto.

3. En este artículo titulado "Devorar para ser devorado: comentario sobre un arquetipo en *La Regenta* de Clarín," Ayuso también conecta —como anteriormente lo hacen Nimetz, Oleza, Sobejano y Rutherford, entre otros— la frescura de la rosa con la escena siguiente en la que se refiere un proceso mental de identificación entre el capullo de la flor y las niñas que asisten a la catequesis con el Magistral (34). Clarín plasma todo un encadenamiento de perversiones sexuales dentro del seno de la Iglesia.

4. La identificación de la Regenta con la rosa se produce, además, por parte de otros personajes en la novela. Doña Petronila alude a la belleza de Ana y a su conexión con lo espiritual al manifestar "—¡Pero qué hermosísima está hoy esta rosa de Jericó!" (II, 360), puesto que esta rosa simboliza a la Virgen María. Paco cavila en esa misma belleza espiritual y la une al deseo carnal mediante una vinculación con lo gastronómico: "La fiebre daba luz y lumbre a los ojos de la Regenta, y a su rostro rosas encarnadas; y en el sonreír parecía una santa. Paco pensó sin querer, 'que estaba apetitosa'" (II, 176).

5. Siguiendo el discurso de la asexualización femenina, la clínica tratará de aplacar la práctica sexual advirtiendo de sus efectos nocivos y relacionándola con la locura (Jagoe 336).

6. En su introducción a *La Regenta*, Zubiaurre y Powell animan a acercarse a esta.

7. Léase liminal bajo la denominación antropológica que Víctor Turner le adjudica al término. En "Victor Turner's Definition, Theory, and Sense of Ritual" Ronald Grimes explica cómo antes de situarse en un espacio liminal, el individuo debe salir de su estado previo, bien físicamente, bien de manera psíquica, para entrar en un periodo de transición entre dos mundos, que remite al espacio liminal (141–62). En este sentido, la Regenta queda atrapada por un momento en este espacio liminal de transición entre dos mundos, el carnal y el espiritual.

8. Mario Praz se sirve de las palabras de Walter Pater para comentar cómo, en torno a 1880, la sonrisa de la Gioconda fue adoptada en ciertos círculos literarios de París como modelo representante de un tipo de *femme fatale*, caracterizada por "[t]he unfathomable smile, always with a touch of something sinister in it" (*Romantic Agony* 243).

9. Esta escena, en la que el narrador perfila con gran delectación la desnudez de los pies de Ana en el espacio más íntimo de su casa y, por tanto, privado, refiere una prolepsis de los pies descalzos de la protagonista en la procesión de Viernes Santo. Se trata de una prolepsis contrapositiva pues, en esta última escena, Ana siente repulsión y vergüenza al exponer la desnudez de sus pies, hundidos y manchados por el lodo, en un espacio público.

10. La expresión idiomática de *estar a los pies de alguien hasta la muerte* remite otra vez al fetichismo erótico de los pies y mina todavía más el significado que los pies de Ana van adquiriendo a lo largo de la novela hasta su punto álgido en la procesión de Semana Santa.

11. René Girard en *La violencia y lo sagrado* explica cómo la violencia insatisfecha de una sociedad en crisis se proyecta originalmente hacia una víctima que se castiga y que reemplaza a toda la sociedad. En este sentido, Cristo, como Mesías redentor, se sacrifica por todo su pueblo. La violencia dirigida hacia un solo sujeto evita que se vuelva hacia la sociedad entera. Una vez que la víctima es sacrificada, el orden vuelve a la sociedad. Según el crítico francés, los ritos sacrificiales se presentan como una *mimesis* de la experiencia original. En ellos se busca a una *víctima de recambio* que sustituya a la criatura que excitó su furor. La víctima sucedánea carece de todo título especial para atraer las iras de la sociedad violenta, salvo el hecho de que es vulnerable y está al alcance de la mano de la sociedad.

12. Sobre el autocontrol psicológico de los personajes en *La Regenta* y a la represión de sus emociones, ver Rutherford, *Leopoldo Alas: La Regenta*.

13. En su artículo, "La música en *La Regenta*," la biznieta de Leopoldo Alas traza un recorrido por la música popular, la religiosa, la ópera y la zarzuela en *La Regenta* para mostrar cómo la sensibilidad musical de Clarín se pone de relieve en algunos rasgos de estilo ajenos a la simple cita de la obra musical y cómo consigue plasmar las distintas sensaciones de los personajes. Estas sensaciones abarcan desde la espiritualidad de Ana hasta los deseos de venganza del Magistral.

14. Frente al masoquismo como neurosis obsesiva susceptible de llevarse a cabo (Reik 50), Freud advierte la existencia de una fantasía dentro del inconsciente del histérico, sin embargo, esta última no se materializa, permaneciendo siempre reprimida. En este sentido, se parte de que el masoquismo y la histeria se integran dentro de un tipo de neurosis que descansa en fuerzas pulsionales reprimidas del carácter sexual. Dentro de este contexto, estimo la fantasía del masoquismo como el posible reverso de la de histeria. Es decir, en torno a la fantasía, ambos, masoquismo e histeria, constituyen las dos caras de una misma moneda, la de la neurosis obsesiva. La histeria en su parte negativa, en tanto inconsciente y el masoquismo en su parte positiva, consciente.

15. Las palabras de Mark Amiaux, en la introducción a su obra *Un grand anormal: Le Chevalier de Sacher-Masoch*, resultan reveladoras a este respecto cuando comenta que Sacher-Masoch siente pasión por el dolor pero a diferencia del masoquismo ordinario —léase patológico— que cultiva una tortura física, el escritor austriaco busca, además, en el alma una satisfacción intelectual. De hecho, lo que él persigue es estimular las facultades de la imaginación (ii). Y en efecto, este parece ser uno de los engranajes que mueven a Ana en su senda por el masoquismo.

16. El ejemplo que Bloch ofrece para ilustrar el gran fetichismo es el de los fetichistas de trenzas, en el que la figura parcial, es decir, la trenza, se separa del conjunto de la persona para tomar valor en sí misma, dando lugar a que el fetichista ame simplemente a la trenza (742). Bloch contrapone el *gran fetichismo* al *pequeño fetichismo,* en el que el fetichista idealiza y monopoliza los atractivos independientes que puedan sustituir temporal o permanentemente el encanto de toda la personalidad (743). Esta diferencia nos remite a la ya vislumbrada por Charcot y Magnan en "Le fétichisme dans l'amour: Étude de psycologie morbide." Freud se hace eco de los postulados de Charcot y Magnan en relación al denominado *amor normal* expuesto en "Le fétichisme dans l'amour." En *Tres ensayos de teoría sexual* el psicoanalista separa el fetichismo "de amor normal" del que tilda como "el otro fetichismo." El primero —léase *pequeño fetichismo*— no lo califica como perversión. Lo adscribe a "un estadio de enamoramiento en el que la meta sexual normal es inalcanzable o su cumplimiento parece postergado" (140). Mientras que al segundo —*gran fetichismo*— lo califica de patológico y perverso debido a que el "fetiche se desprende de esa persona determinada y pasa a ser un objeto sexual por sí mismo" (140). En este estudio recurro a la exposición de Bloch por dos razones: la primera, por servirse de los mismos términos empleados por Charcot y Magnan; y la segunda, por el amplio desarrollo que realiza del tema.

17. El lodo en esta escena adquiere una gran importancia simbólica que ha sido anotada, entre otros críticos por Labanyi y Sinclair. Labanyi percibe en este lodo un signo de corrupción, resultado de la exposición de una actividad sexual prohibida ("City" 58). Sinclair profundiza en el motivo del lodo y lo vincula a la sexualidad y a la muerte del honor. Concretamente en esta escena, lo interpreta como el símbolo de la reputación mancillada de Ana (*Dislocations* 54). Por mi parte, en mi estudio sobre la prostitución en la novela, señalo el motivo de la muerte en relación al Viernes Santo para advertir de otras dos muertes, la que visualiza Víctor como el entierro de su mujer —con el fin de salvaguardar su propia honra— y la del misticismo de Ana ("La singular" 257).

18. Un final muy diferente se propone desde la versión cinematográfica moderna de la novela, *Oviedo Express* (2007) de Gonzalo Suárez. La película contesta paródica y satíricamente al final de la novela con la venganza de su protagonista, tal y como indica Linda Willem (628). En esta comedia de corte postmoderno, la actriz principal de la compañía de teatro que llega a Oviedo a ofrecer la adaptación teatral de *La Regenta* (Aitana Sánchez Gijón), ostenta el rol de la *dominatrix* de un débil y alcohólico Álvaro Mesía (Jorge

Sanz) y tras las imposibles negociaciones sobre la fidelidad conyugal con su marido, actor principal de la compañía en su papel de Fermín de Pas (Carmelo Gómez), decide cobrar venganza silenciosamente y salir airosa del asesinato del tenorio con sotana, cuyo cuerpo deja flotante boca abajo en una piscina hollywoodiense abatido por la mirada vigilante de los *mass media*, encarnados en Oviedo por una erotizada *imperatrix* (Najwa Nimri) que al final del film llega a la cúpula del poder posicionándose encima y por encima de su representante principal, el alcalde —Regente— (Alberto Jiménez) de la ciudad.

Capítulo cuatro

1. Los tres tipos de madre son: la uterina, la edípica y la ideal, llamada también la madre oral. Según Deleuze, la primera de ellas se caracteriza por aceptar prostituirse; la segunda, la edípica, se define como la amante que tiene una relación con el padre "sádico." Conviene aclarar que el llamado padre "sádico" aparece como elemento del masoquismo al mantener siempre una relación dialéctica con su pareja; lejos de la figura déspota y tiránica con la que se define a la del sadismo, ya que esta rechaza toda relación de habla entre la víctima y el verdugo. El personaje del sadismo no persuade a su víctima para que proceda de una determinada manera. Siempre manifiesta una satisfacción individual y no la comparte, al contrario de lo que sucede en el masoquismo. Por último, la madre oral se muestra como la figura fría y cruel, y como la representante de la ley. Simbólicamente, se transfieren todas las funciones paternas a la figura de la mujer. (*Presentación* 50–67).

2. El masoquismo filial guarda varios puntos concomitantes con lo que Freud ha denominado masoquismo moral y Reik masoquismo social. Reik articula el concepto de masoquismo social en base a la tentación de realizar un deseo prohibido por las leyes sociales. En su desarrollo parte de la noción freudiana del masoquismo moral para reformularla y evitar la valoración de lo que resulta moral o no, dado que: "Lo que llamamos moral aparece como inmoral para otros pueblos y grupos culturales y viceversa" (II, 61). El masoquismo social obedece al sentimiento de culpa latente en la ansiedad social que causan las distintas prohibiciones. Bajo estos postulados se plantea el masoquismo social como uno psíquico y plural, ya que pueden existir múltiples figuras punitivas dispuestas a infligir el dolor que el masoquista social está dispuesto a aceptar para triunfar en su entorno, mientras que el filial se concibe mayoritariamente dentro del contexto español de fin de siglo sobre figuras maternas.

3. Según el historiador Iosif Romual′dovich Grigulévich, "León XIII fue partidario de la participación más activa de los católicos en la vida política, especialmente en los países donde ellos constituían la mayoría de la población. Aun cuando en sus encíclicas sostenía la doctrina del origen medieval del poder supremo y daba prelación a la monarquía absolutista como forma de gobierno, el Papa Pecci admitía la posibilidad de colaborar con regímenes parlamentarios e incluso republicanos, a condición de que, como señalaba la encíclica *Libertas*, del 20 de julio de 1888, 'no hayan sido infringidos los derechos de nadie y, principalmente, sean atendidos los derechos de la iglesia. ¡Id de las sacristías al pueblo!' (28), llamó con particular insistencia al clero."

4. En el "Sílabo de errores de nuestro tiempo," dentro de la parte que corresponde a los Errores sobre la Iglesia y sus derechos, Pío IX advierte como un error creer que la Iglesia no tiene potestad para definir dogmáticamente que el catolicismo es la única religión verdadera. A este respecto, Alas sostiene en *Siglo pasado* (1901) que "El espíritu religioso es una tendencia ante todo, un punto de vista, casi pudiera decirse una digna postura, la postración ante el misterio sagrado y poético, no es, como creen muchos, ante todo una solución concreta, cerrada, exclusiva" (48). Clarín confía en su religiosidad como una posibilidad más de acceso a Dios, pero no como la única vía, manteniendo así una postura tolerante con el resto de las religiones y alejándose de los dogmas de la institución eclesiástica.

5. Cabe puntualizar que Lissorgues señala a dos personajes como excepción a su aseveración, Ana Ozores y el Obispo Fortunato Caimorán. En su planteamiento subraya que el ser católico no impide la verdadera religiosidad. La crítica lanzada por Clarín se hace desde un agudo anticlericalismo expresado en la formación de dinámicas masoquistas y en ningún caso excluye la espiritualidad del autor. En este aspecto coinciden Alas y Sacher-Masoch, ya que ambos son católicos y anticlericales.

6. En otras ocasiones, a través del cigarro se representa, aparte del deseo sexual o la falta de este deseo hacia la protagonista de la novela —indicado anteriormente—, la potencia sexual de los personajes masculinos. Los ejemplos más evidentes recaen en las figuras de Víctor, que abandona su cigarro antes de llegar a su término —se dice que tenía el cigarro medio apagado. En contraposición, Álvaro Mesía besa el tabaco con cariño y voluptuosa calma. Por su parte, el que Fermín no fume revela más su sexualidad reprimida, su prohibición, que su falta de deseo hacia Ana.

7. En las distintas maneras de percibir la religión Valis incluye también la cuestión de género y creencias políticas. Anota que la religión en *La Regenta* supone la devoción en las clases altas, la alienación en la clases trabajadoras, la indiferencia o ateísmo en los miembros masculinos de políticas liberales, mientras sirve de vía de consolación para la mayoría de mujeres que llenan con su presencia el interior de las iglesias (*Sacred* 13).

8. Pese a que el narrador comenta que años más tarde Paula se olvida de sus padres, la madre de Paula no se evoca ni una sola vez. El único amor que Paula expresa por la figura materna parece hallarse tan solo en las entrañas de la Madre tierra, por ser las que atesoran su dinero, y de esta nunca se olvida.

9. Dada la infalibilidad pontificia, la institución eclesiástica debe ejercer un control en el pensamiento y comportamiento de sus fieles para guiarlos dentro del orden y alejarlos del caos.

10. Para una mayor explicación de la influencia de Paula en Fermín y su efecto en la relación que este mantiene con Ana, ver el capítulo IV de *Dislocations of Desire* de Sinclair.

11. Clarín completa la descripción de sus personajes con gran verosimilitud mediante un estilo lingüístico acorde a la realidad. En su artículo "Del estilo en la novela," publicado en *Artes y letras* en 1882, Alas puntualiza que el autor debe esconderse y dejar que la realidad imitada aparezca sola en su libro, adaptando el lenguaje literario a la expresión directa y fácil de la realidad que se refleja en la novela (76).

12. La juventud e impulso sexual del párroco de Matalerejo ponen sobre aviso a Paula de lo que le puede pasar a Fermín. Por esta razón, y de acuerdo a Mitchell: "Doña Paula discretely arranges for comely rural maids to serve in her son's household as a 'precaution.' One of them, Teresina, relieves the priest's libido with unspecified acts when he feels most tempted by his penitent, Ana Ozores" (51).

13. Es preciso recordar que esta cualidad describe, en mayor o menor medida, a los hombres con los que se relaciona doña Paula. En el caso del cura de Matalerejo, su voluntad se debilita a causa de pulsiones sexuales. En el caso de marido de Paula y de los clientes de su taberna, debido a vicios como el alcohol y el juego.

Obras Citadas

Acton, William. *Functions and Disorders of the Reproductive Organs.* Philadelphia: Lindsay and Blakinson, 1867. Impreso

Alas, Leopoldo. "Del estilo en la novela." *Leopoldo Alas: Teoría y crítica de la novela española.* Ed. Sergio Beser. Barcelona: Laia, 1972. Impreso.

——. *Mis plagios. Un discurso de Núñez de Arce.* Folletos Literarios 4. Madrid: Fernando Fé, 1888. Impreso.

——. *Paliques.* Madrid: Hemeroteca Municipal, 2003. Impreso.

——. *La Regenta.* Ed. Juan Oleza. Madrid: Cátedra, 2001. Impreso.

——. *Siglo pasado.* Ed. José Luis García Martín. Gijón: Libros del Pexe, 1999. Impreso.

——. *Solos de Clarín.* Ed. José Echegaray. Madrid: Alianza, 1971. Impreso.

——. *Su único hijo.* Ed. Carolyn Richmond. Madrid: Espasa-Calpe, 1979. Impreso.

Aldaraca, Bridget. "El caso de Ana O. Histeria y sexualidad en *La Regenta.*" *Asclepio: Archivo Iberoamericano de Historia de la Medicina y Antropología Médica* 42 (1990): 51–61. Impreso.

Alfani, María Rosario. "Clarín, la provincia y el quijotismo." *Leopoldo Alas "Clarín." Actas del simposio internacional.* Ed. Antonio Vilanova y Adolfo Sotelo Vázquez. Barcelona: PPU, 2002. Impreso.

Alonso, Luis Ricardo. "*La Regenta*: Contrapunto del ensueño y la realidad." *Cuadernos del Norte* 24 (1984): 3–9. Impreso.

Amestoy, Ignacio. *Ederra.* Ed. Eduardo Pérez-Rasilla. Madrid: Cátedra, 2005. Impreso.

Amiaux, Mark. *Un Grand Anormal. Le Chevalier de Sacher-Masoch.* Paris: Les Éditions de France, 1938. Impreso.

Arenal, Concepción. *Memoria sobre la desigualdad. Obras completas.* Vol. 17. Madrid: Victoriano Suárez, 1898. Impreso.

——. *El visitador del preso. Obras completas.* Vol. 13. Madrid: Victoriano Suárez, 1896. Web. 12 feb. 2013.

Aresti Esteban, Nerea. "El ángel del hogar y sus demonios. Ciencia, religión y género en la España del siglo XIX." *Historia Contemporánea* 21 (2000): 363–91. Impreso.

Aristóteles. *Nicomachean Ethics.* Ed. Sarah Broadie. Nueva York: Oxford UP, 2002. Impreso.

Arnold, Magda. *Emotion and Personality.* Nueva York: Columbia UP, 1960. Impreso.

Átame. Dir. Pedro Almodóvar. Perf. Victoria Abril, Antonio Banderas y Loles León. El Deseo, S.A., 1990. Film.

Ayuso, José Paulino. "Devorar para ser devorado. Comentario para un arquetipo en *La Regenta.*" *Cuadernos de Investigación Filológica* 25 (1989): 25–39. Impreso.

Bach, Ulrich. "Sacher-Masoch's Utopian Peripheries." *German Quarterly Review* 80 (2007): 201–19. Impreso.

Bachofen, Juan Sebastián. *El matriarcado*. Trad. Begoña Ariño. Barcelona: Anthropos, 1988. Impreso.

Bajtín, Mijail. *Teoría y estética de la novela*. Madrid: Taurus, 1989. Impreso.

Balzac, Honoré de. *La prima Bette*. Buenos Aires: Ediciones Selectas, 1964. Impreso.

Baquero Goyanes, Mariano. "Exaltación de lo vital en *La Regenta.*" *Archivum* 2 (1952): 187–216. Impreso.

Barbey d'Aurevilly, Jules. *Une vieille maîtresse*. Ed. Philippe Berthier. Paris: Flammarion, 1996. Impreso.

Bataille, Georges. *El erotismo*. Trad. Marie Paule Sazarin y Antoni Vicens. Barcelona: Tusquets, 2002. Impreso.

Beauvoir, Simone de. *¿Hay que quemar a Sade?* Trad. Francisco Sampedro. Madrid: Visor, 2000. Impreso.

———. *El segundo sexo*. Madrid: Cátedra: 2005.

Bécquer, Gustavo Adolfo. "La ajorca de oro.*" El Contemporáneo*. Madrid, 28 de may. 1861 Impreso.

———. "El monte de las ánimas." *El Contemporáneo*. Madrid, 7 de nov. 1861. Impreso.

Belle de Jour. Dir. Luis Buñuel. Perf. Catherine Deneuve, Jean Sorel y Michel Piccoli. Criterion Collection, 2012. Film.

Benjamín, Walter. "Para una crítica a la violencia." *Escuela de filosofía*. Universidad ARCIS. 1 18. Web. 8 sep. 2013.

Bidet, Alfred. "Le fétichisme dans l'amour: Étude de psychologie morbide." *Revue philosophique* 24 (1887): 252–74. Impreso.

Bieder, Maryellen. "Engendering Strategies of Authority: Emilia Pardo Bazán and the Novel." *Cultural and Historical Grounding for Hispanic and Luso-Brazilian Feminist Literary Criticism*. Ed. Hernán Vidal. Minneapolis: Institute for the Study of Ideologies and Literature, 1989. 473–95. Impreso.

Bloch, Iván. *La vida sexual contemporánea*. Buenos Aires: Anaconda, 1942. Impreso.

Bobes Naves, María del Carmen. *Teoría general de la novela. Semiología de "La Regenta."* Madrid: Gredos, 1993. Impreso.

Bordo, Susan. *Unbearable Weight: Feminism, Western Culture, and the Body.* Berkeley: U of California P, 1993. Impreso.

Bornay, Erika. *La cabellera femenina.* Madrid: Cátedra, 1994. Impreso.

———. *Las hijas de Lilith.* Madrid: Cátedra, 2008. Impreso.

Bosco Sanromán, Juan. "Anteriores centenarios de Santa Teresa." *Perfil histórico de Santa Teresa.* Ed. Teófanes Egido. Madrid: Editorial de Espiritualidad, 1981. 173–95. Impreso.

Boyle, Robert. "Words Hipper of the Word: James Joyce and the Trinity." *A Starchamber Quiry.* Nueva York: Methuen, 1982. 109–51. Impreso.

Cagigas, Ángel. *La histeria de Charcot.* Jaén: Del Lunar, 2003. Impreso.

Camino. Dir. Javier Fesser. Perf. Nerea Camacho, Carme Elías y Mariano Venancio. Mediapro, 2008. Film

Capellán de Miguel, Gonzalo. *La España armónica: el proyecto del krausismo español para una sociedad en conflicto.* Madrid: Biblioteca Nueva, 2006. Impreso.

Carrera, Elena. *Teresa of Avila's Autobiography: Authority, Power and the Self in Mid-sixteenth-century Spain.* Londres: Modern Humanities Research Association, 2005. Impreso.

Certeau, Michel de. *La fábula mística. Siglos XVI–XVII.* México D. F.: Universidad Iberoamericana, 1993. Impreso.

Charcot, Jean-Martin, y Valentin Magnan. "Inversion du sens génital." *Archives de Neurologie* 3 (1882): 53–60. Impreso.

Charnon-Deutsch, Lou. "Between Agency and Determinism: A Critical Review of Clarín Studies." *Hispanic Review* 76.2 (2008): 135–53. Impreso.

———. *Fictions of the Feminine in the Nineteenth-Century Spanish Press.* University Park, PA: Pennsylvania State UP, 2000. Impreso.

———. *Gender and Representation: Women in Spanish Realist Fiction.* Purdue University Monographs in Romance Languages 32. Philadelphia: John Benjamins Publishing Company, 1990. Impreso.

———. *Narratives of Desire: Nineteenth-Century Spanish Fiction by Women.* University Park, PA: Pennsylvania State UP, 1994. Impreso.

———. "The Social Masochism of the Nineteenth-Century Domestic Novel." *Indiana Journal of Hispanic Studies* 2.1 (1993): 111–35. Impreso.

———. "Speech and the Power of Speaking in *La Regenta.*" *Crítica Hispánica* 9.1–2 (1987): 68–85. Impreso.

Charnon-Deutsch, Lou. "Voyeurism, Pornography and *La Regenta.*" *Modern Language Studies* 20 (1989): 93–101. Impreso.

Chartier, Alain. *La bella dama despiadada.* Trad. Carlos Alvar. Madrid: Gredos, 1996. Impreso.

Checa Olmos, Francisco, y Concepción Fernández Soto. "Adulterio femenino, divorcio y honor en la escena decimonónica española. El debate social en la recepción de *El nudo gordiano,* de Eugenio Sellés (1842–1926)." *Revista de Dialectología y Tradiciones Populares* 69.1 (2014): 155–69. Impreso.

Ciplijauskaité, Biruté. *La mujer insatisfecha: el adulterio en la novela realista.* Barcelona: Edhasa, 1984. Impreso.

Cixous, Hélène. *La risa de la medusa. Ensayos sobre la escritura,* Barcelona: Anthropos, 1995. Impreso.

Deleuze, Gilles. "De Sacher-Masoch au masochisme." *Accueil* 25 (2006). Web. 10 jun. 2014.

———. *La isla desierta y otros textos. Textos y entrevistas (1953–1974).* Ed. David Lapoujade. Trad. José Luis Pardo. Valencia: Pre-Textos, 2005. Impreso.

———. *Presentación de Sacher-Masoch. Lo frío y lo cruel.* Trad. Irene Agoff. Buenos Aires: Amorrortu, 2001. Impreso.

———. "Re-presentación de Masoch." *Crítica y clínica.* Trad. Thomas Kauf. Anagrama: Barcelona, 1996. 78–81. Impreso.

Deleuze, Gilles, y Félix Guattari. *Mil mesetas. Capitalismo y esquizofrenia.* Trad. José Vázquez Pérez y Umbelina Larraceleta. Valencia: Pre-Textos, 2006. Impreso.

De Man, Paul. "La autobiografía como desfiguración." Trad. Ángel Loureiro. *Suplementos Anthropos* 29 (1991): 113–18. Impreso.

Deutsch, Helene. "La importancia del masoquismo en la vida mental de la mujer." *Escritos psicoanalíticos fundamentales.* Ed. Ruth Fliess. Buenos Aires: Paidós, 1981. 90–100. Impreso.

———. *La psicología de la mujer.* Buenos Aires: Losada, 1947. Impreso.

Díaz, Elías. *La filosofía social del krausismo español.* Madrid: Cuadernos para el Diálogo, 1973. Impreso.

Dijkstra, Bram. *Idols of Perversity:" Fantasies of Feminie Evil in Fin-de-Siècle Culture.* New York: Oxford UP, 1986. Impreso.

Didi-Huberman, George. *La invención de la histeria: Charcot y la iconografía fotográfica de La Salpêtrière.* Madrid: Ensayos Arte Cátedra, 2007. Impreso.

Donahue, Moraima de Semprúm. "La doble seducción de *La Regenta.*" *Papeles de Son Armadans* 71 (1973): 209–28. Impreso.

Donoso Cortés, Juan. *Ensayo sobre el Catolicismo, el liberalismo y el socialismo.* Buenos Aires: Espasa-Calpe Argentina, 1949. Impreso.

DuPont, Denise. "Accusation and Affirmation: Intertextuality in the Writings of Luis Bonafoux and Leopoldo Alas." *Revista Canadiense de Estudios Hispánicos* 31. 2 (2007): 285–308. Impreso.

———. *Realism as Resistance: Romanticism and Authorship in Galdós, Clarín, and Baroja.* Lewisburg: Bucknell UP, 2006. Impreso.

———. *Writing Teresa: The Saint from Ávila at the fin-de-siglo.* Lewisburg: Bucknell UP, 2012. Impreso.

Ellis, Havelock. *El impulso sexual de la mujer.* Trad. G. de San Telmo. Madrid: Antonio Marzo, 1905. Impreso.

Enríquez de Salamanca, Cristina. "La mujer y la ley: Textos." *La mujer en los discursos de género: textos y contextos en el siglo XIX.* Ed. Catherine Jagoe, Alda Blanco y Cristina Enríquez de Salamanca. Barcelona: Icaria, 1998. 253–303. Impreso.

Espigado, Gloria. "Las mujeres en el nuevo marco político." *Historia de las mujeres en España y América Latina. Del siglo XIX a los umbrales del XX.* Vol. 3. Ed. Isabel Morant. Madrid: Cátedra, 2006. 27–60. Impreso.

Ezama Gil, Ángeles. "Ana Ozores y el modelo teresiano: ejemplaridad y escritura literaria." *Leopoldo Alas, un clásico contemporáneo (1901–2001).* Ed. Araceli Iravedra Valea, Elena de Lorenzo Álvarez y Álvaro Ruiz de la Peña. Oviedo: Universidad de Oviedo, 2002. 775–90. Impreso.

Falaky, Faycal. *Social Contract, Masochist Contract: Aesthetics of Freedom and Submission in Rousseau.* Albany: SUNY P, 2014. Impreso.

Falasca, Ignacio. "El yugo de la felicidad." *Actas del III Congreso Internacional de Investigación y Práctica Profesional en Psicología XVIII. Jornadas de Investigación Séptimo Encuentro de Investigadores en Psicología del MERCOSUR.* Buenos Aires: Universidad de Buenos Aires, 2011. Web. 10 oct. 2014.

Fass, Barbara. *La Belle Dame sans Merci and the Aesthetics of Romanticism.* Detroit: Wayne State UP, 1974. Impreso.

Fernández, María Soledad. "Estrategias de poder en el discurso realista: *La Regenta* y *Fortunata y Jacinta.*" *Hispania* 75.2 (1992): 266–74. Impreso.

Fernández Soto, Concepción. *Claves socioculturales y literarias en la obra de Eugenio Sellés y Ángel (1842–1926): una aproximación al teatro español de finales del siglo XIX.* Almería: Universidad de Almería, 2006. Impreso.

Ferrer, Francisco. "Divorcio por presentación conjunta. Art. 67 bis de la ley 2393." *Biblioteca Jurídica Virtual.* UNAM. Web. 15 may. 2013.

La flor de mi secreto. Dir. Pedro Almodóvar. Perf. Marisa Paredes, Juan Echanove y Rossi de Palma. El Deseo, S.A., 1995. Film.

Foucault, Michel. *Los anormales*. Ed. Valerio Marchetti y Antonella Salomoni. Trad. Horacio Pons. Madrid: Akal, 2001. Impreso.

———. "Un diálogo sobre el poder. Gilles Deleuze/Michel Foucault." *Un diálogo sobre el poder y otras conversaciones*. Trad. Francisco Monge. Madrid: Alianza, 2004. 23–35. Impreso.

———. *Historia de la sexualidad*. Trad. Ulises Guiñazú. México: Siglo XXI, 1995. Impreso.

———. *Religion and Culture*. Ed. Jeremy R. Carrette. New York: Routledge, 1999. Impreso.

———. *La vida de los hombres infames*. La Plata: Altamira, 1996. Impreso.

———. *Vigilar y castigar. El nacimiento de la prisión*. Trad. Aurelio Garzón del Camino. Madrid: Siglo XXI, 2005. Impreso.

Fourier, Charles. *La armonía pasional del nuevo mundo*. Ed. Eduardo Subirats y Menene Gras. Madrid: Taurus, 1973. Impreso.

Fraisse, Geneviève. "Del destino social al destino personal. Historia filosófica de la diferencia de los sexos." *Historia de las mujeres en Occidente. El siglo XIX*. Vol. 4. Ed. Georges Duby y Michelle Perrot. Trad. Marco Aurelio Galmarini. Madrid: Taurus, 1993. 57–89. Impreso.

Freud, Sigmund. *Más allá del principio del placer. Obras completas*. Vol. 18. Trad. José L. Etcheverry. Buenos Aires: Amorrortu, 1997. 40–51. Impreso.

———. "El problema económico del masoquismo." *Obras completas*. Vol. 19. Trad. José L. Etcheverry. Buenos Aires: Amorrortu, 1997. 164–69. Impreso.

———. *Tres ensayos de teoría sexual. Obras completas*. Vol. 7. Trad. José L. Etcheverry. Buenos Aires: Amorrortu, 1998. 109–224. Impreso.

Fromm, Erich. *Escape from Freedom*. Nueva York: Macmillan, 1994. Impreso.

Fuchs, Eduard. *Historia ilustrada de la moral sexual. La época burguesa*. Trad. José Luis Gil Aristu. Madrid: Alianza, 1996. Impreso.

Fuentes, Víctor. "Estudio preliminar a *La Regenta*." *La Regenta*, de Leopoldo Alas. Madrid: Akal, 1999. Impreso.

Gabilondo, Joseba. "Masculine Masochism as Dominant Fiction in Minority Literatures in Spain: An Analysis of Manuel Rivas's Narrative." *Galicia* 21 (2011): 78–103. Web. 12 jun. 2012.

———. "Masculinity's *Counted Days*: Spanish Postnationalism, Masochist Desire, and the Refashioning of Misogyny." *Anuario de Cine y Literatura Española* 3 (1997): 53–72. Impreso.

———. "Towards a Postnational History of Galician Literature: On Pardo Bazán's Transnational and Translational Position." *Bulletin of Hispanic Studies* 86 (2009): 149–69. Impreso.

———. "Terrorism as Memory: The Historical Novel and Masculine Masochism in Contemporary Basque Literature." *El Hispanismo en los Estados Unidos. Discursos Críticos/Prácticas Textuales.* Ed. José Manuel del Pino y Francisco La Rubia Prado. Madrid: Visor, 1999. 231–54. Impreso.

Galenson, Eleanor. "The Precursors of Masochism." *Fantasy, Myth, and Reality: Essays in Honor of Jacob A. Arlow.* Ed. H.P. Blum. Madison: International UP, 1988. 371–80. Impreso.

Galimberti, Umberto. *Diccionario de Psicología.* Buenos Aires: Siglo veintiuno, 2002. Impreso.

García González, Juan. "Traición y alevosía en la Alta Edad Media." *Anuario de Historia del Derecho Español* 32 (1962): 323–45. Impreso.

García Sánchez, Justo. *Leopoldo Alas universitario.* Oviedo: Servicio de Publicaciones, 1990. Impreso.

Girard, René. *La violencia y lo sagrado.* Trad. Joaquín Jordá. Barcelona: Anagrama, 1983. Impreso.

Godón, Nuria. "La búsqueda de un femenino post-romántico: imágenes y figuras en los mundos paralelos de Bécquer y Sacher-Masoch." *Tropos* 29 (2003): 59–70. Impreso.

———. "Fourier, Masoch y Clarín ante la institución del matrimonio y los pactos del dolor." *La tragedia del vivir: dolor y mal en la literatura hispánica.* Ed. Ricardo de la Fuente, Jesús Pérez Magallón y Francisco Estévez. Valladolid: Verdelís, 2014. 133–42. Impreso.

———. "Masoquismo transgresor: Género, sexualidad y clase social en *Marta y María* de Armando Palacio Valdés." *Sexualidades Periféricas. Consolidaciones literarias y fílmicas en la España de fin de siglo XIX y fin de milenio.* Madrid: Fundamentos, 2016. 63–91. Impreso.

———. "Las poseídas: cuadros histéricos de la mística en el imaginario decimonónico." *Baroque Projections: Images and Texts in Dialogue with the Early Modern Hispanic World.* Ed. Frédéric Conrod y Michael Horswell. Newark, DE: Juan de la Cuesta, 2016. 109–32. Impreso.

———. "La singular prostitución de la Regenta." *Hispania* 98.2 (2015): 252–63. Impreso.

González Herrán, José Manuel. "Ana Ozores, *La Regenta*: escritora y escritura." *Lectora, Heroína, Autora (La mujer en la literatura española del siglo XIX).* Ed. Virginia Trueba, Enrique Rubio et al. Barcelona: Universitat de Barcelona, 2005. 159–71. Impreso.

González Herrán, José Manuel. "Finales de novela, finales de película: de *La Regenta* (Leopoldo Alas, 1884–85) a *La Regenta* (Fernando Méndez-Leite, 1994–95)." *Literatura Española y Cine*. Ed. Norberto Mínguez Arranz. Madrid: Universidad Complutense, 2002. 43–64. Impreso.

———. "Lectura cinematográfica de *La Regenta*." *Clarín y La Regenta en su tiempo: actas del Simposio Internacional*. Oviedo: Universidad-Ayuntamiento-Principado de Asturias, 1984. 467–82. Impreso.

———. "Tres comienzos de *La Regenta*: la novela (Leopoldo Alas, 1884–85), el guión cinematográfico (Fernando Méndez-Leite, 1989–91), la serie de televisión (Fernando Méndez-Leite, 1994–95)." *Boletín Galego de Literatura* 27 (2002): 183–98. Impreso.

Goytisolo, Juan. *Reivindicación del Conde Don Julián*. Madrid: Cátedra, 1985. Impreso.

Grassi, Ángela. *El bálsamo de las penas*. Madrid: G. Estrada, 1878. Impreso.

Grigulévich, Iosif Romual'dovich. *El Papado en el siglo XX*. Trad. M. Kuznetsov. Moscú: Progreso, 1982. Impreso.

Grimes, Ronald. "Victor Turner's Definition, Theory, and Sense of Ritual." *Victor Turner and the Construction of Cultural Criticism*. Indianapolis: Indiana UP, 1990. 141–62. Impreso.

Guillén, Claudio. *Múltiples moradas. Ensayos de literatura comparada*. Barcelona: Tusquets, 2007. Impreso.

Gullón, Germán. "De Flaubert y Henry James a 'Clarín.'" *Ínsula: Revista de Letras y Ciencias Humanas* 659 (2001): 16–18. Impreso.

Gullón, Ricardo. "Aspectos de Clarín." *Archivum* 2 (1952): 161–87. Impreso.

Haliczer, Stephen. *Sexualidad en el confesionario. Un sacramento profanado*. Trad. Belén Rodríguez Mourelo. Madrid: Siglo XXI, 1998. Impreso.

Hatzfeld, Helmut. "Los elementos constituyentes de la poesía mística." *AIH* 1 (1962): 319–25. Impreso.

Hibbs-Lissorgues, Solange. "Los centenarios de Calderón de la Barca (1881) y Santa Teresa de Jesús (1882): un ejemplo de recuperación ideológica por el catolicismo integrista." *Hommage à Robert Jammes*. Vol. 2. Ed. Francis Cerdan. Toulouse: Presses Universitaires du Mirail, 1994. 545–52. Impreso.

Hinton, Laura. *The Perverse Gaze of Sympathy: Sadomasochistic Sentiments from Clarissa to Rescue 911*. Albany: SUNY P, 1999. Impreso.

Hirschman, Albert. *Las pasiones y los intereses: argumentos políticos a favor del capitalismo antes de su triunfo*. Barcelona: Península, 1999. Impreso.

Ibarra, Fernando. "Clarín y Azorín: el matrimonio y el papel de la mujer española. Discrepancia y acuerdo." *Hispania* 55.1 (1972): 45–54.

Impreso.

Irons, Richard. "The Abduction of Fidelity: Sexual Exploitation by Clergy. Experience with Inpatient Assessment." *Sexual Addiction and Compulsivity: The Journal of Treatment and Prevention* 1 (1994): 119–29. Impreso.

Ives, David. *Venus in Furs.* Philadelphia: Plays and Players, 2010. Ficha PDF. 10 de feb. 2012. Web. 9 ago. 2014.

Jagoe, Catherine, Alda Blanco y Cristina Enríquez de Salamanca. *La mujer en los discursos de género: textos y contextos en el siglo XIX.* Barcelona: Icaria, 1998. Impreso.

Johnson, Beth. "Masochism and the Mother, Pedagogy and Perversion." *Angelaki: Journal of the Theoretical Humanities* 14.3 (2009): 117–30. Web. 12 jun. 2010.

Juan de la Cruz. "El canto espiritual." *Floresta de rimas antiguas castellanas.* Ed. Juan Nicholas Böhl de Faber. Hamburgo: Perthes y Besser, 1821. Impreso.

———. "Noche oscura del alma." *Floresta de rimas antiguas castellanas.* Ed. Juan Nicholas Böhl de Faber. Hamburgo: Perthes y Besser, 1821. Impreso.

Kaplan, Louise. *Female Perversions. The Temptations of Madame Bovary.* Nueva York: Doubleday, 1991. Impreso.

Keats, John. *Selected Poems.* London: Penguin Books, 1988. Impreso.

Kempis, Tomás de. *Imitación de Cristo.* México: Porrúa, 2003. Impreso.

Kenny, Anthony. *Action, Emotion and Will.* Londres: Routledge, 1963. Impreso.

Kirkpatrick, Susan. "Gender and Modernist Discourse: Emilia Pardo Bazán's *Dulce Dueño.*" *Modernism and Its Margins: Reinscribing Cultural Modernity from Spain and Latin America.* Ed. Anthony L. Geist y José B. Monleón. New York y London: Garland, 1999: 119–39. Impreso.

Krafft-Ebing, Richard von. *Psychopathia Sexualis.* Ed. Brian King. Burbano, CA: Bloat, 1999. Impreso.

Krause, Karl Christian Friedrich. *Ideal de la humanidad para la vida.* Madrid: F. Martínez García, 1871. Impreso.

Kucich, John. *Imperial Masochism: British Fiction, Fantasy, and Social Class.* Princeton: Princeton UP, 2007. Impreso.

Labanyi, Jo. "Adultery and the Exchange Economy." *Scarlet Letters: Fictions of Adultery from Antiquity to the 1990s.* Ed. Nicholas White y Naomi Segal. Basingstoke: Macmillan / St. Martin's. 1997. 98–108. Impreso.

Labanyi, Jo "City, Country and Adultery in *La Regenta*." *Bulletin of Hispanic Studies* 63 (1986): 53–65. Impreso.

———. "Galateas in Revolt: Women and Self-making in the Late Nineteenth-Century Spanish Novel." *Women: A Cultural Review* 10.1 (1999): 87–96. Impreso.

———. *Género y modernización en la novela realista española.* Madrid: Cátedra, 2011. Impreso.

———. "Mysticism and Hysteria in *La Regenta*: The Problem of Female Identity." *Feminist Readings on Spanish and Latin-American Literature.* Ed. Lisa Conde y Stephen Hart. Lewiston: Mellen, 1991. 37–46. Impreso.

———. "The Problem of Framing in *La de Bringas*." *Anales Galdosianos* 25 (1990): 25–34. Impreso.

Laso Prieto, José María. "La religión en la obra cumbre de Leopoldo Alas." *Argumentos* 63–64.8 (1984): 38–43. Impreso.

Le Brun, Jacques. Prólogo. *El amor de Platón* de Leopold von Sacher-Masoch. Buenos Aires: El cuenco de plata, 2004. Impreso.

León XIII. "Arcanum Divinae Sapientiae." *Vaticano*. Web. 22 may. 2013.

Lissorgues, Yvan. *Clarín político* II. Barcelona: Lumen, 1989. Impreso.

———. "Ética, religión y sentido de lo humano en *La Regenta*." Ed. Juan Cueto Alas. *Hitos y mitos en "La Regenta."* Oviedo: Caja de Ahorros de Asturias, 1987. 20–31. Impreso.

Lohmüller, Torben. "Masochistic Confessions: Reading Rousseau, Sacher-Masoch and Kosofsky Sedgwick." *Cultures de la confession.* Ed. Sylvie Mathé y Gilles Teullié. Aix-en-Provence: Presses Universitaires de Provence, 2006. 281–93. Impreso.

Lombroso, Cesare, y Guglielmo Ferrero. *Criminal Woman, the Prostitute, and the Normal Woman.* Trad. Nicole Hahn Rafter y Mary Gibson. Durham: Duke UP, 2004. Impreso.

Lotringer, Sylvère, Prólogo. *Venus in Furs and Selected Letters of Leopold Sacher-Masoch* de Leopold von Sacher-Masoch. New York: Blast Books, 1989. Impreso.

Lovett, Albert W. *La España de los primeros Habsburgos (1517–1598).* Trad. Montserrat Rubió i Lois. Barcelona: Labor, 1989. Impreso.

Luxemburg, Jan. "Ana's Pedestal: A Counterreading of *La Regenta*." *Style* 22.4 (1988): 559–75. Impreso.

MacKendrick, Karmen. *Counterpleasures.* Nueva York: SUNY P, 1999. Impreso.

Mandrell, James. "Malevolent Insemination: Don Juan Tenorio in *La Regenta*." *"Malevolent Insemination" and Other Essays on Clarín.* Ed. Noël Valis. Michigan Romance Studies. Ann Arbor: U of Michigan, 1990. 1–28. Impreso.

Mansfield, Nick. *Masochism: The Art of Power*. Westport, CT: Praeger, 1997. Impreso.

McKinney, Collin. "Spectators, Spectacles and the Desiring Eye/I in *La Regenta*." *Decimonónica* 3.2 (2006): 59–74. Web. 4 nov. 2008.

McPhee, Ruth. *Female Masochism in Film: Sexuality, Ethics and Aesthetics*. Burlington, VT: Ashgate, 2014. Impreso.

Medina, Raquel. "Dulce esclava, dulce hísterica: La representación de la mujer en *Dulce Dueño* de Emilia Pardo Bazán." *Revista Hispánica Moderna* 51 (1998): 291–303. Impreso.

Meibom, Johann Heinrich. *De Flagrorum Usu in Re Veneria et Lumborum Renumque Officio*. London, 1665. Impreso.

Un método peligroso. Dir. David Cronenberg. Perf. Mchael Fassbender, Keira Knightly y Viggo Mortensen. Sony Pictures Classisc, 2012. Film.

Michel, Bernard. *Sacher-Masoch (1836–1895)*. Trad. Ana María Scherer. Río de Janeiro: Rocco, 1992. Impreso.

Miranda García, Soledad. *Religión y clero en la novela española del siglo XIX*. Madrid: Pegaso, 1982. Impreso.

Mitchell, Timothy. *Betrayal of the Innocents: Desire, Power, and the Catholic Church in Spain*. Philadelphia: Pennsylvania UP, 1998. Impreso.

Montero, Rosa. *El amor de mi vida*. Madrid: Alfaguara, 2011. Impreso.

Morón Arroyo, Ciriaco. *La mística española I. Antecedentes y Edad Media*. Madrid: Alcalá, 1971. Impreso.

Morris, David. *La cultura del dolor*. Trad. Oscar Luis Molina. Santiago de Chile: Andrés Bello, 1993. Impreso.

Moscoso, Javier. *Historia cultural del dolor*. Madrid: Taurus, 2011. Impreso.

———. *Promesas incumplidas. Una historia política de las pasiones*. Madrid: Taurus, 2017. Impreso.

Musser, Amber J. "Reading, Writing, and the Whip." *Literature and Medicine* 27.2 (2008): 204–22. Web. 25 abr. 2015.

———. *Sensational Flesh: Race, Power, and Masochism*. Nueva York: New York UP, 2014. Impreso.

Nash, Mary. "Experiencia y aprendizaje: la formación histórica de los feminismos en España." *Historia social* 20 (1994): 151–72. Impreso.

Nietzsche, Friedrich. *Genealogía de la moral*. Trad. José Mardomingo Sierra. Madrid: Edad, 2000. Impreso.

Nimetz, Michel. "Eros e iglesia en la Vetusta de Clarín." *La Regenta*, de Leopoldo Alas. Ed. Frank Durand. Madrid: Taurus, 1988. 190–203. Impreso.

Ninfómana: Vol. 1 y *Vol. 2.* Dir. Lars von Trier. Perf. Charlotte Gainsbourg y Stellan Skarsgård y Stacy Martin. Magnolia Home Entertainment, 2013 y 2014. Film.

Noble, Marianne. *The Masochistic Pleasures of Sentimental Literature.* Princeton: Princeton UP, 2000. Impreso.

Nordau, Max. *Degeneración.* Vol. 2. Trad. Nicolás Salmerón y García. Madrid: Fernando Fé, 1902. Impreso.

Noyes, John K. *The Mastery of Submission: Inventions of Masochism.* Ithaca: Cornell UP, 1997. Impreso.

Núñez Puente, Sonia. "Cuerpos fragmentados: Ana Ozores, Emma Bovary y el fetichismo." *Transitions: Journal of Franco-Iberian Studies* 2 (2006): 6–34. Impreso.

———. *Ellas se aburren. Ennui e imagen femenina en "La Regenta" y la novela europea de la segunda mitad del XIX.* Alicante: Universidad de Alicante, 2001. Impreso.

Los ojos dejan huellas. Dir. José Luis Sáenz de Heredia. Perf. Raf. Vallone, Elena Varzi y Julio Peña. Cifesa, 1952. Film.

Oleza, Juan. Introducción. *La Regenta,* de Leopoldo Alas. Madrid: Cátedra, 2001. Impreso.

O'Pecko, Michael. Afterword. *A Light for Others and Other Jewish Tales from Galicia.* Leopold von Sacher-Masoch. Trad. Michael O'Pecko. Riverside, CA: Ariadne, 1994. 329–37. Impreso.

Orlandis Rovira, José. "Las consecuencias del delito en el Derecho de la Alta Edad Media." *Anuario de historia del derecho español* 18 (1947): 61–166. Impreso.

Ortega, José. "Don Fermín de Pas: un estudio de superbia et concupiscentia catholicis *(La Regenta,* de Clarín)." *Revista de Estudios Hispánicos* 9 (1975): 323–24. Impreso.

Otis, Laura. *Literature and Science in the Nineteenth Century.* New York: Oxford UP, 2002. Impreso.

Overton, Bill. *Novel of Female Adultery.* London: Macmillan, 1996. Impreso.

Oviedo Express. Dir. Gonzalo Suárez. Perf. Bárbara Goenaga, Carmelo Gómez y Aitana Sánchez Gijón. Gona, 2007. Film.

Pagés-Rangel, Roxana. *Del dominio público: itinerarios de la carta privada.* Atlanta, GA: Rodopi, 1997. Impreso.

Painter, George D. *Marcel Proust: A Biography.* Londres: Chato, 1989. Impreso.

Palacio Valdés, Armando. *Marta y María. Obras completas.* Vol. 1. Madrid: Aguilar, 1968. 3–130. Impreso.

Paraíso, Isabel. *Literatura y Psicología.* Madrid: Síntesis, 1995. Impreso.

Pardo Bazán, Emilia. *Una cristiana.* Madrid: La España editorial, 2015. Impreso.

———. *Dulce Dueño.* Ed. Marina Mayoral. Madrid: Castalia, 1989. Impreso.

———. *La España de ayer y de hoy.* Madrid: Administración, 1899. Impreso.

———. *La vida contemporánea.* Madrid: Hemeroteca Municipal de Madrid, 2005. Impreso.

Pardo Pastor, Jordi. "El 'bovarismo' en la novela decimonónica." *Cuadernos de Investigación Filológica* 26 (2000): 291–312. Impreso.

Patiño Eirín, Cristina "Lectoras en la obra de Pardo Bazán." *Lectora, Heroína, Autora (La mujer en la literatura española del siglo XIX).* Ed. Luis F. Díaz Larios et al. Barcelona: Universitat de Barcelona, 2005. 293–306. Impreso.

Pelegrín, Benito. "Doña Ana en la cama, La Regenta en el diván." *Cahiers d'Études Romances* 5 (1979): 139–66. Impreso.

Pereira Muro, Carmen. *Género, nación y literatura. Emilia Pardo Bazán en la literatura española y gallega.* Purdue Studies in Romance Literatures 56. West Lafayette: Purdue UP, 2013. Impreso.

Pérez Galdós, Benito. "Prólogo a *La Regenta.*" *La Regenta*, de Leopoldo Alas. Madrid: Fernando Fé, 1900. Web. 12 mar. 2013.

Pérez Pérez, María Concepción. "La representación realista del espacio. De *Madame Bovary* a *La Regenta.*" *La cultura del otro: Español en Francia, Francés en España.* Ed. Manuel Bruña Cuevas, María de Gracia Caballos Bejano, Inmaculada Illanes Ortega, Carmen Ramírez Gómez y Anna Raventós Barangé. Sevilla: Universidad de Sevilla, 2006. 605–15. Web. 8 feb. 2013.

Phillips, Anita. *Una defensa del masoquismo.* Trad. César Palma. Barcelona: Alba, 1998. Impreso.

Pietz, William. "The Problem of the Fetish I." *Res* 9 (1985): 5–17. Impreso.

———. "The Problem of the Fetish II." *Res* 13 (1987): 23–45. Impreso.

———. "The Problem of the Fetish IIIa. Bosman's Guinea and the Enlightenment Theory of Fetischism." *Res* 16 (1988): 105–23. Impreso.

Pío IX. *La encíclica del 8 de diciembre de 1864 y El Syllabus.* Barcelona: Librería Católica de Pons y Comp., 1868. Impreso.

Platón. *Las Leyes. Obras completas.* Vol. 9. Madrid: Patricio de Azcárate, 1872. Impreso.

Poey, Andrés. *El positivismo.* La Habana: Universidad de La Habana, 1960. Impreso.

Powell, Eilene. "Sadomasoquismo sagrado y la hagiografía irónica en *Dulce Dueño* de Emilia Pardo Bazán." *Sexualidades periféricas. Consolidaciones literarias y fílmicas en la España de fin de siglo XIX y fin de milenio.* Ed. Nuria Godón y Michael Horswell. Madrid: Fundamentos, 2016. 91–120.

La profesora de piano. Dir. Michael Haneke. Perf. Isabelle Huppert, Annie Girardot y Benoît Magimel. Kino International, 2001. Film.

Praz, Mario. *La carne, la muerte y el diablo en la literatura romántica.* Trad. Rubén Mettini. Barcelona: El Acantilado, 1999. Impreso.

———. *The Romantic Agony.* Londres: Oxford UP, 1933. Impreso.

Préneron Vinche, Paula. *Madame Bovary, La Regenta: parodia y contraste.* Murcia: Universidad de Murcia, 1996. Impreso.

Psicopatía Sexualis. Dir. Bret Wood. Perf. Jane Bass, Bryan Davis, Veronika Duerr, Sandra L. Hughes, Ted Martin. Kino International, 2006. Film.

Puleo, Alicia. *La Ilustración olvidada. La polémica de los sexos en el siglo XVIII. Condorcet, De Gouges, De Lambert y otros.* Barcelona: Anthropos, 1993. Impreso.

Reik, Theodor. *Masoquismo en el hombre moderno.* 2 vols. Trad. Lydia García Díaz y José García Díaz. Buenos Aires: Sur, 1963. Impreso.

Richmond, Carolyn. "En torno al vacío: la mujer, idea hecha carne de ficción en *La Regenta* de Clarín." *Realismo y Naturalismo en España en la segunda mitad del siglo XIX.* Ed. Yvan Lissorgues. Barcelona: Anthropos, 1988. 341–67. Impreso.

Rico-Avelló, Carlos. "Aspectos psico-sexuales en *La Regenta*." *Boletín del Instituto de Estudios Asturianos* 116 (1985): 841–72. Impreso.

Rippon, María. *Judgment and Justification in the Nineteenth-Century Novel of Adultery.* Westport, CT: Greenwood, 2002. Impreso.

Rodríguez-Guridi, Elena. *Exégesis del "error." Una reinterpretación de la praxis de escritura en "Libro de la vida," "Novelas ejemplares" y "Desengaños amorosos."* Bern: Peter Lang, 2013. Impreso.

Rousseau, Jean-Jacques. *Las confesiones.* Madrid: Alianza, 1997. Impreso.

———. *El contrato social o Principios de derecho político.* Ed. María José Villaverde. Madrid: Tecnos, 2007. Impreso.

Rowe, Erin Kathleen. *Saint and Nation: Santiago, Teresa of Avila, and Plural Identities in Early Modern Spain.* University Park: Pennsylvania State UP, 2011. Impreso.

Rubio, Ana. *Las innovaciones de la medición de la desigualdad.* Madrid: Dykinson, 2013. Impreso.

Rubio Cremades, Enrique, ed. *La Regenta, de Clarín*. Madrid: Síntesis, 2006. Impreso.

Ruiz de Garibay Olaechea, Marta, y Beatriz Monreal Huegun. "Humanización y deshumanización en *La Regenta*." *Clarín y La Regenta en su tiempo*. Oviedo: Universidad de Oviedo, 1987. 661–77. Impreso.

Rutherford, John. "Introducción a *La Regenta*." *Cuadernos del Norte* 23 (1984): 40–47. Impreso.

———, ed. *Leopoldo Alas: La Regenta*. Londres: Grant & Cutler, 1974. Impreso.

Sacher-Masoch, Leopold von. *El amor de Platón*. Trad. José Amicola. Buenos Aires: El cuenco de plata, 2004. Impreso.

———. *Historias de amor y de sangre*. Ed. José Luis Sampedro. Valencia: La máscara, 2000. Impreso.

———. *La Venus de las pieles*. Trad. Andrés Sánchez Pascual. Barcelona: Tusquets, 1993. Impreso.

———. *Venus in Furs and Letters of Leopoldo von Sacher-Masoch and Emilie Mataja*. Ed. Sylvère Lotringer. Trad. Laura Lindgren. New York: Blast Books, 1989.

Sacher-Masoch, Wanda von. *The Confessions of Wanda von Sacher-Masoch*. Trad. Marian Phillips. San Francisco: Re/Search, 1990. Impreso.

Sade, Marqués de. *Las ciento veinte jornadas de Sodoma*. Trad. Joaquín Jordá. Barcelona: Tusquets, 1992. Impreso.

———. *Historia de Julieta*. México, D.F.: Universidad Autónoma Metropolitana, 2009. Impreso.

Saillard, Simone. "Clarín y Europa." *Clarín: Cien años después. Un clásico contemporáneo*. Oviedo: Instituto Cervantes, 2001. 227–36. Impreso.

Saillard, Simone. "Louvain, Salamanque, Lyon, Rome: itinéraire européen d'une controverse à propos de Sainte Thérèse (1882)." *Les catholiques libéraux au XIXe siècle. Actes du Colloque International d'Histoire religieuse*. Grenoble: PUG, 1973. 113–23. Impreso.

Sampedro, José Luis. Prólogo. *Historias de amor y de sangre*, de Leopold von Sacher-Masoch. Valencia: Malditos Heterodoxos, 2000. Impreso.

———. *La vieja sirena*. Barcelona: Debolsillo, 2010. Impreso.

Sánchez, Elizabeth. "Más allá del paradigma realista: Estratagemas subversivas en *La Regenta* y *Madame Bovary*." *Hitos y mitos de la Regenta*. Oviedo: Caja de Ahorros de Asturias, 1987. 63–67. Impreso.

Sánchez Albornoz, Claudio. "La potestad real y los señoríos en Asturias, León y Castilla. Siglos VIII al XIII." *Revista de Archivos, Bibliotecas y Museos* 31 (1914): 263–90. Impreso.

Sánchez Martín, Fernando. "*La Regenta*, matrimonio capitalista y represión." Alicante: Biblioteca Virtual Miguel de Cervantes, 2002. Web. 3 jun. 2013.

Sánchez Martínez, Francisco Javier. *Sentido y función de los sueños en "La Regenta.*" Alcoy: Marfil, 1989. Impreso.

Sánchez Melero, José David. "Un sujeto en *La Regenta.*" *Bajo Palabra. Revista de Filosofía* 5 (2010): 123–30. Impreso.

Santiago, Homero. "Deleuze lector de Masoch: de la sintomatología a la ética." *Configuraciones Formativas V: Cultura y formación.* Ed. José Ezcurdia. Guanajuato: Universidad de Guanajuato, 2011. 117–35. Impreso.

Sanz del Río, Julian. Introducción y comentarios. *Ideal de la humanidad para la vida,* de Karl Christian Friedrich Krause. Madrid: F. Martínez García. 1871. Impreso.

Sarrión Mora, Adelina. *Sexualidad y confesión. La solicitud ante el Tribunal del Santo Oficio (siglos XVI–XIX).* Madrid: Alianza, 1994. Impreso.

Sartre, Jean-Paul. *El ser y la nada.* Trad. J. Lebasi. Web. 3 feb. 2012. Documento PDF.

Scanlon, Geraldine. *La polémica feminista en la España contemporánea (1968–1974).* Madrid: Siglo Veintiuno, 1976. Impreso.

Schaffner, Anna Katherina. *Modernism and Perversion: Sexual Deviance in Sexology and Literature, 1850–1930.* New York: Palgrave Macmillan, 2012. Impreso.

Schlichtegroll, Carl Felix von. *Sacher-Masoch und der Masochismus.* Dresden: H. R. Dohrn, 1901. Impreso.

———. *Wanda sans masque et sans fourrure.* Paris: Tchou, 1968. Impreso.

Sellés, Ricardo. *El nudo gordiano: drama en tres actos y en verso.* Barcelona: F. Costa, 1915. Impreso.

Sieburth, Stephanie. *Reading "La Regenta"; Duplicitous Discourses and the Entropy of Structure.* Purdue University Monographs in Romance Languages 29. Amsterdam/Philadelphia: John Benjamins, 1990. Impreso.

Siegel, Carol. *Male Masochism: Modern Revisions of the Story of Love.* Bloomington: Indiana UP, 1995. Impreso.

Simón, Irene. "La figura de la Madona y del Mesías en *La Regenta*: un estudio a partir del color." *Hispanófila* 32.3 (1989): 21–34. Impreso.

Sinclair, Alison. "The Consuming Passion: Appetite and Hunger in *La Regenta.*" *Bulletin of Hispanic Studies* 69.3 (1992): 245–61. Impreso.

———. *Dislocations of Desire: Gender, Identity and Strategy in "La Regenta."* Chapel Hill: North Carolina UP, 1998. Impreso.

———. "The Force of Parental Presence in *La Regenta*." *Culture and Gender in Nineteenth-Century Spain*. Ed. Lou Charnon-Deutsch y Jo Labanyi. Oxford: Clarendon, 1995. 182–98. Impreso.

Sinués de Marco, María Pilar. *La senda de la gloria*. Madrid: Oficinas de la moda elegante ilustrada, 1880. Web. 15 sep. 2014.

Smirnoff, Victor. "The Masochistic Contract." *Essential Papers on Masochism*. Ed. Margaret Ann Fitzpatrick Hanly. Nueva York: New York UP, 1995. 62–63. Impreso.

Sobejano, Gonzalo. *Clarín en su obra ejemplar*. Madrid: Castalia, 1985. Impreso.

———. Introducción. *La Regenta*, de Leopoldo Alas. Madrid: Castalia, 1988. Impreso.

———. "Semblantes de servidumbre en '*La Regenta*.'" *Serta Philologica*. Vol. 2. Ed. Francisco Lázaro Carreter. Madrid: Cátedra, 1983. 519–29. Impreso.

Sotelo Vázquez, Adolfo. *Perfiles de "Clarín."* Barcelona: Ariel, 2001. Impreso.

Spikes, Nigette. *Dictionary of Torture*. Bloomington, IN: Abbot, 2014. Impreso.

Stewart, Susan R. *Sublime Surrender: Male Masochism at the Fin-de-Siècle*. Ithaca: Cornell UP, 1998. Impreso.

Striker, Gisela. "Emotions in Context: Aristotle's Treatment of the Passions in the *Rhetoric* and His Moral Psychology." *Aristotle's Rhetoric*. Ed. Amelie Oksenberg Rorty. Berkeley: U of California P, 1996. 286–302. Impreso.

Tanner, Tony. *Adultery in the Novel: Contract and Transgression*. Baltimore: Johns Hopkins UP, 1979. Impreso.

Teresa, el cuerpo de Cristo. Dir. Ray Loriga. Perf. Paz Vega, Geraldine Chaplin y Leonor Watling. Azeta, 2007. Film.

Teresa de Ávila. *Camino de perfección*. Madrid: Rialp, 1956. Impreso.

———. *Libro de su vida*. México D. F: Porrúa, 1992. Impreso.

———. *Las moradas*. Madrid: Espasa-Calpe, 1964. Impreso.

Tindemans, Klaas. "Nature, Desire, and the Law: On Libertinism and Early Modern Legal." *Journal for Early Modern Cultural Studies*, 12.2 (2012): 133–45. Impreso.

Tolivar Alas, Ana Cristina. "La música en *La Regenta*." *Cuadernos del Norte* 23 (1984): 70–76. Impreso.

———. "Once cartas inéditas de Leopoldo Alas Clarín." *Clarín y su tiempo: exposición conmemorativa del centenario de la muerte de Leopoldo Alas (1901–2001)*. Oviedo: Cajastur, 2001. 229–42. Impreso.

Tomsich, Mª. Giovanna. "Histeria y narración en *La Regenta*." *Anales de Literatura Española. Universidad de Alicante* 5 (1986–87): 495–517. Impreso.

Tsuchiya, Akiko. "El adulterio y el deseo homosocial en Realidad de Galdós." *Actas del XIII Congreso de la Asociación Internacional de Hispanistas*. Ed. Florencio Sevilla Arroyo y Carlos Alvar. Vol. 2. Madrid: Castalia, 2000. 434–40. Impreso.

———. *Marginal Subjects: Gender and Deviance in Fin-de-Siècle Spain*. Toronto: U of Toronto P, 2011. Impreso.

Turner, Harriet. "On Realism Now and Then: Martha Stewart Meets Ana Ozores." *The Place of Argument: Essays in Honor of Nicholas G. Round*. Ed. Rhian Davies y Anny Brooksbank Jones. Woodbridge, Engl.: Tamesis, 2007. 112–24. Impreso.

Tyler, Peter. *The Return to the Mystical. Ludwig Wittgenstein, Teresa of Avila and the Christian Mystical Tradition*. Nueva York: Continuum International Publishing Group, 2011. Impreso.

Valis, Noël. *The Decadent Vision in Leopoldo Alas. A Study of "La Regenta" and "Su único hijo."* Baton Rouge: Louisiana State UP, 1981. Impreso.

———. "Hysteria and Historical Context in *La Regenta*." *Revista Hispánica Moderna* 53 (2000): 325–51. Impreso.

———. *Sacred Realism. Religion and the Imagination in Modern Spanish Narrative*. New Haven: Yale UP, 2010. Impreso.

Valle-Inclán, Ramón María del. *Sonata de otoño. Obra completa*. Vol. 1. Clásicos Castellanos. Madrid: Espasa, 2002. Impreso.

Vallejo Orellana, Reyes. "Helene Deutsch, pionera en el acercamiento a la psico(pato)logía de la mujer desde la perspectiva psicoanalítica." *Revista de la Asociación Española de Neuropsiquiatría* 83 (2002): 93–107. Impreso.

Vásquez Rocca, Adolfo. "Nietzsche y Freud, negociación, culpa y crueldad: las pulsiones y sus destinos, eros y thanatos (agresividad y destructividad)." *Eikasia* 57 (2014): 67–97. Web. 9 sep. 2014. Documento PDF.

Vegetti Finzi, Silvia. Introducción. *Historia de las pasiones*. Ed. Vegetti Finzi. Buenos Aires: Losada, 1998. 7–24. Impreso.

La Venus de las pieles Dir. Roman Polanski. Perf. Emmanuelle Seigner y Mathieu Amalric. Paris: R.P. Productions, A.S. Films, Monolith Films, 2013. Film.

La Venus de las pieles. Dir. David Serrano. Perf. Clara Lago y Diego Martín. Madrid: Centro de Documentación Teatral, 2014. CD ROM.

Vidal Tibbits, Mercedes. "La Trinidad en *La Regenta*: don Víctor, Álvaro y el Magistral." *Letras Peninsulares* 8.2 (1995): 279–93. Impreso.

Vilanova, Antonio, y María Tinoré. *"La Regenta" de Clarín y la crítica de su tiempo*. Barcelona: Lumen, 1987. Impreso.

Villaverde, María José. Prólogo. *El contrato social o Principios de derecho político*, de Jean-Jacques Rousseau. Madrid: Tecnos, 2007. Impreso.

Villena, Luís Antonio de. *El libro de las perversiones*. Barcelona: Planeta, 1992. Impreso.

Weber, Alison. "The Paradoxes of Humility: Santa Teresa's *Libro de la Vida* as Double Bind." *Journal of Hispanic Philology* 9 (1985): 211–30. Impreso.

Weber, Francis Wyers. "Ideología y parodia religiosa en las novelas de Leopoldo Alas." *Clarín y La Regenta*. Ed. Sergio Beser. Barcelona: Ariel, 1982. 117–36. Impreso.

Willem, Linda M. "Revolutionizing *La Regenta*: Parodic Transformation and Cinematic Transformation in *Oviedo Express*." *Hispania* 97.4 (2014): 623–33. Impreso.

Zambrano Carballo, Pablo. "Humanización, cosificación y animalización en la técnica del retrato en *Madame Bovary* y *La Regenta*." *Homenaje a la Profesora Carmen Pérez Romero*. Ed. José Luis Sánchez Abal. Cáceres: Universidad de Extremadura, 2000. 159–72. Impreso.

Zamora Juárez, Andrés. *El doble silencio del eunuco: poéticas sexuales de la novela realista según Clarín*. Madrid: Fundamentos, 1998. Impreso.

Žižek, Slavoj. *El acoso de las fantasías*. Madrid: Akal, 2011. Impreso.

———. *Violencia en acto. Conferencias en Buenos Aires*. Buenos Aires: Paidós, 2004. Impreso.

Zola, Emile. *La faute de l' abbé Mouret*. Paris: France Loisirs, 1991. Impreso.

———. *Nana*. Ed. Francisco Caudet. Madrid: Cátedra, 1988. Impreso.

Zola, Emile. "Le Roman expérimental." *Littérature XIXe siècle*. Ed. Henri Mitterand. Paris: Nathan, 1986. 462–63. Impreso.

Zubiaurre, Maite, y Eilene Powell. Introducción. *La Regenta*, de Leopoldo Alas. Miami: Stockcero, 2012. Impreso.

Índice alfabético

Sobre el libro

Nuria Godón
La pasión esclava: Alianzas masoquistas en "La Regenta"
PSRL 71

La pasión esclava aborda la discursividad masoquista en *La Regenta* (1884–1885) de Leopoldo Alas, Clarín, como una estrategia subversiva de dominio y sumisión mediante la cual se rebaten los fundamentos del pensamiento liberal sobre la educación, la agencia y la libertad del sujeto moderno. Frente a las investigaciones que priman el enfoque psicoanalítico de tradición freudiana y vinculan el masoquismo a conductas perversas y pasivas, este estudio brinda una aproximación pluralista —donde destaca la perspectiva cultural, histórica-clínica y literaria— gracias a la cual es posible reubicar el masoquismo en el amplio terreno de las pasiones y subrayar la agencia y creatividad sobre las que se conforma el sentido discursivo del masoquismo transgresor en la narrativa finisecular. Nuria Godón muestra cómo la novela cumbre de Alas problematiza las propuestas de compañerismo en la sociedad moderna presentando una reformulación del contrato masoquista que parodia el contrato matrimonial, satiriza el contrato social rousseriano y cuestiona el engranaje del sistema educativo krausista. Asimismo, explora el impacto del catolicismo en la dinámica masoquista en otros textos de autores contemporáneos entre los cuales figuran Emilia Pardo Bazán y Armando Palacio Valdés, sin olvidar a Leopold von Sacher-Masoch —autor sobre el que se acuña el término de *masoquismo*— para explicar posteriormente cómo la influencia religiosa da forma al despliegue de la dialéctica del masoquismo femenino y filial en el contexto español trazado en *La Regenta*. En este sentido, *La pasión esclava* invita a una reconsideración del masoquismo como herramienta que hace saltar los mecanismos de sujeción genérica, susceptibles de ser observados no solo en el ámbito literario español que el libro presenta sino también dentro de otras producciones culturales.

About the book

Nuria Godón
La pasión esclava: Alianzas masoquistas en "La Regenta"
PSRL 71

La pasión esclava addresses the masochist discursivity of *La Regenta* (1884–1885) by Leopoldo Alas, Clarín, as a subversive strategy of dominance and submission through which the foundations of liberal thinking on education, agency, and freedom of the modern subject are refuted. Differing from studies that prioritize the Freudian psychoanalytic focus and link masochism with perverse and passive behaviors, this book offers a pluralist approach, where cultural, clinical-historical, and literary perspectives are essential to relocate masochism to the area of passions, while emphasizing the agency and creativity upon which the discursive meaning of transgressive masochism in fin-de-siècle narrative is articulated. Nuria Godón shows how *La Regenta* challenges the models of partnership in modern society by displaying a reformulation of the masochist contract that parodies the marital contract, satirizes Rousseau's social contract, and places the wheels of Krause's educational machine under scrutiny. Likewise, she explores Catholicism's impact on the masochist dynamic in other contemporary texts by authors such as Emilia Pardo Bazán and Armando Palacio Valdés, without excluding Leopold von Sacher-Masoch—the Austrian writer from whom the term *masochism* was coined—to further disclose how religion's influence shapes the dialectic of female and filial masochism in the Spanish context represented in Alas's masterpiece. In this sense, *La pasión esclava* invites one to reconsider masochism as a tool that tears apart the mechanisms of gender subjection, which are observable not only in the Spanish literary texts analyzed in this book, but also in other cultural productions.

Sobre el autor

Nuria Godón es licenciada en filología hispánica por la Universidad de Santiago de Compostela y obtuvo su máster y doctorado en español en la Universidad de Colorado, Boulder. Actualmente ejerce como profesora en el departamento de Lenguas, lingüística y literatura comparada de Florida Atlantic University (FAU). En su investigación y publicaciones aborda teorías sobre el masoquismo, feminismo, sexualidad e identidades culturales en los estudios hispánicos con particular atención a la literatura y cultura española de la época moderna.

About the Author

Nuria Godón holds a Licenciatura in Hispanic philology from the University of Santiago de Compostela, and an MA and PhD in Spanish from the University of Colorado Boulder. Currently, she is an associate professor in the Department of Languages, Linguistics, and Comparative Literature at Florida Atlantic University. Her research and publications address theories of masochism, feminism, sexuality, and cultural identities in Hispanic studies with a particular focus on Spanish modern peninsular literature and culture.

"No cabe duda que *La pasión esclava* es el estudio más relevante sobre *La Regenta* publicado en años recientes: a la vez estimulante y coherente. Ofrece un análisis extenso de la manera en que las alianzas masoquistas representadas en la novela desafían roles de género, parodian el contrato matrimonial y ofrecen a la heroína, Ana Ozores, una alternativa a la prisión de su insatisfacción sexual. Desde el estudio de las perversiones en *Madame Bovary* de Louise Kaplan no tenemos una visión tan integral de la manera en la que el masoquismo funciona en un texto literario desde una perspectiva triple que incluye la dimensión clínica, cultural y literaria. Aunque maneja teorías psicoanalíticas complejas, su prosa comprensible y explicaciones meticulosas lo hacen asequible incluso a lectores poco familiarizados con el tema del masoquismo."

—Lou Charnon-Deutsch, Stony Brook University

"*La pasión esclava* is the most important work on *La Regenta* to appear in recent years. Illuminating, superbly documented and stimulating, it offers a tightly argued analysis of the way La Regenta's masochistic alliances defy gender roles, parody matrimonial contracts and offer the heroine, Ana Ozores, an alternative to the prison of sexual dissatisfaction of her marriage. Not since Louise Kaplan's study of perversions in *Madame Bovary* have we had such a comprehensive picture of the way masochism functions in a literary text from a triple perspective that includes clinical-historical, cultural, and literary dimensions. Although it deals in depth with complex psychoanalytic theory, its accessible prose and methodical explanations make it available even to readers unfamiliar with the topic of masochism."

—Lou Charnon-Deutsch, Stony Brook University